甲骨文과 中國 古代社會

윤창준 지음

古漢字에 숨겨진 古代 中國人의 삶

甲骨文과
中國 古代社會

윤창준

어문학사

목차

※ 이 연구는 2018년도 계명대학교 비사연구기금으로 이루어졌다.

책 머리에

人文學을 공부하면서 가장 필요한 것은 무엇일까?

여러 가지가 있겠으나 筆者는 文解力이 아닐까 생각한다. 이유는 우선 人文學의 주된 연구대상이 텍스트 형식으로 존재하며, 문자로 기록된 텍스트를 얼마나 정확하게 이해하는지가 人文學 연구의 첫 출발이라고 생각하기 때문이다

가장 기본적인 말하기, 듣기, 읽기, 쓰기와 같은 언어 영역 외에도 人文學 연구에서의 文解力은 해당 텍스트가 구체적으로 어떤 含意를 가지고 있는가, 行間의 의미는 무엇인가, 텍스트가 전하고 싶었던 정확한 의미는 무엇인가를 파악하는 것이 연구자에게 요구된다.

우리는 이러한 기초 위에서 해당 텍스트를 분석하여 우리에게 필요한 많은 학문적 가치를 이끌어내며, 이를 후대에 전하기도 한다.

이러한 측면에서 이 책의 주요 분석대상인 甲骨卜辭를 정확하

게 이해하기 위해서는 卜辭에 대한 보다 정확한 文解力이 요구된다. 즉 甲骨文으로 기록된 卜辭의 정확한 含意를 이해하고, 이를 토대로 古代의 中國의 社會相을 엿보는 작업은 卜辭의 내용을 정확히 이해하는 것으로부터 시작하기 때문이다.

특히 甲骨文은 언어의 발음을 표기하는 부호가 아니라 언어의 의미가 나타내는 사물의 형상을 본 떠 만든 象形文字로부터 시작되었기 때문에, 우리가 甲骨文의 정확한 造字原理를 이해하고 이를 통하여 商代 中國 사람들의 思惟體系 전반을 이해하기 위해서는 甲骨文 字形에 대한 視覺的 文解力(Visual Literacy) 역시 매우 필요한 조건이 된다.

이 책은 古代 中國人의 사회 전반을 살피기 위하여 中國 最古의 문자인 甲骨文과 甲骨文으로 기록한 卜辭를 분석 대상으로 삼았고, 甲骨文 자형에 대한 造字原理 분석과 卜辭의 내용 분석을 통하여 商代 中國 社會의 여러 모습을 살피고자 하였다.

당시 '文字'가 일반 사람들의 의사소통을 위한 수단이 아니라 王室과 王의 중요한 일상에 대해서 점을 친 내용을 기록해 놓은 것이기 때문에, 수천 년이 지난 오늘 우리는 당시 일반 서민들의 모습을 甲骨文과 卜辭를 통해서 모두 이해할 수는 없지만, 당시의 統治階級이 어떤 사안에 대해서 점을 쳤는지 그 내용을 분석해 보면 당시 사회의 중요한 가치관과 통치이념을 이해할 수 있으리라 기대한다.

또한 이러한 연구를 통하여 도출된 결과물은 이후의 中國 王朝 전반을 보다 정밀하게 연구하는데 중요한 연결점이 될 것이며, 결과적으로 古代로부터 現在에 이르는 中國의 社會相을 공시적, 통시적으로 이해하는데 필요한 토대가 될 것이다.

약 3,800년 전, 거북의 배딱지나 소의 어깨뼈에 새겨 놓은 卜辭라는 텍스트를 정확하게 해석하고, 이를 통하여 많은 학문적 가치를 도출하고 후대에 이어주는 것, 결국 이 책은 甲骨文 字形에 대한 視覺的 文解力과 卜辭에 대한 정확한 人文學的 文解力을 통하여 古代 中國의 모습을 정확히 해석하는 작업이라고 할 수 있을 것이다.

筆者의 부족함으로 이 책에 많은 한계와 오류가 있을 것으로 염려된다. 江湖諸賢의 많은 叱正을 기대하며 이 책을 출판한다.

2022년 3월

登濟 尹彰浚

시작하며

    일반적으로 문자가 반드시 갖추어야 할 세 가지 요소로 字形, 字音, 字意를 꼽는다. 즉 문자는 형체와 의미 그리고 그것을 읽어 내는 소리가 있는 부호이고, 언어는 일정한 소리로 특정 의미를 표시한다. 그러므로 문자가 언어를 기록한다는 것은 일정한 형체로서 특정 의미와 소리를 표현하여 다른 의미 및 소리와 구분시킨다는 것이다.

    또한 문자는 언어를 표기하는 부호이기 때문에 문자에는 당시 사람들의 언어체계가 반영되어 있고, 언어는 사람들의 사유체계를 반영하기 때문에 결국 문자에는 당시 사람들의 사유체계가 담겨져 있다고 말할 수 있다.

    특히 漢字는 처음 만들어질 때 언어의 발음을 표기하는 부호를 문자로 삼지 않고, 언어의 의미가 나타내는 形狀을 취하여 문자의 형태로 삼은 象形文字로 시작되었기 때문에, 漢字의 초기 사형에 담겨져 있는 형상은 당시의 사회상을 더욱 명확하게 반영하여 준다고 할 수 있다.

그러므로 체계를 갖춘 現存 最古의 漢字라고 여겨지는 甲骨文의 개별 낱글자의 자형에 담겨져 있는 형상이 무엇인지를 밝혀내고, 어떠한 의도에서 글자를 만들었으며, 처음 造字 당시의 本意가 무엇인지를 밝혀낸다면 甲骨文이 만들어져 사용되었던 商代의 생활 상을 밝히는데 많은 도움이 될 것이다.

또한 점을 친 후 甲骨文으로 기록해 놓은 卜辭의 내용을 분석하여 점을 친 목적과 내용을 이해한다면, 실제 甲骨文을 이용하여 국가의 중대사와 商王의 일상에 대해서 점을 친 商代 중국인의 사회를 이해하는 데에도 많은 도움이 될 것이다.

따라서 본 책에서는 갑골문 낱글자의 造字原理와 卜辭의 내용을 분석하여 商代 중국인의 사회상을 분석해 보고자 한다.

1. 史料로서의 甲骨文

1899년, 北京의 國子監 재주였던 王懿榮은 達仁堂에서 지어온 자신의 약재 속에서 문자를 발견한다. '龍骨'이라 불리던 이 짐승의 뼈 조각에는 무언가 문자 비슷한 것이 새겨져 있었는데, 일반인들의 눈에 뜨이지 않던 이 문자들은 金石學에 조예가 깊었던 王懿榮의 눈에 뜨인 것이다. 이후 龍骨이라 불리던 이 약재는 중국 최초의 문자로 새로 태어나게 되었다.

王懿榮의 눈에 뜨인 이 문자를 우리는 甲骨文이라 부른다. 지금으로부터 약 3,500~3,800년 전의 商나라 사람들은 국가의 중대사나 王의 일상에 대해서 점을 쳤다. 즉 전쟁, 사냥, 제사, 商王의 婚禮, 王后의 出産 등을 앞두고 그들은 손질된 짐승의 뼈에 鑽과 鑿이라는 홈을 파고, 그 뒷면을 불로 지져 갈라지는 홈의 모양새에 따라 길흉을 판단했다. 아래 그림 중의 검게 그을린 흔적들이 바로 점을 친 흔적들이다.

그들은 점을 친 후, 점을 친 날짜, 점을 친 貞人의 이름, 점친 내용, 점친 결과 등을 가장 자리 혹은 뒷면에 새겨 두었는데, 바로 이렇게 새겨진 문자를 우리는 '甲骨文'이라고 부르며,  바로 이 甲骨文이 현존 最古의 漢字이다.

현재까지 발굴된 甲骨文의 대부분은 盤庚이 商의 도읍을 殷으로 遷都한 이후 멸망할 때까지의 273년간 商王室에서 국가의 중대사나 商王의 일상에 대해서 점을 친 내용을 기록해 놓은 것이다.

발견 초기에는 殷나라의 문자이므로 殷商文子, 점을 칠 때 사용된 문자이므로 貞卜文字, 혹은 殷虛書契 등의 명칭으로 불리었으나, 점을 칠 때 가장 많이 사용된 재료가 거북의 배딱지[龜甲]와 짐승의 뼈[獸骨][1]였기 때문에 龜甲獸骨文字로 불리게 되었고, 이후 줄여서 '甲骨文'이 되었다.

오랜 기간 龍骨이란 이름의 약재로 쓰이던 甲骨文은 1899년 비로소 王懿榮에 의하여 현존 最古의 古文字 자료로 인정되었고, 이

---

[1]   짐승의 뼈 중에서도 소의 어깨뼈(牛肩胛骨)가 가장 많이 사용되었다.

후 많은 연구자에 의하여 수집, 정리, 분석되면서 현재는 '甲骨學'이라는 독립된 연구 분야가 되었다.

갑골문이 史料로서 높은 가치를 지니는 이유는 여러 가지 방면에서 고찰할 수 있으나, 중요한 내용을 정리하면 아래와 같다.

즉 고대 중국인들이 어떻게 살았는가에 대해서는 歷代로 많은 학자들이 여러 학문분야에서 활발한 연구를 진행하여 왔으나, 여러 가지 제한으로 인하여 연구 성과에 한계가 있었다. 예를 들어 고고학의 발굴 성과는 이전까지 전혀 알려져 있지 않았던 새로운 유물들을 세상에 내놓아 사람들을 놀라게 하였고, 발굴된 유물에 대해서는 적어도 그것이 어느 시기에 무엇을 위하여 만들어진 것이라는 것까지는 밝혀 놓았지만, 인류가 만들어온 무형의 유물들에 대해서는 아직까지 명확한 설명을 못하고 있는 실정이다.

또한 古文獻에 반영되어 있는 각종 神話的인 내용들과 현재까지 口傳되어 전해오는 여러 소수민족들의 신화와 전설은 고대 중국인들의 생활상과 사유체계를 연구하는데 많은 도움을 준 것이 사실이지만, 이러한 자료들은 전해져 오는 과정에서 여러 원인에 의하여 초기의 모습이 변형되는 경우가 많기 때문에 밝혀진 사실에 대한 검증자료는 될 수 있지만 1차 자료로 인정되기는 어렵다.

이밖에 先秦時期의 歷史散文과 諸子散文에도 고대 중국의 생활상을 기록해 놓은 것이 보이지만, 이들 자료 역시 편찬 시기의 역사적인 상황과 편찬자의 개인적인 사정에 따라, 그리고 연구방법에서의 시대적인 한계로 인하여 의도적 혹은 무의식적으로 잘못 기술해 놓은 것이 많기 때문에, 고대 중국인의 생활상 연구에 1차 자료로 인정되기는 역시 어렵다.

이러한 측면에서 본다면 甲骨文은 현재 實存하는 역사자료로서 商代 사람들이 직접 만들고 새겨놓은 것이기 때문에 전해져 오는 과정에서의 변형을 피할 수 있었고, 사물의 형상을 취하여 문자를 만들었기 때문에 유형의 문화를 반영하는 한편, 기록해 놓은 내용이 고대 중국인이 만들었던 각종 제도를 담고 있기 때문에 무형의 정신문화도 반영하여 준다고 볼 수 있다.

특히 현존하는 卜辭는 商王室에서 국가의 중대사나 商王의 일상에 대해서 점을 친 내용을 甲骨文으로 기록해 놓은 것이기 때문에, 甲骨文에 담겨져 있는 形狀과 造字意圖 및 造字 당시의 本意를 밝히고, 점친 내용과 목적이 무엇인지를 분석한다면 商代 사회와 문화 전반을 이해하는데 많은 도움이 될 것이다.

그러므로 본 책에서는 고대 중국인이 어떻게 살았는가에 대한 의문점을 해결하기 위하여 현존하는 最古의 史料인 甲骨文과 卜辭에 대한 분석을 진행하고자 한다.

물론 분석의 대상이 甲骨文과 卜辭인 만큼 고대 중국사회의 전반적인 사회상을 이해하는 데에는 한계가 있다. 즉 당시 甲骨文과 卜辭는 商代 통치계급의 전유물이었기 때문이다. 하지만 앞서 언급한 것처럼 현재 우리가 가장 정확하고 왜곡됨 없이 중국 고대사회를 엿볼 수 있는 자료가 甲骨文과 卜辭인 만큼, 이러한 제한된 내용이라도 면밀히 분석한다면, 우리는 중국 고대사회를 이해하는데 도움이 될 것으로 기대한다.

2. 甲骨文 연구 성과

甲骨文 연구는 크게 甲骨文 재료의 발굴과 정리, 甲骨文 낱글자에 대한 고석, 甲骨片의 綴合과 종합적인 著錄, 그리고 종합적 연구 등 여러 방면으로 진행되어 왔다. 다음에서 몇 가지 갑골문 연구 성과를 정리하면 다음과 같다.

1) 甲骨의 著錄

새로운 甲骨文의 발굴은 甲骨學의 연구범위를 넓혀주는 가장 기본적이고 중요한 작업이다. 현재까지 출토된 甲骨片의 總數에 대해서는 異見이 많은데 胡厚宣의 주장을 따라 15~16만 편이라고도 하고, 陳夢家 등의 주장을 따라 10만여 편이라고도 한다.[2]

甲骨의 著錄은 甲骨을 연구 자료로 활용할 수 있도록 하는 중요한 작업이다. 1903년 최초의 甲骨文 탁본 著錄書인 劉鶚의 『鐵雲藏龜』가 出刊된 이후 현재까지 발간된 甲骨文 著錄集은 대략 백여 종으로 중요한 甲骨文 자료는 이미 대부분이 공포되었다고 할 수 있는데, 이중에서도 특히 郭沫若이 主編하고 胡厚宣이 總編輯한

---

2 胡厚宣(1959)은 50년간 발굴된 甲骨의 總數를 161,259편이라고 하였으나, 陳夢家(1956:48)는 이보다 6만여 편이나 적은 9만 8천여 편이라고 하였고, 董作賓(1965:148) 역시 陳夢家의 통계와 근접한 96,118편이라고 하였다. 1984년에 胡厚宣(1984)은 당시까지 출토된 甲骨의 總數를 154,604편이라고 다시 발표하였으나, 陳煒湛(1987:10)은 胡厚宣의 통계에 많은 문제가 있다고 지적하면서 董作賓의 통계에 1949년 이후 새로 출토된 甲骨의 수를 더하여 101,484편이라고 하였다. 崔玲愛(1995:302)는 胡厚宣의 통계를 따라 "현재 세계 각국에서 소장하고 있는 甲骨 總數가 154,604조각이니, 15만이나 16만이나 다 성립될 수 있다."고 하였다.

『甲骨文合集』13冊(北京:中華書局, 1982)은 14년에 걸쳐 약 2천여 편의 甲骨을 綴合하고 총 41,956片의 甲骨의 拓本, 사진, 摹本을 수록하였다.

1999년 8월에는 彭邦炯, 謝濟, 馬季凡 등이 『合集』에 수록되지 않은 甲骨 13,560편(약 500편은 綴合된 것임)과 楊升南과 王宇信이 교정한 釋文을 함께 묶어 『甲骨文合集補編』(北京:語文出版社)을 편찬하였다.

『合集』과 『補編』에 수록된 甲骨은 총 55,516편이지만, 綴合(『合集』 2,000여 편, 『補編』 500여 편)한 것과 같은 片號로 수록된 正, 反, 臼 등이 약 9천여 편이므로, 『合集』과 『補編』에는 대략 6만 5천여 편의 甲骨이 수록된 셈이고, 陳夢家 등의 주장대로 발굴된 甲骨의 總數를 10만여 편으로 본다면, 전체 甲骨의 65%가 수록된 것으로 볼 수 있다. 또한 1999년 8월에는 胡厚宣이 主編하고 王宇信·楊升南이 總審校한 『甲骨文合集釋文』과 肖良琼, 謝濟, 牛繼斌, 顧潮가 편찬한 『甲骨文合集材料來源表』가 함께 출간되어 『合集』을 연구 자료로 이용하기가 훨씬 편리해 졌다.

2) 甲骨의 考釋

발굴되고 著錄된 甲骨文도 정확한 고석이 없다면 연구 자료로 활용하기가 매우 어려울 것이다. 중국에서의 甲骨文 고석 작업은 1903년 劉鶚의 『鐵雲藏龜』 책머리에 羅振玉, 吳昌綬, 劉鶚 등이 序를 실으면서 시작되었고 1904년 孫詒讓이 최초의 甲骨文 연구서

인 『契文擧例』2권을 저술하였다.[3] 이후 羅振玉의 『殷商貞卜文字考』(1910)와 『殷虛書契考釋』3卷(1914),[4] 王國維의 『戬壽堂所藏甲骨文字考釋』, 『殷卜辭中所見先公先王考』,[5] 郭沫若의 『甲骨文字研究』(1931), 『卜辭通纂考釋』(1933), 『殷契粹編考釋』(1937), 商承祖의 『福氏所藏甲骨文字考釋』(1933), 『殷契佚存考釋』(1933), 唐蘭의 『北京大學藏甲骨刻辭考釋』(1934), 『天壤閣甲骨文存考釋』(1939), 容庚의 『殷契卜辭釋文』(1933), 吳世昌의 『殷虛書契解詁』(1934), 孫海波의 『甲骨文錄釋文』(1938), 胡厚宣의 『厦門大學所藏甲骨文字釋文』(1944), 『甲骨六錄釋文』(1945) 등이 出刊되어 甲骨文 고석 방면의 기초를 확립하였다. 이후 李孝定의 『甲骨文字集釋』(1969)과 姚孝遂·肖丁의 『小屯南地甲骨考釋』(1985), 于省吾의 『甲骨文字釋林』(1979), 『甲骨文字詁林』(1996)은 甲骨文 고석 방면의 연구 성과를 집대성한 것으로 평가된다.

많은 학자들의 연구를 통하여 현재까지 밝혀진 甲骨文의 字種數는 약 5천字 정도이고, 이 중 字音과 字意가 모두 명확하게 고석된 것이 천字, 字音은 불명확하지만 편방의 구조와 字意의 추정이

---

3   1917년 『吉石盦叢書』와 1927년 8월 『上海蟬隱石印本』 2책에 실렸다. 현재 국내에서는 1993년 濟南의 齊魯書社가 出刊한 것을 볼 수 있는데, 이는 1987년 樓學禮가 校點하면서 본래 上下 2冊이었던 것을 1卷으로 합쳐 놓은 것이다. ①月日, ②貞卜, ③卜事, ④鬼神, ⑤卜人, ⑥官氏, ⑦方國, ⑧典禮, ⑨文字, ⑩雜例로 되어 있는데 이 중 제9장 文字부분은 形과 義의 고석을 명백하게 논술하는 것에 중점을 두었으며, 편폭도 다른 9장을 합한 것 보다 길다.

4   1927년 增訂 『殷虛書契考釋』(上中下)이 『東方學會石印本』으로 出刊되었다.

5   1997년 傅杰이 主編하여 北京의 中國社會科學出版社에서 出刊한 『王國維論學集』에는 「殷卜辭中所見先公先王考」, 「殷卜辭中所見先公先王續考」를 비롯한 그의 대표 논문 49편이 수록되어 있다.

가능한 것이 약 800字 정도이다.

3) 甲骨文 字典·詞典의 編纂

甲骨文 考釋 방면에서의 연구 성과의 축적으로 甲骨文 字典 및 詞典이 출간되었는데, 1920년 최초의 甲骨文 字典인 王襄의『簠室殷契類纂』(1920) 이후 商承祚의『殷墟文字類篇』(1923), 朱芳圃의『甲骨學文字編』(1933) 등이 나와 甲骨文 字典의 기초를 닦았고, 이후 孫海波의『甲骨文編』(1965), 徐中舒의『甲骨文字典』(1988), 方述鑫의 『甲骨金文字典』(1993) 등이 출간되었다.

詞典으로는 崔恒昇의『簡明甲骨文詞典』(1986), 孟世凱의『甲骨學小詞典』(1987), 趙誠의『甲骨文簡明詞典』(1988), 張玉金의『甲骨文虛詞詞典』(1994) 등이 出刊되어 卜辭의 해석에 많은 도움을 주었다.

4) 甲骨文의 綜合的 硏究

위와 같은 甲骨文에 대한 기초적인 연구 성과를 기반으로 甲骨學은 전체 甲骨文에 대한 시기별·내용별 분류를 통하여 巨視的인 안목으로 甲骨文의 전반적인 특징을 살피거나 微視的인 시각으로 개별 主題에 대해 심도 있는 분석을 진행하는 방향으로 진행되는 한편, 甲骨文에 기록된 '史實'을 근거로 商代의 사회 성격과 사회제도를 고찰하여 문헌의 부족한 부분을 보충하는 방향으로 진행되었다.

1980년 이전의 대표적 저서로는 胡厚宣의『甲骨學商史論叢初集

(上)(下)』(1944), 楊樹達의『卜辭求義』(1954), 陳夢家의『殷虛卜辭綜述』(1956), 饒宗頤의『殷卜辭貞卜人物通考』(1959), 朱方圃의『殷周文字釋叢』(1962), 董作賓의『甲骨學六十年』(1965), 許進雄의『殷卜辭中五種祭祀的研究』(1968), 吳其昌의『殷虛書契解詁』(1971), 郭沫若의『中國古代社會研究』에 수록된『卜辭中的古代社會』(1930), 『中國史稿(1)(2)』(1976·1979), 嚴一萍의『甲骨學』(1978) 등을 꼽을 수 있다.

1980년대의 대표적 저서는 唐蘭의『古文字學導論』·『殷虛文字記』(1981), 徐中舒의『漢語古文字字形表』(1981), 郭沫若의『甲骨文字研究』(1982), 林澐의『古文字研究簡論』(1986), 常玉芝의『商代周祭制度』(1987), 陳煒湛의『甲骨文簡論』(1987), 丁山의『甲骨文所見氏族及其制度』(1988), 裘錫圭의『文字學槪要』(1988), 張秉權의『甲骨文與甲骨學』(1988), 劉翔·陳抗 等의『商周古文字讀本』(1989) 등이 대표적이다.

1990년 이후에는 趙誠의『甲骨文字學綱要』(1990), 裘錫圭의『古文字論集』(1992), 陳煒湛의『甲骨文田獵刻辭研究』(1995), 高明의『古文字學導論』(1996), 丁山의『商周史料考證』(1998), 王宇信·楊升南의『甲骨學一百年』(1999) 등이 대표적이다.

이상의 著書들은 기존의 甲骨學 연구 성과를 기반으로 전체 甲骨文에 대한 과학적인 분석 및 특정 주제에 대한 세심하고 철저한 분석을 통하여 甲骨文의 성격 및 특징에 대해서 개괄하거나, 甲骨文 자체를 해석하는 범위를 넘어서 중국 고대사회를 연구하는 수단으로서 甲骨文을 적극 활용하였다.

2000년 이후에도 꾸준히 甲骨學 연구는 진행되고 있으며, 다른 학문 분야와의 융합을 통하여 보다 종합적이고 다면적인 연구가 확대되고 있다.

5) 漢字文化學

王國維의『殷墟卜辭中所見先公先王考』와『殷周制度論』, 郭沫若의『中國古代社會研究』, 胡厚宣의『甲骨學商史論叢初集』등에서 보이는 '以字考史'의 연구 조류는 漢字文化學의 직접적인 연구배경이 되며, 이후 1980년대 있었던 '文化熱' 중에서 특히 文化言語學의 열풍은 漢字文化學의 성립에 큰 공헌을 하였다.

이후 漢字와 문화와의 관계에 대해서 분석을 시도하는 연구가 '漢字文化學' 혹은 '文字文化學' 등으로 불리며 활발하게 진행되었는데, 이 분야는 대략 두 가지로 방향이 나뉘어졌다. 하나는 문화의 각도에서 문자를 연구하는 것으로, 중국 고대문화가 漢字의 기원과 연변 및 구조에 미친 영향을 살펴보는 것이고, 다른 하나는 문자의 각도에서 문화를 연구하는 것으로 漢字의 성질과 기능이 중국 고대문화에 얼마만큼 반영되었는가, 또 어떠한 영향과 작용을 하였는가를 분석하는 것이다.

이러한 '漢字文化學'의 학문적 특성을 명확하게 제시하기 위하여 何九盈은 '漢字文化學'이란 용어를 크게 두 가지로 나누었는데, 하나는 '漢字+文化學'이고, 다른 하나는 '漢字文化+學'이다. 첫 번째 구분은 漢字 자체의 문화특성을 담아낼 수 없지만, 두 번째 구분은 漢字文化의 정체성과 상관성을 충분히 반영하고, '漢字文化學'의 연구내용이 '漢字文化'이지 '漢字'와 '文化學'이 아니라는 것을 명확하게 나타내므로, 적당한 것으로 보인다.

漢字文化學의 연구대상과 범위에 대해서는 何九盈의 언급이 참조할 만한데, 인용하면 다음과 같다.

漢字文化學은 漢字를 위주로 하되 여러 관련 연구 분야를 통합하는 학문이다. 현재의 연구성과는 아직 초보적이지만 무엇을 해야 할 지는 매우 명확하다.

하나는 漢字를 하나의 부호체계나 정보체계로 삼아 漢字 자체에 담겨져 있는 문화적 의미를 밝혀내는 것이고, 다른 하나는 漢字와 중국문화의 관계를 탐구하는 것으로, 이는 곧 漢字 연구를 통하여 중국문화를 연구하고, 문화학의 각도에서 漢字를 연구하는 것이다.

(漢字文化學是一門以漢字爲核心的多邊緣交叉學科. 盡管研究工作還有待于深入, 但這門學科的總任務已非常明確. 一是闡明漢字作爲一个符號系統, 信息系統, 它自身所具有的文化意義. 二是探討漢字與中國文化的關系. 也就是從漢字入手研究中國文化, 從文化學的角度研究漢字.)[6]

상술한 바와 같이 '漢字文化學'은 漢字와 중국문화의 관계에 대해서 분석함으로서, 漢字가 중국문화에 미친 영향 및 중국문화가 漢字에 미친 영향을 찾아내어, 古文字와 중국고대문화 연구에 많은 공헌을 하였다.

甲骨文과 관련된 대표적인 著書를 예로 들면 王愼行의『古文字與殷周文明』(1992), 宋鎭豪의『夏商社會生活史』(1994), 劉志基의『漢字文化學簡論』(1994), 『漢字與古代人生風俗』(1995), 『漢字文化綜論』(1996), 何九盈·胡雙寶·張猛의『漢字文化大觀』(1995), 許進雄의『中

---

6   何九盈(2000:51)에서 재인용.

國古代社會-文字與人類學的透視』(1995), 楊琳의『漢語詞彙與華夏文化』(1996), 劉志誠의『漢字與華夏文化』(1996), 李玲璞·臧克和·劉志基의『古漢字與中國文化源』(1997), 王立新의『早商文化研究』(1998), 殷寄明의『漢語語源義初探』(1998), 饒宗頤의『符號·初文與字母-漢字樹』(2000), 周有光의『漢字和文化問題』(2000), 何九盈의『漢字文化學』(2000) 등을 꼽을 수 있다.

漢字文化學은 甲骨學 외에 민속학, 고고학, 문헌학 등과의 연계를 통하여 보다 심도 깊은 甲骨文 연구를 가능하게 하였으며, 이러한 연구 성과를 토대로 고대 중국의 사회와 문화에 대한 보다 정확하고 상세한 연구 결과를 도출해 왔다.

즉 甲骨文과 卜辭에 나타난 내용을 정확하게 파악하기 위해서는 우선 卜辭의 내용을 정확하게 해석하여야 하며, 이를 위해서는 개별 甲骨文에 대한 정확한 고석이 필수적이다. 물론 卜辭에서의 甲骨文은 이미 本意 대신 假借義나 引伸義로 사용된 것이 많지만, 개별 甲骨文에 반영되어 있는 造字意圖가 여전히 남아 있는 경우가 많고, 쉽게 隷定할 수 없는 글자들은 甲骨文 고석에 대한 기본적인 지식이 없으면 전혀 해석이 불가능하기 때문에, 甲骨文의 고석과 卜辭의 내용 분석은 반드시 함께 진행되어야 한다. 이에 대한 자세한 설명은 2장에서 하기로 한다.

또한 이 책의 구체적인 연구방법인 漢字文化學 대해서는 2장에서 상세히 설명하기로 한다.

1장

―

甲骨文 取相方法과
意味表現方式

우리는 일반적으로 한자를 象形文字라고 한다. 象形이란 사물의 형상을 본 떠 글자의 字形으로 삼은 문자를 말하는데, 초기 한자의 造字原理를 분석해 보면 象形의 방식은 생각보다 복잡하다는 것을 알 수 있다. 또한 처음 한자가 만들어진 이후 본래의 의미가 또 다른 의미로 引伸되거나, 전혀 다른 의미로 假借되어 사용된 용례가 많이 보인다.

따라서 卜辭에서 특정 漢字가 정확하게 어떤 의미로 사용된 것인가를 확정하기 위해서는 본래의 의미, 즉 本意 외에도 引伸意와 假借意에 대한 정확한 판단도 병행되어야 한다.

다음에서는 甲骨文을 처음 造字할 때 어떤 방식으로 언어의 의미를 취상하여 문자의 형태로 삼았는가를 살피고, 또한 초기 한자의 本意 외에 引伸意와 假借意로 파생된 용례를 분석함으로써 甲骨文 낱글자의 정확한 의미와 卜辭에시 사용된 정확한 의미를 찾아내는 방법에 대해서 살펴보기로 하자.

1. 本意 研究

甲骨文 字形에는 실제로 존재하던 객관적인 형상이나, 商代 사람들의 관념 속에서만 존재하던 주관적인 형상이 반영되어 있다. 이러한 형상의 주체는 후대로 전해져 오면서 변화되기도 하고 혹은 사라져 버리기도 하였지만, 문자와 함께 후대로 전해져 왔고, 결국 후대의 문화에 일정 정도의 영향을 미친 것이 사실이다.

또한 처음 甲骨文을 만들 때 추상적인 관념은 본 뜰 형상이 없었고, 본 뜰 형상이 있더라도 그 수가 너무 많았기 때문에 의미상의 혼동 없이 모든 사물의 형상을 본 떠 문자로 만들기는 불가능하였으므로, 모든 언어의 의미를 직접적으로 字形에 반영할 수는 없었다.

그러므로 甲骨文을 造字할 때는 모든 구체적인 의미를 字形에 직접적으로 반영하지 않고 당시 사람들의 관념과 경험을 근거로 추상적인 의미를 부호에 담아 글자로 삼거나, 혹은 글자와 글자의 결합구조에 의미를 담아 글자를 만들기도 하였는데, 이러한 과정에서 결국 甲骨文의 字形에는 당시의 문화가 반영되었다.

甲骨文의 字形에 반영된 商代의 문화를 정확히 이해하기 위해서는 우선 甲骨文 字形의 구조에 대한 분석과 함께 本意에 대한 探究作業이 선행되어야 한다.

東漢시기 許愼이 편찬한 중국 최초의 字典인 『說文解字』에서 '六書'를 처음 언급하면서 六書를 '造字之本(造字의 근본이다.)'이라고 규정하고 六書의 여섯 가지 항목, 즉 象形, 指事, 會意, 形聲, 假借, 轉注에 대해서 설명하고 두 글자씩 例를 제시하였다.

이후 漢字의 구조에 대해서는 전통적으로 '六書'의 이론이 사용되었고, 淸代 이후에는 '四體二用' 등과 같은 새로운 주장이 제기되어 '六書' 이론의 단점을 보완하기도 하였다. 四體二用이란 '六書' 중의 象形, 指事, 會意, 形聲에 해당하는 '四體'를 漢字의 造字法으로 보고 轉注와 假借에 해당하는 '二用'을 運用法으로 보는 것이다.

다음에서는 六書 중의 象形과 같이 字形으로 字意를 나타내는 甲骨文을 表形 段階, 六書 중의 指事와 會意, 그리고 象形字에 추상적 부호나 도형을 첨가하거나 기존 象形字의 일부를 수정하거나 添削하여 새로운 의미를 나타낸 甲骨文을 表意 段階, 그리고 形符와 聲符의 결합으로서 새로운 의미를 나타낸 甲骨文을 形聲 段階로 구분하고, 劉志基(1996:202-231)의 주장을 참고하여 甲骨文의 取相方法과 意味表現方式에 대해서 살펴보기로 한다.

1) 表形 段階

表形이란 기록할 언어의 형상을 본 떠 글자로 삼은 것을 말한다. 이때 형상은 객관적으로 존재하는 실제 형상뿐만 아니라 商代 사람들의 관념 속에 존재하던 주관적이고 추상적인 형상을 모두 포함하지만, 글자에 따라 商代 문화를 반영하는 정도가 모두 동일한 것은 아니다.

다음에서는 表形의 방법으로 造字된 甲骨文의 字形과 本意의 관계 및 本意에 반영된 商代 문화에 대해서 살펴보기로 한다.

(1) 실제 事物의 形狀을 象形한 것

楷書	馬		鹿	犬
甲骨文				
出處	京 1681	乙 5408	合集 19956	乙 2639

楷書	豕	羊	牛	象
甲骨文				
出處	合集 11223	前 4.50.4	甲 202	前 3.31.3

이상의 일곱 글자는 동물의 형상을 그대로 본 떠 문자로 만든 것으로, 字形과 字意의 관계가 직접적이며, 字形에 담겨져 있는 형상 역시 실제로 존재하는 것이기 때문에 商代의 문화를 반영하는 정도가 높지는 않다.

그러나 그 造字原理를 살펴보면, '馬', '鹿', '犬', '豕', '象'은 전체 형상을 본 떠 글자를 만들면서 말의 갈기, 사슴의 뿔, 개의 길고 구부러진 꼬리, 돼지의 풍만한 배와 짧은 다리, 코끼리의 긴 코와 같은 특징을 효과적으로 부각시켜 字形과 字意간의 의미의 혼동을 막으면서, 세로로 세운 형상을 취하여 문자로 삼았다는 것을 알 수 있다. 또한 '羊'과 '牛'는 전체 형상 대신 가장 특징적인 부분인 뿔의 형상을 취하여 문자를 만들었다.

이상의 글자들은 甲骨文의 取象體系를 알려주는 중요한 단서로, 이를 통하여 고대 중국인들은 사물의 형상을 그대로 본 떠 글자를 만들 때 字形과 字意의 혼동을 막기 위하여 일부 동물은 전체 형상을, 일부 동물은 특정 부위만을 취하여 문자로 삼았으며, 또한 書寫의 편리함을 위하여 눈에 보이는 형상대로 문자를 만들지 않고 형상을 세로로 세워 造字하기도 했다는 것을 알 수 있다.

또한 동물을 상형한 甲骨文은 당시에 이러한 동물이 中原 지역에 생존했었다는 것을 알려주는 자료도 되는데, 특히 코끼리 같은 동물은 현재는 中原 지역에 서식하지 않지만, 甲骨文에 코끼리의 형상을 그대로 본 뜬 글자가 있고, 또한 코끼리의 코를 잡아당기는 형상인 '爲(🐘)'(『前』5.30.4)字가 있는 것으로 보아 商代에는 中原 지역에서 서식했던 것으로 추정할 수 있는 단서가 된다.[7]

楷書	卣		酉		鬲		斝
甲骨文	🍶	🍶	🏺	🏺	🔱	🔱	🔱
出處	乙 105	乙 6901	甲 2414	甲 86	甲 2132	南明 625	後下 7.10

'卣'字는 술을 담는 그릇의 모양을 본 떠 만든 象形字로, 상단부인 'ㅅ'는 그릇의 손잡이 부분을 그린 것이고, 하단부인 'ㅇ'은 그릇의 몸체를 그린 것이며, 두 번째 字形의 하단부에 있는 'ㅛ'는 卣를 받쳐놓은 받침대이다.

'酉'字는 술동이의 형상을 본 뜬 象形字로, 상단부는 항아리의 넓은 주둥이와 좁은 목을 나타낸 것이고, 하단부는 주둥이 부분만

---

7   이와 관련된 내용은 제2장에서 자세히 언급하였다.

큼 다시 넓어진 형상을 나타낸 것이다. 두 번째 字形은 술동이의 몸체부분에 문양이 새겨진 것을 나타냈다. 酉는 현재도 쉽게 볼 수 있는 항아리와 매우 흡사한 형태이다.

'鬲'字는 발이 세 개 달린 器物의 형상을 그려 만든 象形字로, 솥의 한 종류이다. 세 발의 간격이 비교적 크고, 발의 내부가 비어 있어 물을 채울 수 있다.

'斝'字는 상단부에 두 개의 귀가 달리고, 세 발이 달린 고대의 酒器의 형상을 본 떠 만든 象形字이다.

위의 네 글자 역시 字形과 字意의 관계가 직접적이며, 字形에 담겨져 있는 형상 역시 객관적이지만, 商代 문화를 반영하는 정도는 馬, 犬 등에 비하여 훨씬 높다. 왜냐하면 이처럼 靑銅器物을 象形한 甲骨文의 字形은 발굴된 器物의 형상과 거의 완벽하게 일치하기 때문에, 商代에 제조된 각종 기물에 대한 정보를 반영하며, 또한 현대 중국어에서 사용빈도가 극히 낮은 이러한 글자들이 商代에 造字되고 사용되었다는 것은 商代에 靑銅器物의 사용도가 매우 높았음을 반영하기 때문이다.

楷書	戈	戉	戊	戌	我
甲骨文					
出處	甲 622	續 4.29.1	前 3.4.3	前 2.1.1	佚 550

'戈'字는 가늘고 긴 날을 가진 창의 전체 형상을 象形한 것이고, '戉'字는 둥근 날이 달린 兵器를 象形한 것이며, '戊'字 역시 도끼의 일종인 武器의 형상을 그린 象形字이다.

'戊'字 역시 날이 달린 도끼를 象形한 것인데, 도끼의 날을 '戌'에 비하여 구체적으로 象形한 것으로 보아 '戌'字가 먼저 만들어진 것으로 보인다.

'我'字는 톱날 모양의 날이 달린 병기의 모양을 그려 만든 象形字로, 창과 유사한 兵器이지만, 날 부분이 셋으로 갈라진 형상을 취하고 있어 '戈'字에 해당되는 창과도 구별된다.

이상의 다섯 글자는 모두 商代의 兵器를 상형한 것으로, 역시 字形과 字意의 관계가 직접적이고, 字形에 담겨져 있는 형상 역시 객관적으로 존재하는 것이지만, 商代 兵器의 형상을 취하여 거의 그대로 문자로 만들었기 때문에 商代의 兵器와 後代의 兵器의 모양을 비교할 수 있는 근거가 되고, 商代에 제조된 兵器의 종류와 쓰임새를 반영하기 때문에 商代의 문화를 반영하는 정도가 매우 높다고 할 수 있다.

(2) 觀念的 形狀을 象形한 것

楷書	女	鳳	鬼	虹	大	力
甲骨文						
出處	乙 1378	後上 31.14	合集 13751	合集 10405	合集 19773	乙 4517

甲骨文의 '女'字는 두 손을 가지런히 모으고 무릎을 꿇고 앉아있는 여인의 형상을 본 뜻 것인데, '여성'이라는 의미를 나타내기 위해서 이러한 형상을 취한 원인에 대해서는 異見이 많다. 예를 들

어 王德春·孫汝建·姚遠(1997:83)은 商代에 여성이 남성에 의해 통치되었던 상황을 반영한 것이라고 하였고, 劉志基(1996:206)는 두 손을 숨기고 무릎을 꿇고 앉아 있는 형상으로 보고, 고내 여성의 신분이 매우 낮았다는 것을 반영하는 것이라고 하였으며, 吳長安(1995:23)은 무릎을 꿇고 있는 형상은 나약하고 복종적인 면을 강조한 것이라고 주장하였다.

그러나 徐中舒(1998:1299)는 여성이 주로 실내에서 활동하였기 때문에 이를 여성의 특징으로 삼아 밭(혹은 사냥터)에서 일하는 남성[男]과 구분하였다고 하였고, 李孝定(1969:3587) 역시 처음 글자를 만들 때 남성과 여성의 신체적 차이를 문자로 표시하기 어려웠기 때문에, 남녀 역할의 차이를 가지고 구분한 것이라고 하였다. 즉 여성은 주로 실내에서 앉아서 일을 하고, 남성은 밖에서 일을 하기 때문에, 남성은 農耕의 의미를 강조하여 '田'과 '力'을 합하여 '男'으로 기록하고, 여성은 紡織의 의미를 강조하여 '女'로 기록한 것이라고 하였다.

甲骨文의 '母'가 여성의 생육기능을 강조한 것이고, '父' 역시 남성의 역할을 강조한 것으로 보아, 여성의 역할을 기준으로 '女'字를 만들었다는 徐中舒와 李孝定의 주장이 타당한 것으로 보인다.

그러므로 '女'字의 甲骨文 字形에는 商代 사람들의 여성에 대한 관념이 명확하게 반영되어 있는 것이며, 이는 商代 문화를 알려주는 주된 지표가 된다.

'鳳'字는 商代 사람들의 상상 속에서만 존재하던 머리에 관을 쓴 神鳥의 형상을 본 떠 만든 것이기 때문에 '鳳'字의 字形에는 商代 사람들이 생각하던 神鳥의 형상이 반영되어 있다고 할 수 있다.

甲骨文과 中國 古代社會

또한 '鳳'字는 '바람'이란 의미로 假借되어 쓰였는데, 이는 신력을 지닌 커다란 새가 날개짓을 하여 바람이 생긴다고 여겼던 고대 중국인의 관념과도 관련이 있다.

'鬼'字는 얼굴에 커다란 가면을 쓰고 있는 사람의 형상을 본 떠 '귀신'이라는 의미를 나타냈는데, 이는 고대 중국인의 관념 속에 존재하던 '귀신'의 형상을 반영하여 준다.

'虹'字는 머리가 둘 달린 괴물의 형상으로 '무지개'라는 의미를 나타냈다. 『山海經·海外東經』에서 "녹은 북쪽에 사는데, 머리가 둘 달렸다.(녹在其北, 各有兩首.)"고 하였는데 '녹'은 '虹'의 異體字로, 『山海經』의 내용은 결국 甲骨文 字形을 통해서 입증된다.

'大'字는 '크다'라는 추상적인 언어를 문자로 기록하기 위하여 정면에서 본 成人의 형상을 본 떠 만든 글자로, 商代 사람들의 思惟體系를 반영하고 있다고 할 수 있다.

'力'字는 쟁기의 형상을 본 떠 '힘'이라는 의미를 나타낸 것으로, 이는 당시에 農耕이 매우 중요하였음을 반영하여 준다.

이처럼 表形의 방법으로 만들어진 甲骨文은 商代 사람들의 取象體系와 書寫方式을 반영하는데, 이 중 실제로 존재했던 사물의 형상을 상형한 것은 상형된 형상을 통하여 후대 형상과의 비교 대상이 되며, 관념 속에서만 존재했던 형상을 상형한 경우와 추상적인 개념을 나타낸 경우는 商代 사람들의 思惟體系를 반영한다고 할 수 있다.

2) 表意 段階

사회가 발전하고 문화가 다양해지면서 새로운 언어에 대응되는 한자를 모두 象形의 방법으로 造字하기는 어려워졌다. 이에 따라 甲骨文의 造字方法은 일정 단계의 내부변화를 겪으면서 좀 더 복잡한 양상으로 발전하게 되었는데, 초기에는 기존 글자의 일부를 변형 혹은 생략하거나, 추상적인 부호나 도형을 첨가하는 방법으로 새로운 의미를 나타내는 글자를 만들었고, 나중에는 나타내려는 의미에 따라 기존의 獨體字를 결합하여 造字하였다.

이러한 과정에서 甲骨文의 字形에는 商代의 문화가 반영되었는데, 다음에서는 表意의 방법으로 언어를 기록한 甲骨文을 대상으로 字形을 분석하여 本意와 商代 문화의 관계에 대해서 살펴보기로 한다.

(1) 字形의 變形 및 省略

甲骨文 중에는 새로운 언어를 기록하기 위하여 기존의 글자를 변형하거나 생략하여 새로운 글자를 만든 것들이 있는데, 예를 들면 다음과 같다.

楷書	大		夭	交	兀
甲骨文	大	大	夭	交	兀
出處	合集 19773	合 87	前 4.29.4	甲 806	乙 794

'夭'字는 '大'字의 字形을 변형시켜 사람이 두 팔을 흔들면서 달려

가는 형상을 나타낸 '走'字의 初文이며, '交'字는 '大'字의 字形을 변형시켜 다리를 꼬아 놓은 형상으로 '교차하다'는 의미를 나타냈다. '兀'字는 '머리를 자르다'는 의미를 나타내기 위하여 '大'字의 字形 중에서 사람의 머리에 해당하는 부분을 생략하여 문자로 삼았다.

이러한 글자들은 商代의 문화를 반영하는 정도가 낮지만, 새로운 글자를 造字하는 방법에 있어서 商代 사람들의 思惟體系가 表形의 방법으로 언어를 기록하던 것보다 훨씬 발전하고 있었음을 반영하여 준다.

(2) 抽象的 符號와 圖形의 追加

甲骨文 중에는 또한 새로운 언어를 기록하기 위하여 기존의 글자에 새로 만들어질 글자의 의미를 나타내는 추상적인 부호나 도형을 추가하여 만든 것들이 있는데, 예를 들면 다음과 같다.

楷書	大	夫	立
甲骨文			
出處	合集 19773	京津 3870	後下 9.6

'夫'字는 '성인 남성'이란 의미를 나타내기 위하여 '大'字의 머리 부분에 비녀를 상징하는 한 획을 그려 '夫'字를 만들었는데 이는 商代 성인 남성의 服飾을 반영하는 것으로, 즉 이를 통하여 商代의 남성은 성인이 되면 머리에 비녀를 꽂았나는 것을 알 수 있다.

'立'字는 '서있다'는 의미를 나타내기 위하여 '大'字의 하단부에

땅을 상징하는 가로획을 추가하여 만든 것으로, 반영된 문화의 정
도는 낮지만, 造字方法이 변화하고 발전하고 있음을 알려준다.

(3) 獨體字의 結合

商代 사람들은 이미 사용 중인 글자들을 결합하여 새로운 의미를
나타내는 會意의 방법으로 언어를 기록함으로서, 보다 효과적으로
造字하게 되었는데, 기존의 글자를 결합하는 과정에서 商代의 문화
가 甲骨文 字形에 반영되었다. 몇 가지 예를 들면 다음과 같다.

楷書	男		取	寶		采	伐	
甲骨文	(그림)	(그림)	(그림)	(그림)	(그림)	(그림)	(그림)	(그림)
出處	前 8.7.1	京 2122	前 1.9.7	甲 3741	存 2.63	鐵 242.1	人 3053	乙 178

'男'字는 쟁기를 상형한 '力'과 밭을 상형한 '田'을 더하여 '남성'
이란 의미를 나타냈다. 이는 商代의 경제활동에서 農耕의 주역이
남성이었다는 것과 남성의 가장 큰 역할 역시 農耕이었다는 것을
반영하여 준다.

'取'字는 귀를 잘라 손으로 잡고 있는 형상으로 '구하여 취하다'는
의미를 나타냈는데, 이는 전쟁에서 적을 죽인 뒤 상을 받기 위하여
귀를 베어내던 고대 중국의 습속을 반영한 것으로 이후 商代에 掠
奪婚이 성행하자 '혼인하다'는 의미로 引伸되어 쓰이기도 하였다.

'寶'字는 '宀', '貝', '玉'을 결합하여 집안에 옥과 조개가 있으니 매
우 귀하다는 의미를 나타냈는데, 이로서 商代 사람들이 조개와 옥

을 매우 귀중하게 여겼다는 것을 알 수 있다. 이후 金文에 와서 字音을 알려주기 위하여 '缶'字를 추가함으로서 形聲字가 되었다.

'采'字는 손을 象形한 '爪'와 나무를 象形한 '木'을 결합하여 '채취하다'는 의미를 나타낸 글자로, 이는 商代의 채집 경제를 반영하여 준다.

'伐'字는 사람을 象形한 '人'과 兵器인 '戈'를 결합하여 만든 글자인데, 창으로 '사람의 목을 베다'는 의미를 나타내기 위하여 창의 끝 부분에 사람의 목 부위가 오도록 결합시켰다. 字形 중에 '人'이 '羌'으로 대체된 것은 당시에 '羌族'의 지위가 매우 낮았다는 것을 반영하여 준다.

또한 甲骨文에는 동일한 글자를 결합하더라도, 결합하는 원리에 따라 새로운 의미를 나타내는 글자들이 있는데, 예를 들면 다음과 같다.

楷書	比	背	從		衆	
甲骨文						
出處	人 1822	乙 3925	南師 2.148	粹 149	甲 2858	前 7.30.2

'比'字는 '人'을 바라보는 방향을 같도록 나란히 두 개 중첩시켜 '나란히 하다'는 의미를 나타냈고, '背'字는 '人'을 서로 등을 지게 반대 방향으로 중첩하여 '서로 등지다'는 의미를 나타냈다.[8] '從'은

---

8   이후 '北'이 方位를 나타내는 것으로 假借되자 사람을 뜻하는 '肉'을 더하여 '背'가 되었다.

'比'와 마찬가지로 '人'을 방향이 같도록 두 개 중첩하여 '따르다'는 의미를 나타냈으나, '比'와 字形이 같아 의미가 혼동되었기 때문에 길을 나타내는 '彳'과 '가다'는 의미의 '止'를 추가하여 '從'이 되었다. '衆'은 '人'을 세 개 나란히 중첩하여 사람들이 많이 모여있다는 의미를 나타냈는데, 후에 사람들이 주로 낮에 모여 일을 하기 때문에, '日'을 더하여 '衆'이 되었다.

위의 네 글자는 商代 문화를 직접적으로 반영하여 주지는 않지만, 商代 사람들이 동일한 글자를 결합하더라도 결합하는 위치와 원리를 달리 하여 새로운 의미를 나타내는 보다 효과적인 造字方法을 찾았다는 사실을 반영하여 준다.

이밖에도 甲骨文에는 기록하고자 하는 언어의 의미에 따라 결합하는 위치가 정해진 것이 있는데, 예를 들면 다음과 같다.

楷書	陟	降	好	保	
甲骨文					
出處	後 2.11.12	乙 575	乙 4551	乙 7782	合 422

'陟'字는 언덕을 象形한 '阝'에 발을 象形한 '止'가 위쪽을 향하도록 결합하여 '올라가다'는 의미를 나타냈고, '降'은 '止'의 방향이 아래를 향하도록 배열하여 '내려가다'는 의미를 나타냈다. 이는 商代 사람들이 의미가 서로 반대되는 글자를 만들 때, 두 가지의 의미와 字形이 모두 상반되도록 造字하였다는 것을 반영한다.

'好'字는 여성을 象形한 '女'의 정면에 어린아이를 나타내는 '子'를 결합하여 여성이 어린아이를 마주보고 좋아한다는 의미를 나타냈고, '保'字는 사람을 象形한 '人'의 뒤쪽에 어린아이를 나타낸 '呆'를 결합하여 '보호하다'는 의미를 나타냈다. 이는 商代 사람들의 관념 속에서 어린아이의 존재가 좋아할 대상, 보호할 대상이었다는 것을 반영하여 준다.

⑷ 指事字

甲骨文 중에는 본 뜰 대상이 없는 추상적인 의미의 언어들을 부호를 이용하여 기록한 것들이 있는데, 예를 들면 다음과 같다.

楷書	一	二	三	四
甲骨文	一	二	三	三
出處	合集 14	合集 409	合集 94	甲 504

'一', '二', '三', '四'는 각각 가로획을 더해가며 하나, 둘, 셋, 넷이라는 숫자개념을 나타냈는데, 이는 나무판에 줄을 하나씩 그어가며 숫자를 계산하던 형상을 반영한 것으로 볼 수 있다.

이러한 指事字들은 表形의 방법으로 만들어진 象形字에 추상적인 부호나 도형을 첨가하여 새로운 글자를 만드는 방법이 나오기 직전에 造字된 것으로 보인다. 왜냐하면 추상적인 부호나 도형을 특정 의미를 상징하는 것으로 '約定俗成'했다는 것은 그전에 이미 독립적인 추상적 부호나 도형으로 언어를 기록했었다는 것을 반영하기 때문이다.

3) 形聲 段階

形聲이란 引伸義나 假借義를 구분하기 위하여 기존의 글자를 聲符로 삼고, 여기에 새로 形符를 더하여 글자를 만들거나, 새로운 의미를 나타내기 위하여 기존의 글자를 形符와 聲符로 삼아 결합하는 방식으로 만든 글자를 말한다.

물론 形聲字의 形符 역시 字意를 나타내지도 하지만, 字形과 字意의 관계가 表形이나 表意처럼 구체적이고 직접적이지 않기 때문에, 形聲字의 字形과 字意의 관계는 복잡한 양상을 지닌다.

다음에서는 形聲字의 字形과 字意의 관계를 분석하여 形聲字의 字形에 담긴 商代의 문화에 대해서 살펴보기로 한다.

(1) 形聲字의 聲符에 反映된 文化

形聲字의 聲符는 字音만을 나타내지만, 引伸義를 구분하기 이하여 기존의 글자를 聲符로 삼고, 形符를 더하여 만들어진 形聲字의 경우에는 聲符 역시 字意와 밀접한 관계를 지니며, 또한 이러한 形聲字의 字形은 商代의 문화를 반영하는 정도가 높다. 예를 들면 다음과 같다.

	漁			媚	
甲骨文					
出處	鐵 231.1	佚 656	前 5.45.4	後下 31.7	乙 3424

'漁'字는 '물고기'라는 의미의 '魚'가 '물고기를 잡다'는 뜻으로 引伸되자, 引伸義를 구분하기 위하여 '魚'를 聲符로 삼고, 形符인 '水'를 더하여 만든 形聲字인데, 聲符인 '魚'는 '漁'의 字意와 밀접한 관계가 있다. 또한 '漁'의 甲骨文 字形 중에는 '水' 외에도 '그물'이나 '낚시도구'를 더하여 물고기를 잡는다는 의미를 나타낸 것이 있는데, 이는 商代에 물고기를 사냥할 때 그물이나 낚시도구를 사용하였다는 것을 반영한다.

'媚'字는 '눈썹'이라는 의미의 '眉'가 '아름답다'는 의미로 引伸되자, 引伸義를 구분하기 위하여 '眉'를 聲符로 삼고, 形符인 '女'를 더하여 만든 形聲字인데, 聲符인 '眉'는 '媚'의 字意와 밀접한 관계가 있다. 또한 '눈썹'이란 의미에서 '아름답다'는 의미가 引伸되었고, 이를 구분하기 위하여 '女'를 더했다는 것은 商代 사람들에게 '여성의 눈썹이 아름답다'는 관념이 있었다는 것을 반영한다.

(2) 形聲字의 形符에 反映된 文化

'柳'의 形符인 '木'이 '柳'가 나무의 한 종류임을 나타내고 '刻'의 形符인 '刀'가 칼로 새긴다는 의미만을 나타내는 것처럼 形聲字의 形符는 구체적으로 字意를 나타내지 않기 때문에, 商代의 문화를 구체적이고 명확하게 반영하는 경우가 많지 않지만, 일부 形聲字의 形符에는 商代의 문화가 명확하게 반영되어 있기도 하다. 예를 들면 다음과 같다.

	物		牲
甲骨文			
出處	續 2.22.3	後上 19.9	遺 714

甲骨文의 '物'字는 첫 번째 字形처럼 쟁기와 흙이 튀는 형상을 너하어 썼고, 두 번째 字形처럼 '牛'를 더한 것도 보인다. 이후 첫 번째 字形 전체는 '勿'로 訛變되어 '物'의 聲符가 되었다. 卜辭에서는 "翌丁亥父丁歲物.(다음날인 丁亥日에 父丁에게 여러 색깔의 소를 희생물로 써서 歲제사를 지낼까요? : 『戩』 6.4)"처럼 '여러 가지 색깔의 소'라는 뜻으로 쓰였는데, 『說文』에서는 "物은 만물을 뜻한다. 소는 큰 동물로서 天地의 數는 소를 거느리는 것에서 시작되기 때문에 形符는 牛이고 聲符는 勿이다."[9]고 하였다. 모든 사물을 총칭하는 '物'이 이처럼 '牛'를 形符로 삼은 이유는 고대 중국인의 소를 중시하는 관념이 반영되었기 때문이다.

'牲'의 甲骨文은 形符인 '牛'와 聲符인 '生'으로 이루어졌고, '犧牲物'이란 뜻으로 사용되었다. 제사에 쓰는 희생물의 종류는 소 이외에도 매우 다양한데, 굳이 '牛'를 形符로 삼은 이유는 역시 商代 사람들이 소를 매우 중시하였기 때문이다.

이상과 같이 形聲字는 字形과 字意의 관계가 간접적이고 추상적이어서 形聲字의 字形과 商代의 문화가 어떻게 관련이 있는지를 분석하기가 쉽지 않지만, 일부 形聲字의 경우에는 聲符 혹은 形符에 商代의 문화가 명확하게 반영되어 있기 때문에, 甲骨文 字形 분

---

9 物, 萬物也. 牛爲大物, 天地之數起於牽牛, 故從牛勿聲.

甲骨文과 中國 古代社會

석을 통한 商代 문화 연구에 귀중한 자료가 된다.

2. 引伸義와 假借義 硏究

앞서 언급한 것처럼 表形, 表意, 形聲의 방법으로 造字된 甲骨文
의 字形에는 商代 문화의 일면이 반영되어 있기 때문에, 개별 甲骨
文의 字形과 本意를 정확히 考釋하여 이를 중국 고대사 연구에 적
용시키는 것은 매우 중요한 작업이라고 할 수 있다. 그러나 卜辭
의 내용에 대한 분석 없이 개별 甲骨文의 字形에 대한 분석을 통해
알게 된 本意만을 가지고 商代의 문화를 살핀다면 분명한 한계를
맞게 된다. 예를 들어 甲骨文의 '羊', '豕', '犬'은 字形과 字意의 관
계가 직접적이며, 字形에 담겨져 있는 형상 역시 실제로 존재하는
것이기 때문에 商代의 문화를 반영하는 정도가 높지 않지만, 이
글자들이 실제로 사용된 "貞帝風三羊, 三豕, 三犬. (묻습니다. 風神에게
양 세 마리, 돼지 세 마리, 개 세 마리로 帝(禘)제사를 지낼까요? : 『前』 4. 17. 5)"와
같은 卜辭의 내용을 분석하면, 첫째, 商代에는 이들 양, 돼지, 개가
제사를 지낼 때 쓰는 희생물로 사용되었고, 둘째, 商代에는 제사
의 희생물을 쓸 때 동일한 제사에 다양한 짐승을 동시에 희생물로
사용하였다는 것을 알 수 있다. 그러므로 商代 사회와 문화에 대
해서 정확히 이해하려면, 개별 甲骨文의 자형에 대해서 정확한 考
釋을 통하여 本意를 찾아내야 할 뿐 아니라, 卜辭의 내용을 반드시
알아야 한다.

그러나 실제 卜辭에서 사용된 甲骨文은 이미 本意 외에도 引

伸義나 假借義로 사용된 것이 많기 때문에 卜辭의 내용을 정확하게 해석하여 商代 社會 研究에 활용하기 위해서는 개별 甲骨文의 本意 뿐만 아니라, 실제 卜辭에서 사용된 의미를 정확히 알아야 한다.

이를 위해서 다음에서는 卜辭를 정확하게 해석하기 위한 방법으로 '一字多義'와 '異字同義'에 대해서 알아보고자 한다.

'一字多義'는 卜辭에서 甲骨文의 本意는 이미 사용되지 않고, 대신 여러 假借義만 사용되거나, 혹은 假借義가 다시 여러 의미로 引伸되어 사용됨으로서 한 가지 자형이 여러 가지 의미로 사용되는 것을 말하고, '異字同義'는 여러 甲骨文의 本意로부터 나온 假借義나 引伸義가 서로 동일한 의미를 나타냄으로서, 서로 다른 자형이 동일한 의미로 사용되는 것을 말한다.

1) 一字多義

本意 외에 假借義나 引伸義로 사용된 甲骨文은 크게 두 가지로 구분이 된다. 하나는 本意 외에 假借義로만 사용된 것이고, 다른 하나는 假借義와 引伸義가 함께 사용된 것이다.

다음에서는 이 두 가지 유형에 대해서 예를 들어 살펴보기로 한다.

(1) 卜辭에서 假借義만이 사용된 例

甲骨文에서 '其'는 '삼태기'나 '키'의 모양을 본 뜬 '⊌'(『前』1.27.4), '⊌'(『粹』1240) 등으로 썼다. 이후 卜辭에서 虛詞로 假借되어 사용되자, 本意를 나타내기 위하여 '竹'을 더하여 '箕'字를 만들었다.

더욱이 '其'는 卜辭에서 가장 많이 사용된 글자 중의 하나이지만, '其'의 本意인 '삼태기'나 '키'의 의미로 사용된 것은 보이지 않고, 이미 虛詞로 假借되어 사용되었다. 예를 들면 다음과 같다.

貞. 我其喪衆人(『合集』50正)

: 묻습니다. 우리가 衆人을 잃게 될까요?

于四月其雨(『合集』20946)

: 4월에 비가 올까요?

丙子卜, 韋貞. 我受年, 丙子卜, 韋貞. 我不其[10]受年(『合集』5611正)

: 丙子일에 韋가 점쳐 묻습니다. 우리에게 풍년이 들까요? 丙子일에 韋가 점쳐 묻습니다. 우리에게 풍년이 들지 않을까요?

이상의 卜辭에서 '其'는 本意인 '삼태기' 대신 '…할 수 있을까요', '…능히…할까요?'와 같이 의문을 나타내는 語氣助詞로 假借되어 사용되었다. 만일 위의 卜辭 중의 '其'를 本意대로 해석하려고 한다면 卜辭의 내용은 쉽게 해석되지 않을 것이다. 다음에서는 卜辭에서 語氣助詞로 사용된 '其'의 의미에 대해서 보다 자세히 살펴보

---

10   語氣助詞로 쓰인 '其'는 긍정을 나타내는 '有'와 부정을 나타내는 '亡', '不'과 함께 사용될 때 語順이 달라진다. 즉 긍정의 '有'와 함께 쓰일 때는 '其有來'로 쓰고, 부정의 '亡' 등과 함께 쓰일 때는 '亡其來'로 쓴다.

기로 한다.

丁丑卜, 其十牛大甲歲(『合集』32476)

: 丁丑일에 점을 칩니다. 大甲에게 열 마리의 소를 祭物로 歲제사를 지낼까요?

乙亥貞, 其禱生妣庚(『屯南』1089)

: 乙亥일에 묻습니다. 妣庚에게 生育을 기원하는 禱제사를 지낼까요?

위의 卜辭에서 '其'는 '…할까요?'라고 해석된다. 앞서 예를 든 『合集』50正, 『合集』20946, 『合集』5611正에서의 '其'가 占卜을 행하는 사람의 의지와 상관없이 진행될 일에 대해서 '…하게 될까요?'란 의미를 나타내는 것과 달리, 위 卜辭의 '其'는 占卜을 행하는 사람의 의지에 따라 바꿀 수 있는 사항에 대해서 '…해야 할까요?'라고 묻는 의미를 나타낸다. 이 밖에도 卜辭에서 '其'는 다양한 의미를 나타내는 語氣助詞로 사용되었는데, 예를 들면 다음과 같다.

其又羌幺十人, 王受又. 十人又五, 王受又(『合集』26916)

: 羌人 열 명을 祭物로 삼아 侑제사를 지내면 왕께서 보우하심을 얻을까요? 羌人 15명을 祭物로 삼으면 왕께서 보우하심을 얻을까요?

王占曰, 丙戌其雨, 不吉(『合集』559)

: 왕이 점쳐 말하길, 丙戌일에 비가 내리면 좋지 않다.

위의 卜辭에서 '其'는 '…한다면'이라는 미래에 대한 조건을 나타내는 語氣助詞로 假借되어 사용되었다.

甲骨文과 中國 古代社會

王占曰. 今夕其雨口, 翌辛…(『合集』3297反)

: 왕이 점쳐 말하길, 오늘 저녁에 비가 올 것이다. 다음날인 辛일에…

위의 卜辭에서 '其'는 '…할 것이다'는 미래에 대한 추측을 나타내는 語氣助詞로 假借되어 사용되었다. 이밖에도 '其'는 卜辭에서 3인칭 대명사로도 쓰였는데, 예를 들면 다음과 같다.

庚寅卜, 王. 余燎于其配(『英』1864)

: 庚寅일에 점을 칩니다. 왕인 내가 그의 배우자에게 燎제사를 지낼까요?

위의 卜辭에서 '其'는 語氣助詞가 아니라 '그의' 배우자라는 의미로 假借되어 사용되었다.

이상과 같이 卜辭에서 '其'는 '삼태기'라는 本意 대신 '능히…할까요?', '…해야 할까요?', '…한다면', '…할 것이다'는 의미를 나타내는 語氣助詞로 假借되어 사용되었고, 극히 소수이긴 하지만 3인칭 대명사로도 假借되었다. 만일 卜辭를 해석하면서 '其'의 字意를 '삼태기'라는 本意로만 해석하려고 한다면, 전체 卜辭의 의미를 정확히 해석하기 어려울 것이다.

卜辭에서 '其'와 마찬가지로 本意 대신 假借義로만 사용된 것이 많은데, 몇 가지 예를 들면 다음과 같다.

'歲'는 甲骨文에서 도끼의 형상을 본뜬 '戉', '戉' 등으로 썼고, 字意는 '戉[도끼]'과 동일하지만, 卜辭에서는 祭名이나 '해[年歲]'의 의미로 假借되어 사용되었지, '도끼'라는 本意로 사용된 것은 보이지 않는다.

‘我’ 역시 甲骨文에서 兵器의 형상을 본 떠 ‘㦰’ 등으로 썼으나, 卜辭에서는 假借되어 제1인칭 대명사로 쓰이거나 方國名 혹은 人名으로 쓰였다.

‘隹’字는 본래 새의 형상을 본 뜬 글자이지만, 卜辭에서는 ‘새’라는 의미 대신 대부분 語氣詞로 假借되어 ‘唯’와 같은 의미로 쓰였고, ‘鳳’은 神鳥의 형상을 象形한 것이지만 卜辭에서는 假借되어 바람이란 의미의 ‘風’으로만 쓰였다.

(2) 卜辭에서 假借義와 假借義의 引伸義가 함께 사용된 例

卜辭에서는 이미 本意는 사용되지 않고 假借義만이 사용되는 것이 있는가 하면, 假借義에서 引伸된 여러 의미가 함께 사용되는 예도 많이 보이는데, 이러한 引伸義는 本意와는 무관하게 假借義에서 引伸된 것이다.

이러한 글자들은 卜辭의 내용을 정확하게 이해하기 위해서 반드시 알아야 하는 중요한 것으로, 다음에서는 ‘來’字를 예로 들어 설명하고자 한다.

甲骨文의 ‘來’는 보리의 형상을 본 뜬 ‘來’(『乙』6378), ‘來’(『甲』790) 등으로 썼고, 本意는 ‘보리’지만, 卜辭에서는 ‘보리’라는 의미보다는 글자의 발음을 빌려 ‘往來’의 ‘來’로 많이 假借되어 사용되었다. 이에 ‘보리’라는 의미만을 나타내는 ‘麥’字를 새로 造字하여 사용하였다.

‘來’가 卜辭에서 ‘보리’의 의미로 사용된 예와 假借義인 ‘往來’의 ‘來’로 사용된 예를 들어 설명하면 다음과 같다.

登[11]來乙祖[12](『粹』908)

: 祖乙에게 보리를 바칠까요?

求年來, 其卯上甲, 勿受年(『甲』3587)

: 보리의 풍년을 구하기 위하여 上甲에게 卯제사를 지내면 풍년이 들지 않을까요?

위의 卜辭에서 '來'는 本意인 '麥'의 의미로 사용되었지만, 전체 卜辭 중에는 이처럼 '來'가 '麥'의 의미로 사용된 것보다는, 假借義로 사용된 것이 훨씬 많이 보인다. '來'가 '往來'의 '來'로 假借되어 사용된 예를 들면 다음과 같다.

乙亥卜, 永貞. 令戊來歸 三月(『甲編』3442)

: 乙亥일에 永이 점쳐 묻습니다. 戊에게 돌아오라고 명령할까요? 때는 3月이다.

辛巳卜, 貞. 王其田, 往來亡災(『甲編』1953)

: 辛巳일에 점쳐 묻습니다. 왕께서 사냥을 나가시는데 오고 가는 길에 재앙이 없을까요?

위의 卜辭에서 '來'는 本意와는 무관하게 '往來'의 '來'로 假借되어 사용되었는데, 卜辭에는 다시 '往來'의 '來'에서 '(재앙이) 닥쳐오다'는 의미로 引伸되어 사용되었다. 예를 들면 다음과 같다.

---

11 '登'은 卜辭에서 '徵集하다', '바치다'는 의미와 祭名으로 사용되었는데, 위의 卜辭에서는 "其登鬯祖乙.(祖乙에게 울창주를 바칠까요? : 『甲』2407)"와 같이 '바치다'는 뜻으로 보이야 한다.

12 '乙祖'는 '祖乙'의 倒文이다. 崔恒昇(1986:189) 참조.

貞. 其有來女壴. 三月(『佚』386)

: 묻습니다. 재앙이 올까요? 때는 3월이다.

乙卯卜, 口貞. 今日亡來艱(『前編』3.24.5)

: 乙卯일에 口이 점쳐 묻습니다. 오늘 재앙이 오지 않을까요?

其自卜. 又來禍(『粹』1253)

· 스스로 점치면 재앙이 또 올까요?

貞. 亡來𢆶(『乙編』2133)

: 묻습니다. 재앙이 오지 않을까요?

위의 卜辭처럼 '來'는 실제로 오고 간다는 의미에서 '재앙 등이 닥쳐오다, 다가오다'는 의미로 引伸되어 사용되었다. 卜辭에서 '來 女壴', '來艱', '來禍', '來隹𢆶', '來𢆶'는 모두 '재앙이 닥쳐오다'는 의 미이다. 卜辭에서 '往來'의 '來'는 다시 (공물 등을) 바쳐오다'는 의미 로도 引伸되는데, 예를 들면 다음과 같다.

貞. 不其來象(『後編』下 5.11)

: 묻습니다. 코끼리를 바쳐오지 않을까요?

禽不其來舟(『乙編』7203)

: 禽이 배를 바쳐오지 않을까요?

甲辰卜, 㱿貞. 奚來白馬. 王占曰, 吉. 其來. 甲申卜, 㱿貞. 奚不其 來白馬五(『丙編』157)

: 甲辰일에 㱿이 점쳐 묻습니다. 奚가 하얀 말을 바쳐올까요? 왕이 판단하여 말하 기를 길하다. 바쳐올 것이다. 甲辰일에 㱿이 점쳐 묻습니다. 奚가 하얀 말 다섯 마리를 바쳐오지 않을까요?

奚不其來牛(『乙編』1283)

: 奚가 소를 바쳐오지 않을까요?

戔來十(『乙編』2774)

: 戔이 10개를 바쳐왔다.

我來四十(『乙編』2694)

: 我가 40개를 바쳐왔다.

위의 卜辭에서 '來'는 모두 '공물을 바쳐오다'는 의미로 사용되었다. 卜辭에서 '來+某+숫자[來白馬五]'는 '몇 개의 某를 (공물로) 바쳐오다[다섯 마리의 하얀 말을 바쳐오다]'는 뜻으로 사용되었는데, 위의 卜辭처럼 숫자를 명기하지 않고, '來+象·舟·犬·馬·白馬·牛·羌' 등으로도 많이 사용하였고, 또 '來十(열 개를 바쳐왔다.)', '來四十(40개를 바쳐왔다.)'처럼 공물의 종류는 기록하지 않고 숫자만 기록한 것도 많이 보인다.[13] 卜辭에서 '來'는 '往來'의 '來'로 假借되었다가 다시 '未來·將來'의 '來'로도 引伸되어 사용되었는데, 예를 들면 다음과 같다.

丙寅卜, 㱿貞. 來乙亥易日(『乙編』5849)

: 丙寅일에 㱿이 점쳐 묻습니다. 오는 乙亥일에 해가 잠깐 나겠습니까?

庚戌卜, 賓貞. 來甲寅侑于上甲, 五牛(『乙編』4747)

: 庚戌일에 賓이 점쳐 묻습니다. 오는 甲寅일에 上甲에게 다섯 마리의 소를 祭物로 써서 侑제사를 지낼까요?

---

13 공물의 종류는 밝히지 않고 공물의 수량만 기록한 것은 甲橋刻辭에 자주 보인다.

戊子卜. 于來戊用羌. 叀[14]今戊用(『乙編』5321)

: 戊子일에 점칩니다. 오는 戊日에 羌人을 사용할까요? 아니면 오늘 사용할까요?

첫 번째 卜辭는 점을 친 丙寅日로부터 열흘째 되는 날인 乙亥日
에 해가 날지의 여부를 점 친 것이고, 두 번째 卜辭는 점을 친 庚戌
日로부터 닷새째 되는 甲寅일에 上甲에게 다섯 마리의 소를 祭物
로 사용하여 侑제사를 지낼지의 여부를 점 친 것이다. 세 번째 卜
辭는 戊子일에 점을 치면서 '來戊', '今戊'라고 하였으므로, '來戊'는
戊子일로부터 11일째 되는 戊戌일이고, '今戊'는 점을 친 당일인
戊子일을 칭하는 것이다. 이상의 卜辭에서 '來'는 모두 점을 친 날
로부터 가까운 미래를 지칭한다.

卜辭에서 '來'는 또한 假借義인 '往來'의 '來'에서 '다음~'이라는
의미로도 引伸되어 사용되었는데, 예를 들면 다음과 같다.

己卯卜. 宁侯于來月至(『粹』1273)

: 己卯일에 점을 칩니다. 宁侯가 다음달에 올까요?

辛巳卜, 互貞. 祀岳, 來歲受年. 貞. 來歲不其受年(『乙編』6881)

: 辛巳일에 互이 점쳐 묻습니다. 큰산에게 구하면 내년에 수확이 많을까요? 묻습

  니다. 내년에 수확이 많지 않을까요?

戊寅貞. 來歲大邑受禾. 在六月卜(『鄴三』39.5)

: 戊寅일에 묻습니다. 내년에 나라에 풍년이 들까요? 6월에 점을 쳤다.

14　'叀'는 일반적으로 긍정문에서 話者가 강조하는 성분 앞에서 강조, 필요 및 긍정
  의 語氣를 나타내며, '惠'字로 隸定한다. 張玉金(1988:174-180) 참조.

첫 번째 卜辭에서 '來月'은 '다음 달'이란 의미의 '生月'과 의미가 같고, 두 번째, 세 번째 卜辭에서 '來歲'는 '내년'이란 의미로 사용되었다. 이 밖에도 '來'는 卜辭에서 地名으로도 假借되어 사용되었는데, 예를 들면 다음과 같다.

己未卜, 今日不雨. 在來(『甲編』 242)

: 己未일에 점을 칩니다. 오늘 비가 오지 않을까요? 來에서 점을 쳤다.

己酉卜, 行貞. 王其步自勳于來, 亡災(『後編』上 12.12)

: 己酉일에 行이 점쳐 묻습니다. 왕께서 勳에서부터 來까지 걸어가면 재앙이 없을까요?

이상과 같이 보리를 象形하여 만든 '來'는 卜辭에서 '보리'라는 本意는 이미 사용되지 않고, '往來'의 '來'와 地名으로 假借되어 사용되었고, '往來'의 '來'는 다시 '未來'의 '來', '닥쳐오다', '바쳐오다' 등으로 引伸되어 사용되었다.

앞서 언급한 '其'와 '來'와 같이 卜辭에는 이미 本意 대신 假借義와 引伸義로 사용된 글자들이 많기 때문에, 卜辭를 해석할 때 甲骨文의 本意에만 얽매여 해석하려고 한다면, 전체 卜辭의 내용을 정확하게 읽어내기는 어려울 것이다.

陳煒湛(1987:69)은 "일부 甲骨文은 비교적 원시적인 書法을 보존하고 있기 때문에 字形을 통해 本意를 추정하는 것이 가능하고, 卜辭에서도 本意를 사용하였지만, 이런 글자는 그리 많지 않다.

牛·羊·豕·馬·虎·犬·兕·鹿·象·襄·上·下·舟·貝·雨·日·月(夕)·步·逐·涉·陟·降·舞·出·入·災·首·水·漁·牧·隻(獲)·臼·伐·受·禾·木

등이 이러한 글자들인데 총 수량이 백여 자를 넘지 못하며 전체 甲骨文 중에서 차지하는 비율이 매우 적다."고 하였다.

2) 異字同義

卜辭 중에는 여러 글자의 의미가 같아서 서로 互用되는 異字同義의 현상도 자주 보이는데, 예를 들면 다음과 같다.

辛丑卜, 王. 三月侑示壬母妣庚豕, 不用(『甲編』460)

: 辛丑일에 왕이 점쳐 묻습니다. 3월에 示壬의 배우자인 妣庚에게 돼지로 侑제사를 지낼까요? 돼지를 쓰지 말까요?

貞. 侑于示壬妻妣庚牢. 齿口牡(『丙編』205)

: 묻습니다. 示壬의 배우자인 妣庚에게 侑제사를 드리는데 제사용 소를 祭物로 쓸까요? 아니면 수소를 祭物로 쓸까요?

又于王亥母(『合集』372正)

: 王亥의 배우자에게 侑제사를 지낼까요?

貞. 尞¹⁵于王亥女(『合集』685正)

: 묻습니다. 王亥의 배우자에게 燎제사를 지낼까요?

'母'는 甲骨文에서 '어미'라는 뜻을 나타내기 위하여 두 손을 가

---

15 甲骨文에서 '尞'는 나무를 태워 불꽃과 연기가 나는 형상인 '粜'(『乙』8683)나 여기에 '火'가 추가된 형상인 '焚'(『後上』24.7) 등으로 썼고, 卜辭에서는 '나무를 태워 지내는 제사'의 뜻으로 사용되었다. 이후 '火'가 추가되어 '燎'字가 되었다. 『甲骨文合集·釋文』에서는 '尞'로 隷定하였다.

지런히 모으고 앉아있는 여인의 형상에 授乳를 상징하는 두 점을 추가하여 만든 '𣥂'(『佚』381)로 썼고, '妻'는 머리에 장식을 한 여성의 머리를 손으로 잡고 있는 형상인 '𡚬'(『佚』181), '𡚬'(『存』1.1048)로 썼다.

첫 번째와 두 번째 卜辭에서 각각 '示壬母妣庚', '示壬妻妣庚'이라고 하였는데, 妣庚은 示壬의 배우자임이 분명하므로, 위의 卜辭에서 '母'와 '妻'는 모두 商王의 배우자를 칭하는데 사용되었음을 알 수 있다. 그러므로 세 번째 卜辭의 '王亥母'는 '王亥의 배우자'라고 해석해야 하며, 이와 똑같은 형식으로 쓰인 네 번째 卜辭 중의 '王亥女' 역시 '王亥의 배우자'라고 해석하여야 한다.

卜辭에서는 商王의 배우자를 칭할 때 대부분 '奭'이라고 하였으나,[16] 이상의 분석을 통하여 알 수 있듯이 '奭'의 同義語로 母, 女, 妻를 사용하였다.

卜辭에는 이처럼 同義로 사용된 甲骨文이 많이 보이는데, 이러한 글자들에 대한 이해가 없다면, 전체 卜辭를 완전하게 해석하기가 매우 어렵다. 특히 異字同義의 현상은 卜辭의 殘缺된 부분을 추정하는 데에도 중요한 의미를 지닌다.

이상의 내용을 종합하면, 甲骨文의 字形 및 造字 의도가 나타내는 '本意'는 실제로 卜辭에서 사용될 때의 구체적인 의미와 서로 다른 경우가 많기 때문에, 本意와 卜辭에서의 의미를 같은 것으로 보아서는 안 된다는 것이다.

16　예를 들면 '大丁奭妣戊'(『合集』36206), '大甲奭妣辛'(『合集』23314), '大庚奭妣壬'(『合集』23312), '大戊奭妣壬'(『合集』23314) 등이다.

2장

—

漢字文化學
研究方法

위에서 인용한 何九盈의 "漢字文化學은 漢字를 위주로 하되 여러 관련 연구 분야를 통합하는 학문이다.(漢字文化學是一門以漢字爲核心的多邊緣交叉學科.)"라는 언급처럼 漢字文化學에서의 연구방법은 여러 분야의 연구 성과를 통합하는 것이다.

다음에서는 甲骨文의 연구 성과와 考古學, 神話와 傳說, 古文獻 연구의 성과를 결합하여 일부 甲骨文에 대해 구체적인 분석을 진행함으로써 甲骨文에 대한 漢字文化學的 연구방법을 설명하기로 한다.

1. 考古學的 發掘成果와 甲骨文 研究의 結合

考古學이 발전하면서 지금까지 알려지지 않았던 새로운 遺物과 遺跡址가 발굴되었고, 발굴된 자료는 적어도 그것이 어느 시대

의 것인가는 밝혀지고 있는데, 이 중에서 商代와 시기적으로 부합
되는 遺跡址 및 遺物에 대한 연구 성과를 甲骨文 分析을 통해 얻은
연구 성과와 결합하면 전반적인 商代의 文化를 이해하는데 많은
도움이 된다.

다음에서는 考古學的 發掘成果를 甲骨文 연구와 결합하여 商代
文化의 一面을 분석하는 방법에 대해서 몇 가지 예를 들어 설명하
고자 한다.

1) '象'字

許愼은 『說文·九篇下』에서 "象은 南越지방의 큰 짐승으로, 긴 코
와 긴 이빨을 가지고 있다. (象, 南越大獸, 長鼻牙.)"고 하였다. 南越은
지금의 廣東·廣西 지역에 해당하므로[17] 東漢시기에는 코끼리를 쉽
게 볼 수 없었던 것으로 보인다.

그러나 약 6천 년 전에 해당하는 浙江省 餘姚의 河姆渡 遺跡址
에서는 코끼리의 뼈와 象牙로 만든 정교한 조각품이 발견되었
고,[18] 商代 遺跡址인 婦好墓에서는 코끼리의 실물과 똑같게 사실적
이고 생생하게 주조한 코끼리 모양의 기물과 코끼리의 뼈가 발견
되었으며,[19] 또한 殷墟 遺跡址에서는 코끼리를 훈련시켜 사육했음
을 반영하는 銅鈴이 매달린 코끼리의 뼈가 발견되었는데[20] 이러한

---

17   段玉裁(1988:459) 참조.

18   浙江省文管管理委員會·浙江省博物館(1976:6-14) 참조.

19   熊傳新(1976:40-41) 참조.

20   王宇信·楊寶成(1982:89) 참조.

사실은 商代에는 코끼리의 실물을 어렵지 않게 접할 수 있었을 뿐만 아니라 코끼리를 훈련시켜 사육했음을 반영하여 준다.

그렇다면 東漢 시기와는 달리 商代에는 코끼리를 쉽게 접할 수 있었는가. 이에 대한 명확한 대답은 甲骨文 자형과 卜辭의 내용 분석을 통해서 얻을 수 있다. 즉 甲骨文에는 코끼리의 길고 구부러진 코를 강조한 '𧰼'(『前』3.31.3)이 많이 보이고, 손으로 코끼리의 코를 잡아당기는 형상인 '𤑇'(『前』5.30.4)도 보인다. 周明鎭·張玉萍 (1974:65)은 商代에 코끼리가 나무나 돌과 같은 무거운 물건을 운반하도록 길들여졌고, '𤑇'는 훈련된 코끼리를 부려 일을 시키는 형상인 '爲'의 甲骨文이라고 하였는데, 이와 같은 사실은 殷墟 遺跡址에서 발견된 銅鈴이 매달린 코끼리의 뼈가 훈련받고 사육된 코끼리의 뼈라는 사실을 명확하게 설명하여 준다.

또한 卜辭에는 "雀致象.(雀에서 코끼리를 공납하였다. :『合集』8984)"처럼 코끼리를 공납해 왔다는 기록도 보이지만, 직접 코끼리를 사냥했다는 기록도 보이는데 예를 들면 아래와 같다.

今夕其雨, 獲象(『合集』10222)

: 오늘밤에 비가 내리면, 코끼리를 잡을 수 있을까요?

辛未王卜貞. 田往來亡災. 王占曰, 吉. 獲象十(『合集』37364)

: 辛未일에 왕이 점쳐 묻습니다. 사냥을 나가는데 오고 가는 길에 재앙이 없을까요?
  왕이 점쳐 말하기를 길하다. 코끼리 열 마리를 잡았다.

위의 卜辭들은 商代에 코끼리 사냥이 빈번하게 이루어졌음을 반영하여 준다.

이상과 같이 고고학적 발굴 성과에『說文』의 내용과 甲骨文 자형 및 卜辭에 대한 분석을 결합하여 코끼리는 商代까지만 해도 河南省 일대에서 쉽게 찾을 수 있었으나 新石器時期 이후 점차 낮아진 기온에 의하여 점차 남쪽으로 이동하게 되었고,[21] 결국 漢代에는 南越지방에서만 볼 수 있는 동물이 되었다고 결론지을 수 있다.

2) '奭'字

甘肅省 武威縣의 皇娘娘臺 齊家文化 遺跡址에서 발굴된 묘에는 남자 한 명과 여자 두 명이 合葬되어 있는데, 남자는 중앙에 반듯이 누워있고 여자는 남자의 좌우에서 사지가 굽혀진 채로 몸을 남자 쪽을 향하도록 비스듬하게 눕혀진 상태로 매장되어 있다.[22]

문헌에서 '夏墟'라고 칭해지는 山西省 襄汾 陶寺 遺跡址에서도 龍山文化 晚期에 속하는 묘지 700여 곳이 발견되었는데, 전체 87%에 해당하는 墓穴은 규모가 협소하고 隨葬品도 거의 없지만, 13%의 墓穴은 규모가 크고 隨葬品도 100건 이상인 것도 있다. 이 중 M3002, 3016, 2001과 같은 대형 묘지의 양측에는 여성이 매장된 중형의 墓穴이 배치되어 있는데(M2001의 양측에는 25세와 40세 가량

---

21   新石器時期의 중국 기후는 현재에 비하여 온난한 편이었으므로, 이 시기를 '仰韶溫暖時期'라고도 칭하는데, 黃河 上流인 甘肅省과 青海省의 1월 평균 기온은 3~5도, 년평균 기온은 2~3도 높았으며, 長江 中下流 지역 역시 현재보다 년평균 기온이 5도 정도 높았다고 한다. 龔高法·張丕遠(1987) 참조.

22   甘肅省博物館(1960) 참조.

의 여성 墓穴이 있다.), 잘 다듬어진 머리 장식, 어깨 장식, 彩陶畵 등
이 함께 매장된 것으로 보아 중앙에 안치된 墓主의 妻妾인 것으로
보인다.[23]

商代中期에 속하는 河北省 藁城의 台西 遺跡址에서도 한 쌍의
남녀를 合葬한 墓葬이 많이 발굴되었는데, 하나의 관에 남녀 한
쌍이 合葬되어 있는 35호 묘지를 예로 들면 50세 정도의 남성은
하늘을 향하도록 곧바로 편 채 안치되었고, 25세 정도의 여성은
남성을 향하도록 측면으로 구부러진 채 안치되어 있다.[24] 夫婦가
동시에 사망한다는 것이 거의 불가능하다는 점을 감안한다면 이
는 부유한 家長이 사망했을 때, 노예 신분이었던 妾을 殉葬한 것이
라고 볼 수 있다.

이상의 고고학적 발굴 성과는 一夫多妻制가 商代 이전에 이미
출현하였고, 商代에도 여전히 실행되었다는 것을 나타내 준다. 그
렇다면 商代에는 과연 一夫多妻制가 실재로 실행되었는가. 이에
대한 명확한 해답은 '奭'字에 대한 문자학적 분석을 통하여 얻을
수 있다.

甲骨文 중의 '奭'에 대해서는 학자들마다 異見이 있었는데, 가
장 먼저 체계적으로 先妣에 대한 연구를 시작한 羅振玉(1927:20-25)
은 20명의 先妣의 이름을 考釋하면서 先王과 先妣 사이에 '배우자'
란 의미의 '奭'字를 끼워 넣었다는 것을 발견하고 이를 '赫'字로 考
釋하였다. 董作賓 역시 先妣에 대한 연구를 하면서 "祖와 妣 사이

---

23   高煒 外(1983), 中國社會科學院考古研究所山西工作隊·臨汾地區文化局(1983) 참조.

24   河北省文物研究所(1985:151) 참조.

에 반드시 '奭'字가 있다. 羅振玉은 '赫'으로, 葉玉森은 '來'로 考釋하였으나 모두 配食의 뜻으로 여겼다. (祖與妣之間, 必有'奭'字. 羅振玉釋赫, 葉氏釋來, 皆以爲卽配食之意.)"고 하였다.[25]

'奭'은 이처럼 학자에 따라 '奭', '赫', '母', '來' 등으로 考釋되기도 하였지만, 董作賓 이후에는 '奭'으로 考釋하는 것이 일반화되었다.[26]

卜辭에서는 '王賓+先王+奭+先妣'[27]나 '先妣+先王+奭'의 구형으로 商王의 '배우자'라는 의미로 쓰였는데, 卜辭를 예로 들면 다음과 같다.[28]

王賓示癸奭妣甲(『合集』23308)

: 왕께서 示癸의 배우자인 妣甲에게 賓제사를 지낼까요?

王賓大乙奭妣丙(『合集』36194)

: 왕께서 大乙의 배우자인 妣丙에게 賓제사를 지낼까요?

王賓祖辛奭妣甲(『合集』36251)

: 왕께서 祖辛의 배우자인 妣甲에게 賓제사를 지낼까요?

妣甲示癸奭(『合集』36187)

: 示癸의 배우자인 妣甲

---

25 柳夢溪(1996:22-23)에 수록된 「甲骨文斷代研究例」에서 인용.

26 張秉權(1959:104-105), 王貴民(1991) 참조.

27 이러한 유형의 卜辭는 모두 '王賓'이란 두 글자가 있으므로, 별도로 '王賓卜辭'라고 칭한다. 여기서 '賓'은 商王이 직접 祭禮에 참가하는 제사의 종류이다.

28 卜辭에서는 商王의 배우자라는 의미로 '母', '妾', '妻', '奭'을 썼다. 尹彰浚(2002:210-212) 참조.

甲骨文과 中國 古代社會

妣甲祖辛奭(『合集』27503)

: 祖辛의 배우자인 妣甲

卜辭 중에는 또한 동일한 先王이 多數의 先妣와 함께 언급된 것들이 있는데, 이는 한 명의 先王에게 여러 명의 배우자가 있었음을 반영하는 것이다. 卜辭를 예로 들면 다음과 같다.

中丁奭妣己(『合集』36232)

: 中丁의 배우자인 妣己

中丁奭妣癸(『合集』36233)

: 中丁의 배우자인 妣癸

祖乙奭妣己(『合集』23314)

: 祖乙의 배우자인 妣己

祖乙奭妣庚(『合集』23332)

: 祖乙의 배우자인 妣庚

祖辛奭妣甲(『合集』22816)

: 祖辛의 배우자인 妣甲

祖辛奭妣庚(『合集』36256)

: 祖辛의 배우자인 妣庚

祖辛奭妣壬(『合集』23323)

: 祖辛의 배우자인 妣壬

祖丁母妣甲(『合集』2392)

: 祖丁의 배우자인 妣甲

祖丁母妣己(『合集』34083)

: 祖丁의 배우자인 妣己

祖丁奭妣庚(『合集』36253)

: 祖丁의 배우자인 妣庚

祖丁奭妣辛(『合集』36270)

: 祖丁의 배우자인 妣辛

祖丁奭妣癸(『合集』36274)

: 祖丁의 배우자인 妣癸

小乙奭妣庚(『合集』36262)

: 小乙의 배우자인 妣庚[29]

武丁奭妣戊(『合集』36268)

: 武丁의 배우자인 妣戊

武丁奭妣辛(『合集』36269)

: 武丁의 배우자인 妣辛

武丁奭妣癸(『合集』36271)

: 武丁의 배우자인 妣癸

위의 卜辭를 통해 中丁은 妣己와 妣癸, 祖乙은 妣己와 妣庚, 祖辛은 妣甲, 妣庚, 妣壬의 배우자가 있었고, 祖丁은 무려 妣甲, 妣己, 妣庚, 妣辛, 妣癸의 다섯 배우자가 있었음을 알 수 있다.

이상과 같이 고고학적 발굴성과에 甲骨文 '奭'字에 대한 考釋 및

29　　島邦南(1958:101)은 小乙의 배우자를 妣庚과 妣己, 두 명이라고 하였으나, 王宇信
　　　　·楊升南(1999:445)은 島邦南이 小乙의 배우자라고 한 妣己는 祖乙의 배우자라고
　　　　하였다.

卜辭의 내용 분석을 더하면 商代에 一夫多妻制가 실행된 적이 있었다는 것을 명확하게 알 수 있다.[30]

3) 祭祀 犧牲物

商代에는 제사를 지낼 때 짐승이나 사람을 犧牲物로 삼아 제사를 지내는 祭法을 많이 사용하였는데, 卜辭에 기록된 犧牲物의 種類는 매우 다양하며, 그 數量 역시 後人들이 놀랄 정도로 매우 많다. 卜辭를 예로 들면 다음과 같다.

…兄丁征三百牢. 雨(『合集』22274)

: …兄丁에게 제사용 소 300마리로 征제사를 지내면 비가 올까요?

丁巳卜, 又壴于父丁百犬百豕. 卯百牛(『合集』32674)

: 丁巳일에 점을 칩니다. 父丁에게 개 100마리, 돼지 100마리로 燎제사와 侑제사를 지내고, 소 100마리로 卯제사를 지낼까요?

不其降, 冊千牛千人(『合集』1027正)

: 비가 내리지 않으면, 천 마리의 소와 천 명의 사람을 사용하여 冊제사[31]를 지낼까요?

---

30 물론 商代에는 一夫多妻制만 줄곧 실행된 것은 아니다. 卜辭에 대한 分析을 통하여 大乙 이하 大戊까지의 商王은 一夫一妻制를 유지하였다는 것을 알 수 있다. 尹彰浚(2002:175-177) 참조.

31 '冊'은 冊의 繁體로, 卜辭에서 '바램을 알리는 제사'라는 뜻으로 사용되었다. 崔恒昇(1986:194) 참조.

『合集』22274 卜辭는 祈雨를 위하여 제사용 소 300마리를 犧牲物로 삼았고, 『合集』32674 卜辭는 父丁에게 제사를 지내면서 개 100마리, 돼지 100마리, 소 100마리를 犧牲物로 삼았음을 나타낸다. 卜辭에는 이처럼 大量의 짐승을 犧牲物로 삼아 제사를 지냈다는 기록이 자주 보이는데 과연 실제로 이렇게 많은 짐승을 犧牲物로 사용한 것인가.

특히 『合集』1027正의 卜辭는 祈雨를 위하여 천 명의 사람과 천 마리의 소를 祭物로 삼아 제사를 지낼지의 여부에 대해서 점친 것으로, 이처럼 많은 사람을 犧牲物로 삼아 제사를 지냈다는 기록이 자주 보이지는 않는다고 하더라도 어떻게 이처럼 많은 사람을 제사의 犧牲物로 사용할 수 있었는가에 대해서는 많은 의구심이 있었다.

그러나 이러한 의구심은 商代 遺跡址에서 발굴된 墓葬 중에서 대량의 사람을 殉葬한 것이 발견되면서 사라지게 되었다. 예를 들어 1976년 殷墟 西北崗 遺跡址의 동쪽 지구에서 발견된 墓葬群 중에는 적게는 1~2명, 많은 것은 300~400명을 殉葬한 것이 발견되었는데,[32] 葬禮를 치르면서 이처럼 많은 사람을 殉葬하였다는 것은 祈雨를 위한 祭祀를 지내면서 많은 사람을 祭物로 삼았을 가능성을 충분히 반영하여 준다.[33]

---

[32] 趙誠(2000:189) 참조.

[33] 특히 商代의 제사에 사용한 소의 수량은 놀랄 정도로 많아서 한 번의 제사에 사용된 소는 적게는 수십 마리에서 많게는 천 마리를 넘기도 한다. 이를 근거로 許進雄(1991:532)은 "商代에는 소를 農耕에 사용하여 인력을 절감하고 생산량을 증가하려고 하지 않았다. 왜냐하면 소는 제사와 전쟁에 쓰이는 중요한 가축이었기 때문이다."고까지 하였다. 제사에 사용된 소는 甲骨文에서 '牛'와 '牢'로 구분

2. 神話·傳說과 甲骨文 研究의 結合

漢字는 처음부터 언어의 의미를 나타내는 형상을 취하여 문자로 삼았기 때문에 古漢字의 造字原理에는 古代 中國人들의 思惟體系가 비교적 명확하게 반영되어 있다. 따라서 商代 사람들의 思惟體系는 甲骨文의 造字原理 분석을 통하여 알아낼 수 있는 경우가 많지만, 반면에 甲骨文의 造字原理를 정확하게 분석하기 위해서는 먼저 商代 사람들의 思惟體系에 대한 이해가 필요한 경우도 많이 있다. 이러한 경우에 古代 中國의 神話와 傳說에 반영되어 있는 古代 中國人들의 思惟體系는 甲骨文의 造字原理를 밝히는 데에 많은 도움을 줄 수 있다. 다음에서는 神話와 傳說에 대한 연구 성과를 甲骨文 연구와 결합하여 甲骨文의 정확한 造字原理를 분석하는 방법에 대해서 몇 가지 구체적인 예를 들어 설명해 보고자 한다.

1) '風'字

머리에 관을 쓴 神鳥의 모습을 象形한 '𩾃'(『合』195), '𩾃'(『後上』14.7)는 본래 '鳳'의 甲骨文이지만, 卜辭에서는 '새'라는 의미 대신

되는데, 일반적으로 '牢'는 祭物로 삼기 위해 사육된 소만을 지칭한다. 가장 많은 '牢'를 제사에 사용한 것은 한번에 500마리의 牢를 사용한 것으로, '一牢'를 胡厚宣의 주장처럼 수컷과 암컷의 한 쌍이라고 계산하면, 가장 많은 牢를 한 번의 제사에 사용한 것은 1,000마리가 된다. 이외에도 卜辭에는 300牢, 100牢, 55牢, 50牢, 30牢, 20牢, 15牢, 10牢, 6牢, 5牢, 4牢, 3牢, 2牢, 1牢를 사용한 것이 보이며 '牢'와 '牛'를 함께 사용한 것도 자주 보인다. 胡厚宣, 「釋牢」(『歷史語言硏究所集刊』8本 2分) 陳煒湛(1987:39) 참조.

'바람'이라는 의미로 쓰였다. 卜辭를 예로 들면 다음과 같다.

　辛未卜, 貞. 今辛未大風不隹禍(『前』8.14.1)

　: 辛未일에 점쳐 묻습니다. 오늘 辛未일에 큰 바람이 불어 재앙이 되지 않을까요?

　丙午卜, 亙貞. 今日風卜(『合集』13369)

　: 丙午일에 亙이 점쳐 묻습니다. 오늘 바람이 불어 재앙이 될까요?

또한 '바람'은 위의 卜辭에서처럼 인간에게 재앙이 되는 존재였기 때문에 商代 사람들은 '風'을 神을 숭배하고 제사를 올렸다. 卜辭를 예로 들면 다음과 같다.

　甲戌, 貞. 其寧風[34], 三羊, 三犬, 三豕(『續』2.15.3)

　: 甲戌일에 묻습니다. 양 세 마리, 개 세 마리, 돼지 세 마리로 風神에게 바람을 멈

　　추어 달라는 寧제사를 지낼까요?

　貞. 禘風三羊, 三豕, 三犬(『前』4.17.5)

　: 묻습니다. 風神에게 양 세 마리, 돼지 세 마리, 개 세 마리로 禘제사를 지낼까요?

이상과 같이 商代에는 '바람'을 神으로 여기고 양, 돼지, 소와 같은 가축을 희생물로 하여 제사를 지냈다.

　그렇다면 본래 머리에 관을 쓴 神鳥의 모습을 象形한 '鳥'(『合』195), '鳥'(『後上』14.7) 등이 '새'라는 의미의 '鳳' 대신 '바람'이란 의미

34　'寧風'은 '바람이 멈춘다[止風]'는 뜻으로, '寧'은 바람을 멎게 하는 祭名으로 쓰였다. 王宇信·楊升南(1999:593) 참조.

　　　　　　　　　　　　　　　　甲骨文과 中國 古代社會

의 '風'으로 사용된 이유는 무엇인가.

文字學 연구에서는 이에 대해서 일반적으로 '바람'이란 의미를 기록하기 위하여 神鳥의 형상을 상형한 '鳳'字를 假借한 것이라고 설명해 왔다. 하지만 왜 '바람'이란 언어를 기록하기 위하여 하필 '神鳥'라는 의미의 '鳳'字를 假借한 것인지에 대해서는 定說이 없었다.

이에 대한 설명은 고대 중국인들의 風神에 대한 초기 숭배사상 중에서 바람의 기원과 관련된 내용을 살펴보면 가능하다. 즉 고대 중국인의 민간전설 중에는 바람의 기원과 관련된 것들이 많이 보이는데, 그 중에는 세계의 끝에 머리를 산발한 노부인이 있는데, 머리가 아주 길어서 단지 그녀가 머리칼을 흔들기만 하여도 대지에는 곧 커다란 바람이 분다는 것,[35] 妖婦가 바람이 가득한 주머니를 가지고 있는데, 그 요부가 주머니를 열면 커다란 바람이 생긴다는 것[36]처럼 母系社會를 반영하는 것들이 많이 보이지만, 바람의 시작을 새와 연관 지은 것들도 많이 보인다. 예를 들면 바람의 시작을 『莊子·逍遙遊』에 등장하는 '鵬'과 같은 커다란 새가 날개 짓을 함으로써 생겨난다[37]는 것들이 있는데, 이는 단지 神鳥의 형상을 상형한 '鳳'字와 '바람'이란 언어의 발음이 같기 때문에 '鳳'을 가차하여 '바람'이란 의미로 사용한 것이 아니라, '바람'을 큰새가 날때 두 날개를 움직여서 생겨나는 것으로 여긴 고대 중국인들의 민

---

35 『中國各民族宗敎與神話大詞典』編審委員會編(1990:136)

36 『中國各民族宗敎與神話大詞典』編審委員會編(1990:455)

37 『中國各民族宗敎與神話大詞典』編審委員會編(1990:124, 355, 401)

간전설이 반영되어 神鳥라는 의미의 '鳳'字를 '바람'이란 의미로도 사용하였다고 추정할 수 있는 근거가 된다.

2) '日'字

'日'은 甲骨文에서 태양의 형상을 상형한 '⊡'로 썼는데, 가운데 점이 뜻하는 바가 무엇인가에 대해서는 異見이 많았다. 예를 들어 徐中舒(1998:719)는 甲骨文에서는 원형을 새기기가 어려워 네모지게 새긴 것이 많으며, 중간에 점을 찍어 원형이나 방형의 부호와 구분하였다고 했고, 일부 학자는 태양의 흑점을 象形한 것이라고도 하였으나, 현재로서는 확정된 定說이 없다.

가운데 점의 의미를 찾기 위해서는 중국 초기의 신화와 전설을 참고할 만하다. 즉 고대 중국인들은 매일 東에서 나와 西로 들어가면서 밝음과 따뜻함을 주는 태양을 경이로움의 대상으로 삼아 많은 신화와 전설을 만들어냈는데, 甲骨文 '日'의 가운데 점에 대한 보다 정확한 결론 도출을 위해서 태양 숭배와 관련된 초기의 신화와 전설의 내용을 살펴보면 몇 가지 관련성을 찾을 수 있다.

예를 들어 『山海經』에는 태양이 어디서 오는가와 태양이 누구에 의해서 운행되는가에 대한 의문을 고대인의 상상에 맞추어 꾸민 것들이 많은데, 특히 『山海經·大荒南經』의 "태양이 뜨고 질 때 항상 새를 타고 다닌다.(日之出入, 皆載于鳥.)"는 내용은 태양의 운행을 새가 맡는다는 고대 중국인들의 관념을 반영하는 것이다. 실제로 陝西省 華縣 泉護村 仰韶文化 遺跡址에서는 까마귀가 태양을 업고 나는 문양이 새겨진 彩陶의 殘片에 발견되었는데, 이는 『山海

經』의 내용과 부합되는 것이다.[38] 또한 까마귀가 태양을 업고 나는 문양은 후기로 가면서 점차 까마귀의 형상이 적어져서 태양의 안으로 들어가 있는 것으로 변모하였는데,[39] 이러한 사실은 甲骨文 '日'字의 가운데 점이 까마귀를 상징하는 것이라는 가설을 가능하게 하며, 만일 이러한 가설이 맞는다면, 甲骨文의 '日'字에는 고대 중국인들의 태양의 운행에 대한 관념이 반영되어 있는 것이라고 할 수 있다.

3) '食'字에 대한 分析例

商代 사람들은 태양의 비정상적인 현상을 日神이 禍를 내리는 징조라고 여겼기 때문에 卜辭에는 이와 관련된 점을 친 내용이 많이 보인다.

예를 들어 "癸巳卜, 爭貞. 日若兹敏, 惟年禍. 三月.(癸巳일에 爭이 점쳐 묻습니다. 날이 갑자기 어두워지고 있는데 재앙이 있겠습니까? 때는 3월이다. :『通』448)"은 갑자기 날이 어두워지는 것을 日神이 재앙을 내리는 징조라고 여기고 재앙이 있을지의 여부에 대해서 점을 친 것이다.

이처럼 태양의 비정상적 현상을 중시한 商代 사람들이었기 때문에 卜辭에는 이미 日食과 月食 현상에 대해 기록한 것도 보이는데, 卜辭를 예로 들면 다음과 같다.

---

38   宋鎭豪(1994:461) 참조.

39   宋鎭豪(1994:462) 참조.

癸酉貞. 日月有食, 惟若. 癸酉貞. 日月有食, 非若(『簋天』1)

: 癸酉일에 묻습니다. 일식과 월식이 일어날까요? 癸酉일에 묻습니다. 일식과 월식이 일어나지 않을까요?

위의 卜辭를 통해 商代 사람들이 이미 일식과 월식 현상을 알고 있었음을 알 수 있는데, 그렇다면 이러한 자연현상을 '食'이라고 표현한 이유는 무엇인가.

이 질문에 대한 답변은 고대 중국인들의 민간 전설에서 찾을 수 있다. 즉 董作賓은 『殷曆譜』 下卷三 「交食譜·日譜」에서 '日月有食'을 日食과 月食 현상을 칭한 것이라고 하면서, 이런 현상을 '食'이라고 표현한 것은 민간의 전설을 반영한 것이라고 하였다.[40] 즉 고대 중국인의 민간 전설 중에는 天狗가 해와 달을 '먹어치우기' 때문에 日食과 月食 현상이 일어나고, 또한 이를 막기 위해서는 金擊鼓를 울려 하늘에 알려야 한다는 내용이 있는데,[41] 董作賓의 주장이 맞는다면 商代 사람들이 이미 이러한 전설을 알고 있었다는 것이 된다.

卜辭 중에는 "其將王鼓. (왕께서 북을 울릴까요? :『屯南』441)"나 "其震鼓. (북을 울릴까요? :『屯南』236)", "惟五鼓, … 上帝若王 … 有祐. (다섯 번을 울리면 … 上帝께서 왕을 허락하시고 … 보우하심을 주실까요? :『屯南』116)"처럼 제사를 지낼 때 북을 치는 내용이 많이 보이는데, 이는 북을 쳐서 북소리를 上帝에게까지 울려 퍼지게 하는 祭法이 商代에 자주 실

---

40   宋鎭豪(1994:469) 참조.

41   嚴一萍(1980) 참조.

행되었음을 반영하는 것으로, 고대 중국인들이 日食과 月食 현상을 '天狗'가 해와 달을 삼켰기 때문에 일어나는 현상이라고 여기고, 이를 上帝에게 알리기 위해서 金擊鼓를 울렸다는 것과 내용이 부합된다.

4) '箭'·'羿'字

『周禮·職方氏』의 "其利金錫竹箭."의 鄭玄의 注에서 "箭은 篠이다.…, 杜子春이 말하기를 晉은 箭으로 써야한다. 문헌에서는 간혹 箭으로 썼다. (箭, 篠也. 杜子春日, 晉當爲箭, 書亦或爲箭.)"라고 하였는데, 杜子春이 이렇게 설명을 한 이유는 아마도 "其利金錫竹箭."의 '箭'을 '晉'으로 쓴 적이 있기 때문일 것이다.

段玉裁는 『說文』 '晉'의 注에서 "古文 『禮記』와 『周禮』에서 모두 晉을 假借하여 箭으로 썼다."고 했고, '箭'의 注에서는 "살펴보니 『吳越春秋』의 '晉竹十瘦'에서 '晉竹'은 '箭竹'이다."고 하였다.

이것으로 보아 '箭'이란 자형이 있기 전에는 '晉'을 빌어 '箭'의 의미로 사용하였고, 이후 '箭'이 造字된 이후에도 당분간 '晉'과 '箭'이 互用되었다는 것을 알 수 있다.

또한 字音面에서 보자면, 顧炎武의 古音 10部에서는 '晉'과 '箭'을 한 部에 넣었지만, '晉'은 精紐眞部이고 '箭'은 精紐元部이므로 同紐異部의 글자이지 同音은 아니다.

그러나 『周禮·冬禮·考工記』에서 '晉圍'의 『釋文』에서 "晉, 又音箭."이라 하였고, 『集韻』에서도 '晉'에서 "子賤切, 音箭."이라고 한 것을 보아 '晉'은 본래 '箭'과 字音이 같았으나, 이후 '箭'이 造字되면서 眞部로 바뀐 것으로 보인다.

字意面에서 보자면 『說文』과 『爾雅』, 『廣雅』, 『釋名』에서 모두 '晉'의 뜻을 "進也."라고 했고, 『釋名』에서는 "箭, 進也."라고 한 것으로 보아 두 字의 字意도 밀접한 관계가 있다.[42]

이상의 분석을 통하여 '화살'이란 의미는 처음에 '晉'으로 쓰다가 이후 '箭'이 造字된 것이며, '晉'은 '箭'의 初文임을 알 수 있는데, 甲骨文에서 '晉'은 두 개의 화살이 태양에 꽂힌 형상인 '𣈃'(『鐵』13.1)로 썼다. 그렇다면 '화살'이란 언어를 기록하기 위해서 고대인은 왜 화살과 함께 태양을 글자의 구성요소로 삼았는가? 이는 '羿射十日'의 전설에서 그 해답을 찾을 수 있다.

堯에 이르러, 열 개의 태양이 함께 떠서 벼와 곡식을 태우고, 초목을 죽여 백성들이 먹을 것이 없게 되었다. 猰貐, 鑿齒, 九嬰, 大風, 封豨, 修蛇도 모두 백성들을 헤쳤다. 이에 堯가 羿를 시켜 鑿齒을 疇華의 들판에서 죽이고, 九嬰을 凶水에서 죽이고, 大風을 靑邱의 연못에서 죽이고, 위로는 열 개의 태양을 활로 쏘고, 아래로는 猰貐를 죽이고, 修蛇를 洞庭에서 잘라내고, 封豨를 뽕나무 숲에서 죽었다. 모든 백성이 기뻐하며 堯를 天子의 지위에 세웠다. 이에 天下의 廣狹과 險易과 遠近에 처음으로 도리가 생겨났다.

(逮至堯之時, 十日幷出, 焦禾稼, 殺草木而民無所食. 猰貐, 鑿齒, 九嬰, 大風, 封豨, 修蛇皆爲民害. 堯乃使羿誅鑿齒于疇華之野, 殺九嬰于凶水之上, 繳大風于靑邱之澤, 上射十日而下殺猰貐, 斷修蛇于洞庭, 禽封豨于桑林. 萬民皆喜, 置堯以

---

42   李玲璞·臧克和·劉志基(1997:219-220) 참조.

爲天子. 于是天下廣狹險易遠近, 始有道理 : 『淮南子·本經訓』[43]

『淮南子·本經訓』에 수록된 위 내용에서 "열 개의 태양이 함께 떴다."는 것은『山海經·大荒南經』의 "義和는 帝俊의 아내로 10개의 태양을 낳았다.(義和者帝俊之妻, 生十日.)"라는 내용과 부합되는 것으로, 결국 태양에 의한 재해를 상징하는 것이다. 이처럼 자연에 의한 재해를 해결한 羿의 가장 큰 특징은 문헌에서 '활을 잘 쏘고[善射]'과 '활을 만들었다[作弓]'는 것으로 나타나는데,[44] 羿의 이러한 특징은 '羿'字의 자형에 그대로 반영되어 있다.

즉 '羿'는 '羽'와 '廾'으로 이루어진 글자로, 두 손으로 깃털을 받드는 형상인데, 고대에는 새의 깃털로 화살의 꼬리를 만들었으므로, '羿'字는 두 손으로 화살을 받드는 형상이라고 할 수 있다. '羿'字의 異體字 중에서 '弓'와 '廾'으로 이루어진 '𢎻'(『汗簡』)나 '羽'와 '弓'으로 이루어진 '𦏩'(『龍龕手鑑』)는 이러한 사실을 명확하게 드러낸다.

이상의 내용을 통하여 고대인들이 '화살을 쏘다'는 의미의 '晉'字를 처음 만들 때 '羿射十日'의 전설을 근거로 하여 태양을 향해 날아가는 화살의 형상을 취하여 글자로 삼았다는 것을 알수 있다.

---

43 李玲璞·臧克和·劉志基(1997:221)에서 再引用.

44 『論語·憲問』에서 "羿는 활을 잘 쏘았지만 죽지 않을 수는 없었다.(羿善射, 不得其死然.)"고 했고,『荀子·儒效』에서는 "羿는 천하에서 제일 활을 잘 쏘는 사람이다.(羿者, 天下之善射者也.)"라고 하였다. 『墨子·非儒下』에서는 "옛날에 羿가 활을 만들었다.(古者羿作弓.)"이라 하였고, 『呂覽·勿躬』에서는 "예가 활을 만들었다.(夷羿作弓.)"이라고 하였다. 劉志基(1996:97) 참조.

또한 '羿射十日'의 전설 중에서 羿가 세운 공적은 태양을 쏘아 떨어뜨린 것 외에도 猰貐, 鑿齒, 九嬰, 大風, 封豨, 修蛇를 모두 없애버렸다는 점인데, 丁山(1988:267-269)의 고증에 의하면 封豨는 장마를 주관하는 雨神이고, 猰貐는 가뭄을 주관하는 霽神이며, 大風은 큰 폭풍을 일으키는 風伯이고, 修蛇는 코끼리를 한 입에 삼킬 수 있는 거대한 뱀이며, 鑿齒과 九嬰은 위험한 方國이라고 한다.

이는 실제로 인류에게 재앙을 가져다주는 태양, 장마, 가뭄, 폭풍 등의 自然神과 인류를 위협하던 맹수 및 好戰的인 方國 등 모든 재앙을 상징한 것으로, 이러한 모든 재앙을 羿가 물리쳤다는 것은 당시의 문명의 상징인 화살의 神力을 이용하여 이전까지 무조건적으로 수용할 수밖에 없었던 모든 자연신 및 토템에 대해서 이제는 저항한다는 관념을 표출한 것이다.

즉 자연에 대해서 방어할 능력이 전혀 없던 고대인들이 점차 문명의 힘으로 자연과 맞서 싸우려는 의지를 보여주는 것으로, 商代의 제사 대상으로 등장하는 태양신을 포함한 모든 자연신의 권위가 전에 비하여 떨어지고, 구체적으로 祈求하는 내용이 적고, 제사를 지낸 卜辭 역시 많지 않다는 것[45]은 自然神의 권위를 문명을 상징하는 활과 화살이 대체하였다는 것을 설명하여 준다.

甲骨文에 '羿'字가 보이지 않으므로 후대에 만들어진 글자인 것으로 보이지만, 후대 사람들의 관념 속에 '羿射十日'의 전설이 여전히 반영되어 활과 두 손을 결합하여 '羿'字를 만든 것이며, '晉'의 甲骨文 자형이 태양을 향해 날아가는 두 개의 화살인 것으로 보아

---

45 尹彰浚(2002:66-85) 참조.

'羿射十日'의 관념은 아주 이른 시기부터 고대인의 관념 속에 있었던 것으로 볼 수 있다.

3. 古文獻과 甲骨文 研究의 結合

甲骨文 연구에 있어서 古文獻의 기록은 甲骨文의 造字原理 분석에 많은 근거를 제시할 수 있으며, 이는 商代 文化 연구에 많은 도움을 준다. 다음에서는 『詩經』과 『說文』을 예로 들어 甲骨文 연구에 古文獻의 내용을 결합하는 방법에 대해서 설명해 보고자 한다.

1) '霏'·'舞'字

商代 제사의 특징 중의 하나는 卜辭에 등장하는 祭名 및 제사에 쓰는 祭需品의 종류와 수량이 매우 많고, 제사를 지내는 방법이 다양하다는 점이다. 특히 祭名은 현재까지 알려진 것만도 약 백여 종이나 되지만, 관련 史料가 부족하고 또한 후대에는 사용되지 않았거나 혹은 祭名이 같더라도 그 성격이나 방법이 변모된 것이 많아서 구체적으로 어떤 종류의 제사인지를 명확하게 가리기 어려운 것이 많다.[46]

다만 대부분의 제사는 제사를 지내는 방법, 즉 祭法을 기준으로 祭名을 삼았기 때문에, 卜辭에서 祭名으로 사용된 甲骨文의 자형

---

46   趙誠(2000:173-174) 참조.

분석을 통하여 어떠한 방식으로 진행된 제사라는 것을 추정할 수는 있다.

현재까지 알려진 商代 제사의 종류는 크게 제사를 지내는 방법을 기준으로 ① 祭壇에 祭需品을 바치면서 지내는 제사, ② 犧牲物을 殺戮하여 지내는 제사, ③ 음악에 따라 춤을 추며 지내는 제사, ④ 북을 울리며 지내는 제사로 구분할 수 있는데,[47] 이 중 음악과 관련된 제사의 종류에 '雩'제사와 '舞'제사가 있다.

'雩'의 甲骨文은 '雨'와 '于'로 이루어진 '霅'(『乙』971), '雩'(『前』5.39.6) 등으로 썼는데, 裘錫圭의 고증에 의하면 '于'는 고대 악기의 일종인 '竽'를 상형한 것으로,[48] 즉 '雩'는 '비'와 '악기'로 이루어진 글자이다. 그렇다면 '雩'제사는 '비', 그리고 '악기'와 어떠한 관련이 있는 것인가.

또한 '舞'의 甲骨文은 장식물을 손에 들고서 춤을 추는 형상인 '炏'(『粹』334), '炏'(『前』6.21.2) 등으로 썼으나, 이후 '有無'의 '無'로 假借되어 쓰이자, 두 발을 나타내는 '舛'을 더하여 '舞'가 되었다. 卜辭에서는 "貞. 我舞, 雨.(묻습니다. 내가 舞제사를 지내면 비가 올까요? :『乙』7171)"처럼 祈雨를 위한 祭名으로 쓰였는데, 그렇다면 '舞'와 '비'는 어떠한 관련이 있는 것인가. 이에 대한 해답은 『說文』과 『詩經』의 기록을 통해 찾을 수 있다.

『說文』에서는 '舞'의 古文으로 形符가 '羽'이고 聲符는 '亡'인 '翃'

---

47   尹彰浚(2002:158-166) 참조.

48   李圃(1989:16) 참조.

를 수록하였고[49] '雩'의 或體로도 역시 形符가 '羽'인 '翆'를 수록하
였다. 두 글자 모두 '羽'를 편방으로 삼은 異體字가 있는데, 許慎이
'雩'에 대해서 "夏나라는 上帝에게 음악을 연주하며 제사를 지내
단비를 祈雨하였다. 雩는 깃털로 추는 춤이다. (夏祭樂於赤帝以祈甘雨
也.…雩, 舞羽也.)"[50]라고 한 것으로 보아 두 글자의 異體字에 '羽'가 편
방으로 쓰인 것은 두 글자 모두 祈雨를 위하여 깃털을 이용한 춤
을 춘다는 의미를 가지고 있었기 때문으로 보인다.[51]

『說文』의 내용은 卜辭에서 음악과 관련된 제사의 종류로 사용
된 '雩'제사와 '舞'제사가 모두 '춤', '깃털', '祈雨'와 밀접한 관련이
있다는 것을 알려준다.

또한 『詩經·齊風·甫田』에서는 "琴瑟을 연주하여 단비를 祈求하
네. (琴瑟擊鼓, 以祈甘雨.)"라고 하였는데,[52] 이 역시 음악과 祈雨가 매
우 밀접한 관계가 있었음을 반영하는 것으로, '雩'의 편방으로 '비'
를 나타내는 '雨'와 음악을 나타내는 '于'가 사용된 이유를 잘 설명
하여 준다.

---

49   段玉裁(1988:234) 참조.

50   段玉裁(1988:574) 참조.

51   이처럼 새의 깃털이 祈雨와 관련이 있는 것은 앞서 언급한 것처럼 고대 중국인
      들이 하늘의 큰 새가 날개 짓을 하여 바람이 생기고, 바람이 불어야 비가 온다고
      생각했던 관념들이 반영되었기 때문이다.

52   屈萬里(1976:91)에서 재인용.

2) '田'字

甲骨文에서 '田'은 '田'(『合集』1), '田'(『合集』33209), '田'(『屯南』102) 등으로 썼다. 徐中舒(1998:1466-1467)는 고대 귀족은 각기 사냥터를 가지고 있었고, 자신의 사냥터를 구분하기 위하여 경계지점에 도랑이나 제방을 쌓았는데, '田'字는 이렇게 사냥터를 구분해 놓은 형상을 본 뜬 것으로, 이후 商代에 井田制가 시행되면서 井田의 모양역시 方形이었기 때문에 '田'은 '밭'이라는 의미도 겸하게 된 것이라고 하였다.

李孝定(1969:4025-4027) 역시 사냥과 경작지의 밀접한 관계를 언급하면서 卜辭에서 '田'은 대부분 '사냥하다'라는 의미로 사용되었지만, '耕作地'라는 의미로도 쓰였다고 하였다.

이들의 주장이 '田'의 本意를 '사냥하다'로 보고 이후 '農耕地'라는 의미로 引伸되었다고 보는 것인데 반해 張政烺(1973:93-118)은 제1기 卜辭에서 '田'은 '農耕地' 혹은 '農耕'이라는 뜻으로만 쓰였고, 제2기 卜辭에서 狩獵과 관련된 의미를 간혹 나타내다가 제3기 卜辭에서 본격적으로 田獵 활동이나 田獵地를 의미하는 고유 단어로 정착되었다고 하여 '田'의 本意를 '農耕地'로, 引伸義를 '田獵地'로 보았다.

張政烺의 이러한 주장은 실제 卜辭를 통해서 입증되었는데, 卜辭를 예로 들면 다음과 같다.

甲骨文과 中國 古代社會

庚辰卜貞. 翌癸未肖西單[53]田, 受有年, 十三月(『續存下』166)

: 庚辰일에 점쳐 묻습니다. 다음날인 癸未일에 西單의 농경지를 제초하면 풍년이

들까요? 때는 13월이다.

戊寅卜行貞. 王其往于田. 無災. 在十二月(『粹』930)

: 戊寅일에 行이 점쳐 묻습니다. 왕께서 전렵지로 가시려고 하는데 재앙이 없을까

요? 때는 12월이다.

丁丑卜狄貞. 王田, 擒(『合集』29084)

: 丁丑일에 狄가 점쳐 묻습니다. 왕께서 사냥을 나가시면 잡을까요?

첫 번째는 제1기 卜辭로 '田'은 '農耕地'라는 뜻으로 쓰였고, 두

번째 제2기 卜辭에서는 '田獵地'라는 뜻으로 쓰였으며, 세 번째 제

3기 卜辭에서는 '사냥하다'는 뜻으로 쓰였다. 따라서 '田'이 본래는

'農耕地'라는 뜻으로 쓰이다가 제3기 卜辭 이후에 본격적으로 '田

獵 活動'이나 '田獵地'를 의미하는 고유 단어로 정착되었다고 하는

張政烺의 주장은 매우 타당한 것으로 보인다.

그러나 이 같은 사실을 보다 명확하게 입증하기 위해서는 또

다른 증거가 필요한데, 이에 대한 관련 증거는 『詩經』에서 찾을 수

있다. 즉 『詩經·鄭風·叔于田』에서는 "共叔段이 사냥을 나가는데,

거리에 아무도 없네.…共叔段이 사냥을 나가는데 거리에 술 마시

는 사람 아무도 없네.…共叔段이 사냥을 나가는데 거리에 말을 탄

사람이 없네.(叔于田, 巷無居人…叔于狩, 巷無飮酒…叔于田, 巷無居人…叔于野,

---

53 西單은 '서쪽 제터(壇)'라는 뜻으로, 商의 수도인 西郊의 평지이다. 崔恒昇

(1986:118) 참조.

巷無服馬.)"라고 하여 '田', '狩', '野'를 모두 '사냥을 나가다'는 의미로
사용하였다.

따라서 卜辭의 내용분석에『詩經』의 내용을 추가하면 '田'은 본
래 '농경지'라는 뜻으로 쓰이다가 제3기 卜辭 이후 본격적으로 田
獵 활동이나 田獵地를 의미하는 고유 단어로 정착되었고,『詩經』
시기에도 여전히 '사냥하다'는 뜻으로 사용되었음을 증명할 수
있다.

3) '狐'字

甲骨文에서 '狐'는 '犬'과 '亡'으로 이루어진 '㹫'(『前』2.27.5), '㹢'(『存
下』359) 등으로 썼지만, 甲骨文에서 '亡'은 有無의 '無'로 읽었고, '無'
와 '瓜'의 古音은 함께 魚部에 속했기 때문에, 후세에는 '亡'이 同音
이었던 '瓜'로 대체되어 '狐'가 되었다.[54]

卜辭 중에는 여우 사냥과 관련된 것이 많이 보이는데, 한 번의
사냥에서 가장 많은 여우를 한번에 사냥한 것은 246마리로,[55] 卜
辭를 예로 들면 다음과 같다.

獲虎一, 鹿四十, 狐[二]百六十四, 麑百五十九(『合集』10198正)
: 호랑이 한 마리, 사슴 40마리, 여우 264마리, 새끼 사슴 159마리를 잡았다.

---

54   方述鑫 外(1993:732-736) 참조.

55   王宇信·楊升南(1999:564)에서는 164마리라고 하였으나, 王宇信이 總審校한 胡厚
     宣 主編(1999)의『甲骨文合集·釋文』(一·下)에서는 264마리라고 하였다.

위의 卜辭는 한 번의 사냥으로 호랑이 한 마리, 사슴 40마리, 여우 264마리, 새끼 사슴 159마리를 잡았다는 내용을 기록한 것인데, 그렇다면 이처럼 많은 양의 짐승을 사냥한 목적은 무엇인가.

이와 관련된 해답은『詩經』을 통해서 얻을 수 있다. 예를 들어『詩經·豳風·七月』에는 "1월에 사냥을 나가 여우와 살쾡이를 잡아서 公子의 가죽옷을 만들었네. (一之日于貉, 取彼狐狸, 爲公子裘.)"[56]라고 하였는데, 이는『詩經』시기에 여우 가죽이 가죽옷을 만드는 귀한 재료로 사용되었음을 반영한다.

이러한『詩經』의 내용은 商代에 대량의 여우를 사냥한 목적 중의 하나가 여우 가죽이 가죽옷을 만드는 귀중한 재료로 사용되었기 때문이라고 추정할 수 있는 근거로 삼을 수 있다.

4) '稚'字

'豕'의 甲骨文은 '𠂆'(『前』4.51.5), '𤟭'(『鐵』210.2)로 화살이 돼지를 꿰뚫고 있는 형상인데, 이는 야생돼지를 활로 쏘아 잡았다는 것을 象形한 것이며, 卜辭 중에는 "王其射大豕(왕께서 큰 돼지를 활로 쏘아 잡을까요? :『合集』28307)"처럼 활로 쏘아 돼지를 사냥했다는 기록도 보인다.

또한 甲骨文에서 꿩[稚]은 '矢'와 '隹'로 이루어진 '𪄉'(『乙』8751), '𪄉'(『續』5.23.7) 등으로 써서, 자형에 이미 활로 쏘아서 꿩을 사냥하였다는 사실이 반영되어 있는데, 특히『續』의 자형은 줄이 달린 화

살을 사용하였음을 반영한다.

이처럼 甲骨文 중의 '꿩[雉]'이나 '야생 돼지[彘]' 등은 모두 화살 [矢]을 편방으로 함으로써 鳥類나 돼지 사냥에 활을 사용하였음을 반영하고 있다. 특히 '雉'의 甲骨文 중의 '𠂤'(『續』5.23.7)는 줄을 매 단 화살로 꿩을 사냥하였다는 것을 나타내는데, 화살에 줄이 달려 있으면 사냥감을 쉽게 찾을 수 있고, 또한 맞추지 못하는 경우에 도 화살을 쉽게 찾을 수 있기 때문에 鳥類를 위한 사냥에 매우 효 과적이었을 것이다.

이와 같은 사실은 『詩經』에도 반영되어 있다. 예를 들어 『詩經· 鄭風·女日鷄鳴』에서는 "아내가 말하기를 닭이 우네요, 남편이 말 하기를 아직 어두운데. 일어나 밖을 보세요, 샛별이 반짝이니, 나 가 돌아다니며 오리나 기러기 주살로 쏘아볼까요.(女日鷄鳴. 士日昧 旦. 子興視夜. 明星有爛. 將翶將翔, 弋鳧與雁.)"라고 하였는데, 鄭玄은 箋에 서 "弋은 繳射이다.(弋, 繳射也.)"라고 하였고, 孔穎達은 『正義』에서 "繳射는 화살을 줄에 매달아 쏘는 것이다.(然則繳射謂以繩繫矢而射也.)" 라고 하였다.[57] 이는 『詩經』 시기에도 여전히 새를 사냥할 때 화살 을 줄에 매달아 사용하였다는 것을 보여준다.

이 책에서는 甲骨文과 卜辭를 분석하여 중국의 고대사회, 특히 商代 지배계층의 사회적·문화적 특징을 알아보기 위하여 한자문 화학적 연구방법을 선택하였고, 위에서 몇 가지 구체적인 분석사 례를 중심으로 한자문화학적 연구 방법을 소개하였다.

물론 이러한 방법으로 모든 중국의 고대사회를 이해하기는 어

---

[57] 阮元 校勘(1977:719)에서 재인용.

려우나, 기존의 갑골문 연구 성과를 토대로 다른 학문 분야, 예를 들어 考古學, 神話와 傳說, 古文獻 등의 연구 성과를 보다 폭넓게 수용하여 다면적으로 분석한다면 중국 고대사회의 전반적인 특징을 이해하는데 많은 도움이 될 것이며, 甲骨學 연구에 있어서도 보다 넓은 연구영역과 다양한 분석결과를 제시할 수 있을 것으로 기대한다.

3장

中國 古代社會의
信仰과 崇拜의 對象

信仰은 초자연적인 것이므로 어떤 모습으로 형성되고, 어떤 형식과 방법으로 실행되었는가를 살피는 작업은 그리 쉬운 일이 아니다. 하지만 현재까지 발굴된 고고학적 발굴 성과는 商代에 이미 비교적 체계를 갖춘 信仰이 있었다는 것을 증명하였고, 甲骨卜辭에도 商代의 信仰 및 祭祀와 관련된 내용이 많이 있으므로, 이에 대한 상세한 고증과 분석을 진행하면 초기 信仰의 면모를 찾아 볼 수 있을 것이라 기대된다.

다음에서는 商代 信仰의 전반적인 면모를 이해하기 위하여 우선 신화와 전설 및 고고학적 발굴성과를 중심으로 중국 고대사회의 信仰의 기원 및 변천과정을 간략히 살펴보고, 甲骨卜辭에 대한 분석을 통하여 商代 숭배 대상의 종류와 특징에 대해서 살펴봄으로서 당시의 전반적인 사회·문화의 양상을 추정해 보고자 한다.

1. 信仰의 起源

고대 중국인들은 '죽음'을 잠에서 깨어나지 않는 것이라고 믿고 '잠자는 가족과 친척'을 돌보았으나, 시간이 지나면서 점차 육체가 썩어가자 무한한 공포와 의문을 느꼈다. 그들은 꿈을 꾸었던 기억을 토대로 영혼은 육체와 분리되어 독립적으로 존재할 수 있는 것이라 믿게 되었고, 마침내 영혼에 대한 관념을 가지게 되었다.[58]

영혼에 대한 관념이 정확하게 언제 형성되었는지는 알 수 없으나, 北京 周口店 山頂洞 유적지에서 발견된 노인과 여성의 시체 주위에 피를 상징하는 붉은색 산화철가루가 뿌려져 있는 것으로 보아 山頂洞人 시기에 이미 영혼관념이 존재한 것으로 보인다. 즉 당시의 사람들은 영혼에게도 피가 필요하다고 여겨 영혼의 영생을 위하여 피를 상징하는 붉은색의 산화철가루를 함께 매장하였다.[59]

이처럼 산화철가루를 함께 매장한 것은 중국뿐 아니라 세계 각처의 구석기 유적지에서도 발견되었으며, 중국에서도 周口店 외에 신석기시대에 속하는 仰韶文化 및 齊家文化 유적지에서도 많이

---

58   柯斯文(1955:179-180) 참조.

59   宋兆麟(1983:12) 참조. 산화철 가루가 상징하는 의미에 대해서는 의견이 분분하다. 예를 들어 馬昌儀·劉錫誠(1994:20)은 산화철 가루는 生者와 亡者의 혈육의 정을 상징하며, 亡者의 영혼을 위하여 재난을 쫓고 병을 막아주는 기능을 하거나, 그 영혼이 기생하는 바가 된다고 주장하였고, 楊福泉(1994:16)은 붉은색의 산화철가루는 피와 불길을 상징하며, 이는 亡者가 다시 살아나기를 바라는 것이라고 하였으며, 賈蘭坡(1978:8-9)는 붉은 색 물질은 피를 상징하며, 이는 亡者의 영혼이 다른 세계에 가서 永生하기를 희망하는 것이라고 주장하였다.

발견되었다.[60]

이후 靈魂永存 관념에 따라 死者의 隧葬品이 점차 많아졌다. 예를 들어 老官台 遺跡址에서는 石鑛, 石矛, 石鏃 등과 三足罐, 圈足碗 등의 陶器가 발견되었고, 龍山文化에 속하는 山西省 襄汾陶寺에서 발견된 대형의 남성 묘지에서는 木俎, 木匣, 木盤, 木斗, 彩色 木安, 彩色 蟠龍陶盤, 陶灶, 陶斝, 陶罐, 玉器, 石磬, 猪骨架 등 208件의 隧葬品이 발견되었는데, 이는 墓葬의 주인이 생전에 사용하던 생활용품의 대부분을 구비한 것이며, 齊家文化의 묘지 중에는 사람을 殉葬한 것도 발견되었다.[61]

또한 仰韶文化 遺跡址에서 발견된 다수의 瓮棺墓에는 瓮棺의 윗부분에 많은 구멍이 뚫어져 있는데, 이는 영혼이 출입하도록 통로를 만들어 놓은 것으로,[62] 雲南省 永寧 納西族이 장례를 치를 때 死者의 몸을 깨끗이 씻은 후, 백색이나 남색 옷과 신발을 신기고, 신발의 바닥에 구멍을 뚫는 것과 같은 관념이다.[63]

靈魂永存의 관념은 사람뿐 아니라 모든 자연만물에 영혼이 있

---

[60] 중앙아시아의 시베리아, 유럽의 프랑스, 영국, 독일, 아프리카의 케냐 등지에서 발굴된 舊石器 晩期의 묘지에서도 산화철가루를 함께 매장한 것이 발견되었고, 중국의 경우, 仰韶文化에 속하는 陝西省 華縣 元君廟 29호에서 발견된 人骨의 머리부분에 붉은색 산화철 가루가 칠해져 있고, 齊家文化에 속하는 甘肅省 永靖 大何庄 유적지에서 발굴된 3座의 墓葬 중 머리부위와 다리 부분에 붉은색 쇳가루가 뿌려져 있는 것이 발견되었다. 이것은 모두 영혼의 不死를 위하여 거행한 喪葬禮俗이라고 볼 수 있다. 安金槐(1992:90-93) 참조.

[61] 安金槐(1992:110-111) 참조.

[62] 李仰松(1976) 참조.

[63] 남자는 9개, 여자는 7개의 구멍을 뚫었는데, 이것은 신발에 구멍이 있어야 영혼이 출입할 수 있다고 여겼기 때문이다. 嚴汝嫻·宋兆麟(1983:171-172) 참조.

다는 관념으로 발전되었고, 결국 사람과 자연 사이에는 눈에 보이지 않는 내재관계가 있다고 여기게 되었다.

이러한 관념은 自然神 및 祖上神 숭배가 발생하게 되는 기초가 되었다.

2. 信仰의 變遷

이렇게 발생한 여러 숭배관념은 商代에까지 이어져 現存하는 卜辭에서도 自然神과 祖上神에 대한 숭배와 관련된 내용을 대량으로 찾아 볼 수 있다.

그러므로 商代의 숭배대상의 종류와 성격 및 제사의 특성을 정확히 알기 위해서는 商代 이전부터 고대 중국인의 숭배 대상이 되어왔던 각종 신들의 성격에 대한 정확한 이해가 필요하다.

다음에서는 고대 중국인의 靈魂永存 관념으로 인하여 숭배의 대상이 되었던 여러 神들을 神話·傳說의 내용과 고고학적 발굴성과를 중심으로 초기의 巨石 숭배와 각 종 自然神 및 祖上神과 生殖神으로 구분하여 숭배 대상의 성격 및 숭배 관념이 형성하게 된 배경에 대해서 살펴봄으로써 信仰의 變遷過程에 대해서 알아보기로 하자.

1) 巨石 崇拜 信仰
고대 중국인은 피할 수 없는 죽음 앞에서 어쩔 수 없이 靈魂永存

을 믿었지만, 생명이 영원히 지속되기를 희망하였다. 그들은 당시의 자연만물 중에서 영원히 사라지지 않는 거대한 돌에 영혼이 있다고 믿고, 사람과 돌 사이에 눈에 보이지 않는 내재적 관계가 있으므로, 사람이 죽은 뒤 돌로 태어나면 永生할 수 있다는 믿음을 가졌다. 예를 들어『淮南子·脩務』에서 "禹는 돌에서 태어났다. (禹生於石.)"고 했는데, 이러한 '石生人'의 전설과 세계 각지에서 발견되는 新石器 末期의 巨石문화들은 死後에 돌로 다시 태어나 永生하기를 바라는 관념을 반영하는 것이다.[64]

중국에서도 史前시기의 巨石문화가 많이 발견되었는데, 예를 들어 遼東半島의 海城, 風凰城 일대에서 多尒門[65]이 발견되었고, 遼寧省 營口市 石棚峪 등과 山東 淄川縣 北王母山 등에서 石棚이 발견되었으며, 四川省에서도 여러 곳의 巨石 유적지가 발견되었다.[66]

지금까지 전해지는 史前시기의 이러한 巨石들을 통하여 당시 信仰의 성격을 알 수 있다. 즉 고대 중국인은 처음 石器를 이용하면서 보다 편리하게 생활에 필요한 물자를 수급할 수 있었고,[67] 앞서 언급한 것처럼 自然萬物에 영혼이 있다고 믿기 시작했기 때문에, 자신들의 생활과 가장 밀접한 관계가 있는 巨石에 생명을 불

---

64 馬昌儀·劉錫誠(1994:7-8) 참조.

65 巨石文化 중에서 단독으로 세워진 巨石을 '門希尒'이라고 하고, 여러 개의 巨石이 함께 배열되어 있는 것을 '多尒門'이라고 한다. 傅亞庶(1999:15) 참조.

66 馬昌儀·劉錫誠(1994:12-15) 참조.

67 물론 石器시대 이전에 木器시대가 있었고 이를 반영하는 甲骨文들이 존재하지만, 木器는 石器에 비해 사회 전반에 미친 영향이 적다. 劉志誠(1995:89) 참조.

어넣은 것이다. 이러한 巨石 崇拜 信仰은 원시신앙을 연 先河로, 이후 자연을 숭배하는 만물 영혼 관념으로 발전되었다.

2) 自然神 崇拜 信仰

중국의 고대인들은 해와 달이 번갈아 뜨고, 사계절이 바뀌는 원리를 알지 못했고, 따라서 인간이 볼 수 없는 세계에서 神이 이 모든 자연현상을 통제한다고 믿었다.

人力으로는 저항할 수 없는 자연의 변화 앞에서 고대 중국인들은 萬物을 지배하는 神을 극진히 숭배하면 자신들의 의지대로 自然을 움직일 수 있다고 믿었다.

이에 따라 자연과 관련된 많은 崇拜 信仰이 만들어졌는데, 이는 곧 당시 사람들이 자연에 대해서 극히 무력했음을 반영하는 것이기도 하다.

다음에서 고대 중국인들의 崇拜 信仰의 대상이었던 여러 自然神에 대해서 살펴보기로 한다.

(1) 日神과 月神 崇拜 信仰

① 日神 崇拜 信仰

매일 東에서 나와 西로 들어가면서 밝음과 따뜻함을 주는 태양을 고대인들은 경이로움의 대상으로 삼아 많은 신화와 전설을 만들어냈다. 『山海經』과 『淮南子』에 수록된 태양과 관련된 많은 이야

기들은 대부분 태양이 어디서 오는가와 태양이 누구에 의해서 운행되는가에 대한 의문을 고대인의 상상에 맞추어 꾸민 것들인데, 예를 들어『山海經·大荒南經』에서는 "동남쪽 바다 건너 甘水 사이에 羲和의 나라가 있는데, 그곳에 사는 여성의 이름이 羲和이다. 羲和는 帝俊의 아내로 10개의 태양을 낳았다.(東南海之外, 甘水之間, 有羲和之國, 有女子名曰羲和, 羲和者帝俊之妻, 生十日.)", "태양이 뜨고 질 때 항상 새를 타고 다닌다.(日之出入, 皆載于鳥.)"고 한 것 등이다.[68] 실제로 陝西省 華縣 泉護村 仰韶文化 遺跡址에서 출토된 彩陶의 殘片에 까마귀가 태양을 업고 나는 문양이 발견되었는데, 이는『山海經』의 내용과 부합된다.

태양의 어머니인 羲和의 남편 帝俊에 대해서는 異說이 많은데, 예를 들어 郭璞은『山海經』의 注에서 帝俊을 帝舜이라고 했고, 郝懿行은 帝俊과 帝舜, 少典, 黃帝가 실제로는 한 인물이라고 하였다.[69] 王國維는 帝俊을 帝嚳이라고 하였고,[70] 袁珂는 기존의 여러 說을 종합하여 帝俊, 帝嚳, 舜을 한 인물이라고 하였다.[71]

만일 王國維와 袁珂의 주장대로 帝俊이 帝嚳과 동일 인물이라면, 태양은 결국 商族의 先祖가 된다. 그러나 이것은 母系社會시기에 태양의 어머니에 대한 전설이 생겨난 이후 父系社會로 넘어가

---

68 『楚辭·離騷』의 "吾令羲和弭節兮."에 대한 王逸의 注에서 "羲和가 태양을 운전한다.(羲和, 日御也.)"고 했고, 洪興祖의 補注에서는 "태양은 여섯 마리의 용이 끄는 마차를 타고 다니는데, 羲和가 운전을 한다.(日乘車駕以六龍, 羲和御之.)"고 하였다.

69 傅亞庶(1999:24) 참조.

70 傅杰(1997:16-17) 참조.

71 袁珂(1981:141) 참조.

면서 義和의 남편에 대한 전설이 첨가된 것으로, 비교적 늦은 시기의 관념이 반영된 것으로 보인다.[72]

태양은 인류의 생활과 매우 밀접한 관계가 있었기 때문에, 태양과 관련된 신화와 전설은 대부분 태양에 대해서 매우 친근하여, 태양이 위험에 처하면 인류가 태양을 돕는다는 내용의 것들이 많이 있다. 에를 들면 侗族의 신화전설에서는 惡神인 商朱가 태양을 거대한 쇠몽둥이로 내려쳐 태양이 어디론가 떨어지고, 세계는 암흑으로 변했는데, 용감한 남매가 죽을 고비를 넘기며 商朱를 죽이고 태양을 다시 찾아내 세계가 광명을 얻었다고 한다.[73]

반면 '十日'과 관련된 이야기들은 고대 중국인들이 자연에 맞서 투쟁하려는 의식을 반영하기도 하는데, 『淮南子』, 『楚辭』, 『莊子』 등 고대 문헌 속에 등장하는 '羿射十日'의 이야기는 문명을 상징하는 화살[矢]로 태양을 쏘아 떨어뜨린다는 내용이다.[74]

태양숭배와 관련된 고고학적 자료도 많이 발굴되었는데, 예를 들어 甘肅省 仰韶文化 遺跡址의 彩陶 중에는 太陽 문양이 많이 있고, 廣西 華山 岩畵 중에도 해를 맞는 의식을 표현한 圖畵가 있으며, 출토된 많은 越族의 銅鼓에도 태양도형의 문양들이 있다.[75]

---

72   徐旭生(1985:72-73) 참조.

73   『中國各民族宗敎與神話大詞典』編審委員會編(1990:112) 참조.

74   화살 숭배는 고대 중국인들이 自然神에 대항하여 文明神을 숭배했음을 반영하는 것으로 추정할 수 있다.

75   傅亞庶(1999:25) 참조.

② 月神 崇拜 信仰

태양과 함께 숭배의 대상이 되었던 달은 태양과 달리 기울었다
다시 차는 성질이 있다. 고대 중국인들은 달 모양의 변화에 맞추
어 시간의 흐름을 가늠했고, 農耕이 시작된 이후에는 曆法의 계산
에 달의 운행을 기준으로 삼았다.

고대인의 전설에서 달은 때로는 남성으로, 때로는 여성으로 등
장하며, 태양과 밀접한 관계를 지니기 때문에, 태양과 남매 혹은
부부관계로 나오는 경우가 많다.[76]

또한 달은 인류에 대해서 親和的인 모습으로 등장하는데, 예를
들어 傣族의 전설에서 달은 태양의 여동생으로 등장하는데, 수줍
음이 많고 심성이 고와서 매일 밤 은마차를 타고 어두운 밤을 밝
혀주면서도 한달에 3일만 전체 모습을 드러낸다고 하며, 侗族의
전설에서는 태양의 오빠로 등장하는데, 태양은 겁이 많아 밝은 낮
에 운행하고, 달은 담력이 커서 어두운 밤에 운행한다고 한다.[77]

이상과 같이 태양과 달은 낮과 밤을 교대로 밝히며 고대 중국인
의 생활과 밀접한 관계를 맺었으나 태양의 日出과 日沒, 달의 차고
기움과 같은 자연현상은 고대 중국인이 이해할 수 없는 신령스러
운 것이었으므로 이와 관련된 많은 숭배사상이 출현하게 되었다.

이후 商代의 卜辭 중에도 태양과 달은 숭배의 대상으로 자주 등
장하며, 특히 태양의 日出과 日沒, 日食과 月食과 같은 자연현상에
대해 점을 친 것이 많이 보인다.

---

76   『山海經·大荒四經』에서는 "帝俊의 妻 常義가 12개의 달을 낳았다. (帝俊妻常義, 生月
十二.)"고 하여, 태양과 달을 異腹兄弟라고 하였다. 傅亞庶(1999:29) 참조.

77   『中國各民族宗教與神話大詞典』編審委員會編(1990:84·115) 참조.

(2) 風神 崇拜 信仰

바람은 태양, 달, 별처럼 하늘 높은 곳에 있는 것이 아니라, 사람들이 능히 바람의 존재를 피부로 느낄 수 있고, 바람이 부는 장면을 볼 수 있는 것이었기에 고대 중국인의 信仰에서는 바람에 대해서 보다 친근한 면이 많이 보인다.

동시에 고대 중국인들은 바람이 식물의 씨앗을 퍼뜨리고 뜨거운 대지를 식혀주는 유익한 역할을 한다는 것을 알지 못했기 때문에 쎈 바람이 불면 공포심을 느꼈고, 이에 따라 바람을 그들에게 재앙을 가져다주는 것으로도 인식하였다.

이처럼 큰바람이 불다가 가라앉고, 다시 부는 일련의 자연현상을 보고 느끼면서 고대 중국인들은 자연스럽게 바람을 주재하는 神이 있다고 여겨 風神에 대해 경외의 마음으로 崇拜하는 信仰을 만들어 냈다.

(3) 雨神 崇拜 信仰

비는 고대 농경 및 유목민족에게 매우 중요한 요소였기 때문에 雨神은 매우 중시되었다. 『山海經·海外東經』에서는 雨神의 형상에 대해서 "두 손에 각각 뱀을 들고, 왼쪽 귀에는 푸른 뱀, 우측 귀에는 붉은 뱀을 달고 있다.(兩手各操一蛇, 左耳有靑蛇, 右耳有赤蛇.)"고 하였는데,[78] 민간의 祈雨活動을 놓고 보자면, 雨神이 들고 있는 뱀은 비와 관련이 있음을 알 수 있다. 즉 고대인들은 하늘에 사는 용의 비

---

[78]   袁珂(1993:311)에서 인용.

늘은 많은 물을 머금고 있어서, 용이 비늘을 흔들면 비가 내리는 것이라고 믿었고, 그러므로 가뭄이 들면 용을 향해서 祈雨祭를 지냈다.[79]

용을 토템으로 하는 많은 민족들이 뱀을 용의 前身이라고 여기고 숭배했다는 것을 보면, 『山海經』에서의 雨神이 뱀을 들고, 귀에 걸고 있는 것은 雨神의 早期 형상이라는 것을 알 수 있다.

⑷ 雷電神 崇拜 信仰

번개와 천둥은 고대 중국인에게 매우 커다란 공포감과 경외심을 느끼게 하였고, 이러한 현상을 주재하는 雷神이 있다고 믿었다. 고대 중국인들은 번개의 모양이 구불구불하고, 번개가 친 이후 종종 큰비가 내리는 것을 보고, 용과 관계가 있는 것으로 여겼는데 『山海經·海內東經』에 보면 "우뢰 연못에 雷神이 사는데, 몸은 용이고 머리는 사람이며, 배를 두드린다.(雷澤中有雷神, 龍信而人頭, 鼓其腹.)"라는 기록이 있다.[80]

번개와 천둥의 치는 원인에 대해서는 여러 전설에서 하늘에 사는 노인이 화가 나면 들고 있는 지팡이를 내려치는데, 이때마다 번개와 천둥이 친다고 하거나, 雷神이 화가 나서 배를 두드리면 번개와 천둥이 친다고도 한다.[81]

---

79 『中國各民族宗敎與神話大詞典』編審委員會編(1990:135-136) 참조.

80 袁珂(1993:381)에서 인용. 傅亞庶(1999:33)는 용의 몸은 번개와 관계가 있고, 사람의 머리는 자연물을 인격화한 결과라고 하였다.

81 『中國各民族宗敎與神話大詞典』編審委員會編(1990:89·112·135) 참조.

이상과 같이 고대 중국인은 日·月·風·雨·雷電神과 같은 自然神을 숭배하는 信仰을 가졌는데, 이들이 숭배한 自然神은 다음과 같은 특징이 있다.

첫째, 神의 형상이 살아있다는 점이다. 태양과 달을 비롯한 바람, 비, 우뢰와 같은 자연현상도 고대 중국인의 관념 속에서는 형상을 갖춘 神으로 인식되었고, 이들 神들은 성격이 다양하여 인류의 일상생활에 善 뿐만 아니라 惡으로도 인식되었다. 사람들이 이러한 自然神을 숭배한 것은 미래에 대한 희망이 있었기 때문이며, 崇拜 信仰과 함께 만들어진 많은 신화와 전설들은 여러 방면에서 자연을 개조하려는 의지와 자연을 향해 진행된 많은 투쟁들을 반영한다.

둘째, 여러 神들은 서로 상관없이 독립적으로 존재하며, 여러 神들을 지배하는 上帝는 존재하지 않는다는 점이다. 이것은 당시의 문화가 여전히 部族 단위로 분산되어 여러 숭배관념을 하나로 묶어줄 통일된 종교관념이 없었기 때문으로 보여진다. 바로 이 점이 初期의 信仰과 商周시기 信仰의 가장 큰 차이점이다.[82]

(5) 大地의 諸神 崇拜 信仰

땅은 만물을 받치고 끝이 없다. 땅위에 사는 사람은 높은 산, 흐르는 강, 울창한 밀림을 보면서, 자신들이 대지와 떨어질 수 없

---

[82] 일부 민족의 신화전설 중에 '帝'의 성격을 지닌 天神이 있다고는 하지만, 이것은 낙후된 민족이 漢族의 문화를 받아들인 결과이지 史前 문화의 주된 사조와는 관련이 없다. 傅亞庶(1999:40-41) 참조.

는 관계라고 느꼈다.

고대 신화에는 '天圓地方', 즉 하늘은 둥글고 땅은 네모지다는 관념[83]과 땅은 여러 층으로 되어 있다는 관념[84]이 반영되어 있으며, 땅을 숭배하는 동시에 지진이나 화산 폭발과 같은 자연현상으로 인한 두려움도 가지고 있었다. 그들은 재해가 발생하면 자신들의 행위가 땅의 신을 노하게 했기 때문이라고 여기고 地神의 관대함을 구하기 위해서 각종 형식의 제사를 올렸다.

땅에 대한 숭배와 제사는 점차 구체적으로 변하여 산에 사는 사람은 山神을, 물가에 사는 사람은 水神을, 평원에 사는 사람은 植物神을 숭배함으로서 여러 大地神의 神格에도 분화가 생겨났다.

3) 祖上神 崇拜 信仰

고대 중국인들은 萬物有靈의 관념을 가지고 많은 自然神을 숭배하였다. 동시에 에 '求安'의 심리에서 자신들의 先祖를 숭배의 대상으로 삼기도 했는데, 이는 토템의 형식으로 출현하였다.

83　『淮南子·天文』에 "옛날에 共工과 顓頊이 제위를 다투다가 화가 나서 不周山에 부딪혀 天柱가 꺾여 地維가 끊어졌다.(昔者共工與顓頊爭爲帝, 怒而觸不周之山, 天柱折, 地維絶.)"고 했고,『楚辭·天問』의 '八柱何當'에 대한 王逸의 注에서 "八柱는 하늘은 여덟 산을 기둥으로 한다는 것을 말한다.(言天有八山爲柱.)"라고 했고, 洪興祖는『補注』에서『神異經』을 인용하여 "곤륜산에 銅柱가 있는데, 하늘에 닿을 만큼 높아서 天柱라고 한다.(昆侖有銅柱焉, 其高入天, 所謂天柱也.)"고 했다. 傅亞庶(1999:41-42) 참조.

84　滿族의 신앙에서는 하늘과 땅이 모두 세 겹으로 되어 있다고 여기고, 고대 위구르인은 땅은 7층이라고 여겼으며, 塔吉克人은 땅 속에 다른 세계가 있는데, 땅이 뒤집어지는 것을 막기 위하여 신령스러운 소가 땅 속에서 뿔로 땅을 떠받치고 있다고 여겼다.『中國各民族宗敎與神話大詞典』編審委員會編(1990:141-142) 참조.

즉 농경이 시작되지 않은 시기에는 수렵과 채취의 대상인 동물과 식물이 식량의 근원으로 인식되었고, 장구한 시간 속에서 이러한 인식은 더욱 추상화되어 고대 중국인들은 그들에게 가장 큰 도움을 주는 동물 혹은 식물을 자신들의 始祖라고 믿게 되었다.

그들은 자신들이 어떤 동식물, 혹은 자연물과 일종의 혈연적 관계가 있다고 믿고, 자신의 씨족은 그 동식물 등으로부터 기원한 것이라고 여겨 그것들을 토템으로 삼았다.

토템의 대상은 처음에는 원형 그대로의 동식물이었지만, 점차 半人半獸의 과정을 거쳐 완전하게 인격화되어 부족의 祖上神으로 성립되는 경우가 많았다. 예를 들어『山海經』에는 여러 동물이 융합된 祖上神, 머리와 얼굴은 사람이지만 몸은 특정 동물인 祖上神, 머리와 얼굴은 사람이지만 몸은 여러 동물이 섞여있는 祖上神, 완전한 인간의 형상을 가진 祖上神 등이 등장하는데, 이는 생산력의 발전과 함께 고대 중국인의 사유체계도 발전하면서 점차 문명이 야만을 대치하게 된 것으로 보이며, 후기로 오면서 동물과 식물 대신 사람이 토템세계에서 지배적인 지위를 쟁취하였음을 반영한다.[85]

4) 生殖神 崇拜 信仰

고대 중국의 경제활동은 集體的으로 이루어졌고, 부족 간의 전쟁도 잦아져 노동력과 병사의 확보라는 차원에서 인구의 증가는

---

[85]　龔維英(1989:84-85) 참조.

필수적이었으나, 영아의 사망률이 매우 높았고, 성인의 수명도 매우 짧았다. 당시는 출산과 육아, 건강에 대한 과학적 지식이 없었기 때문에 영아의 높은 사망률과 성인의 짧은 수명은 어쩔 도리가 없는 것이었기 때문에 출생률을 높이는 방법 외에는 없었다.

하지만 임신에 대한 과학적 지식이 없는 상황에서 고대 중국인은 단지 신령스러운 힘에 의존하여 출생률을 높이고자 하였고, 이에 따라 生殖神에 대한 崇拜 信仰이 시작되었다.

(1) 女性 生殖神 崇拜 信仰

고대 중국인은 왜 어떤 여성은 자녀를 많이 낳고, 어떤 여성은 조금 낳으며, 심지어 일부 여성은 자녀를 낳지 못하는 것인가에 대한 고민을 하게 되면서, 처음에는 해답을 외부세계에서 찾고자 하였다. 예를 들어 土家族의 전설에 의하면 한 여성이 산에서 식물을 캐다가 호랑이의 발자국을 밟고 임신을 하여 자녀를 낳았다고 하고, 傣族의 전설에서는 한 여성이 들판에서 곰을 만나 자녀를 낳았다고 한다.[86] 이것은 토템과도 관련이 있는 것으로, 임신의 원인을 우연적·사건과 연계하여 외부에서 찾은 것들이다.

이러한 유형의 전설은 많은 민족에 유전되어 역사적 문헌에도 기록되었는데[87] 郭沫若(1982b:20)은 "黃帝 이후의 五帝와 三王의 조

---

86 『中國各民族宗教與神話大詞典』編審委員會編(1990:88) 참조.

87 예를 들어『史記·五帝本紀』에서는 黃帝에 대해서 "어미는 附玉인데, 祁野를 걷다가 大龜繞 北斗樞星을 보고·감응하여 임신하고, 24개월 후에 황제를 壽丘에서 낳았다."고 하고,『帝王本紀』에서 "慶都는 帝嚳의 아내인데, 강을 보러 나갔다가

상의 탄생과 관련된 전설이 모두 '感天하여 자식을 낳았기 때문에 어미는 알지만 아비를 모른다'고 하는 것은 野合의 雜交가 이루어진 시기, 혹은 血族群婚이 이루어진 母系社會였음을 반영하는 것이다.(黃帝以來的五帝和三王的祖先的誕生傳說都是'感天而生, 知有母而不知有父', 那正表明一個野合的雜交時代或者血族群婚的母系社會.)"라고 하였다(혼인제도의 정착과정에 대해서는 5장에서 자세히 설명하기로 한다).

이후 임신과 출산의 원인을 외부에서 찾지 않고, 여성의 생식기에 대한 숭배의 형식으로 찾고자 했기 때문에, 처음에는 직접 女陰을 숭배하여 女陰을 과장하여 그려놓은 巖刻畵들이 많이 보인다.[88]

이후에는 多産을 위하여 女陰과 모양이 비슷하거나 번식력이 뛰어난 動植物을 生殖神으로 숭배하였는데, 예를 들어 표주박[葫芦]은 씨앗이 많고, 생김새도 女陰과 비슷하기 때문에 숭배의 대

붉은 용을 만났고, 陰風이 감응시켜 14개월 후에 堯(唐堯)를 丹陵에서 낳았다."고 했으며, 『太平御覽』권 135에서 『河圖·著命』을 인용하여 "握登이 큰 무지개를 보고 감응하여 桃墟에서 舜을 낳았다."고 했다. 또 『太平御覽』권 82에서는 『尙書·帝命驗』을 인용하여 "脩紀가 산에 올랐다가 流星을 보고 감응하여 禹를 낳았다."고 했다. 이밖에도 姜嫄이 거인의 발자국을 밟고 后稷을 낳고, 簡狄이 제비알을 삼키고 契를 낳고, 女修가 제비알을 삼키고 大業을 낳았다는 등의 고사가 있다. 傅亞庶(1999:109-111) 참조.

88   內蒙古 烏蘭察布 초원의 陰山 암각화에 女陰 숭배도가 있는데, 나체의 여성의 胸部에 乳房을 상징하는 두 점과 복부에 女陰을 과장하여 상징하는 원이 그려져 있다. 이 암각화는 고대 중국인의 생식기 숭배심리를 가장 직접적으로 표현한 것이다. 雲南 劍川 石寶山 제1석굴에 삼각형의 돌이 있는데, 가운데를 파서 여성의 생식기를 상징하였다. 白族은 이것을 '阿盎白'이라고 부르는데, 즉 여성의 생식기라는 뜻이다. 傅亞庶(1999:112-113) 참조.

상의 되었고,[89] 개구리[蛙][90]와 물고기[91]도 많은 알을 낳고, 번식력이 강하기 때문에 역시 숭배의 대상이 되었다.

(2) 男性 生殖神 崇拜 信仰

고대 중국인은 시간이 지나면서 임신 과정에 남성도 중요한 역할을 한다는 것을 알게 되었고, 이는 곧 고대 중국사회를 모계사회에서 부계사회로 전환시키는 중요한 시발이 된다(혼인제도의 정착 과정에 대해서는 5장에서 자세히 설명하기로 한다).

이에 따라 고대 중국인은 남성의 생식기를 숭배하게 되었는데, 초기에는 생식기에 대한 직접적인 숭배가 출현하였다.

仰韶文化에 속하는 彩陶 중에는 男根을 추상적으로 그려 놓은 문양들이 많이 그려져 있으며, 山東省 日照縣의 龍山文化 시기의 玉斧에도 男根 문양을 새겨 놓은 것들이 많이 보이는데,[92] 이러한 것들은 모두 직접적으로 남성의 생식기를 숭배한 것으로, 이후에 출현하는 生殖神 숭배의 기초가 된다.

---

89   宋兆麟(1988) 참조.

90   일부 壯族에게는 靑蛙만을 제사지내는 '蛙婆節'이 있는데, 제사를 올리는 주된 목적은 多産과 祈雨이다.『中國各民族宗敎與神話大詞典』編審委員會編(1990:95) 참조.

91   河姆渡 문화에서 물고기 문양의 陶片과 木造 魚型器瓶이 발견되었는데, 물고기 문양 주변에 크고 작은 원무늬가 그려져 있다. 이는 물고기의 알을 상징하는 것으로, 물고기의 생식능력을 부러워한 흔적이다. 西安 半坡에서 출토된 彩陶에도 人面魚 무늬가 있는데, 이는 물고기의 왕성한 번식력이 인간에게 전해지는 바라는 뜻을 담은 것이다. 傅亞庶(1999:115-116) 참조.

92   趙國華(1990:197) 참조.

郭沫若(1982b:328-329)은 현재까지도 새[鳥]가 남성의 생식기에 대한 별명으로 사용되는 것은 商族의 玄鳥신화와 관계가 있는 것으로 보고, 玄鳥는 남성의 생식기를 상징한 것이라고 하였고, 趙國華는 새의 卵生과 睾丸의 관계를 지적하면서 郭沫若의 설을 지지하였다.[93] 이러한 주장이 타당하다면 각처에서 출토되는 여러 시기의 문물에 새겨지거나 그려진 鳥型 뮤양은 모두 생식기 숭배와 관련이 있는 것으로, 새 이외에도 도마뱀이나 거북이, 뱀과 같은 卵生類의 문양도 생식기 숭배와 연관지어 설명이 가능할 것이다.[94]

고대 중국인의 남근 숭배는 보편적으로 나무나 돌, 흙, 옥 등으로 남근 형상을 만들어 남근 대신 숭배하는 石祖숭배로 나타난다. 宋兆麟(1983b)의 통계에 의하면 陝西省 臨潼縣 姜寨 4期文化, 陝西省 銅川縣 李家溝 遺跡址, 陝西省 華縣 泉護村 遺跡址, 河南省 淅川 下王崗 仰韶文化 遺跡址, 陝西省 西安 客省庄 遺跡址, 山西省 萬泉縣 荊村 遺跡址, 河南省 信陽縣 三里店 遺跡址, 山東省 淮坊市 魯家口 遺跡址, 甘肅省 甘谷 灰地兒 遺跡址, 甘肅省 臨夏市 張家嘴 遺跡址, 湖北省 京山 屈家嶺 遺跡址, 湖北省 江孜 關廟山 遺跡址, 湖南省 安鄕 度家崗 遺跡址, 廣西 省 欽州獨料 遺跡址, 河南省 鄭州 二里崗 遺

---

93 "처음 고대인들은 鳥類의 生育과정을 관찰하여 鳥類가 직접 새를 낳는 것이 아니라 먼저 알을 낳고, 알로부터 새가 나온다는 것을 알았다. 시간이 지나면서 그들은 새로운 생명이 알로부터 만들어진다는 인식을 하게 되었고, 이에 그들은 남성 생식기의 두 개의 알, 즉 睾丸을 떠올렸다.(初民觀察到鳥類的生育過程之後, 發現鳥類不是直接生鳥, 而是生卵, 由卵再孵出鳥, 幷且有一個時間過程, 這使他們逐漸認識到, 新生命是由卵發育而成的. 于是, 他們聯想到男性生殖器也有兩個卵.)" 趙國華(1990:257)에서 인용.

94 賈文(1997)은 「說'卵'」에서 '卵'의 本義는 짐승의 알이 아니라 사람의 睾丸이라고 주장하였는데, 참고할 만하다.

跡址, 新疆 羅布淖尒 遺跡址 등에서 石祖가 발견되었다고 한다. 이는 新石器時代 末期의 黃河 南岸과 長江 南北에 걸친 광대한 지역에서 모두 남근 숭배의 관념이 형성되었음을 반영한다.

이후 個別婚의 출현으로 남녀의 성관계는 終身토록 고정적인 것으로 변화되었고, 私有制의 발생으로 男兒選好 사상이 출현하였는데, 이는 生殖神 숭배의 또 다른 중요한 출발점이 되었다. 즉 장기적인 성관계에도 불구하고 多産을 못하는 경우가 생겼고, 출산을 하더라도 男兒의 출산을 희망하게 되면서, 이를 주재하는 神이 있다고 더욱 믿게 되었는데, 이에 따라 다양한 종류의 生殖神들이 고대 중국인들의 숭배의 대상이 되었다.

상술한 바와 같이 고대 중국인들은 '죽음'이란 자연현상을 '靈魂永存'과 '萬物有靈' 관념으로 해석하였고, 미래에 대한 희망을 실현시키기 위하여 태양과 달 등 여러 自然神을 숭배하였다. 이후 문명의 발달로 인하여 점차 숭배의 대상은 祖上神으로 전환되었고, 宗族 保存을 위한 노력은 初期의 女性 生殖神을 거쳐 男性 生殖神 崇拜 信仰을 탄생케 하였다.

3. 卜辭에 나타난 崇拜의 對象

위에서 살펴 본 초기 신앙과 숭배 대상이 商代에는 어떻게 변화되었는가를 알기 위해서는 卜辭의 내용을 살펴봐야 한다. 하는데, 학지들의 연구에 의하면 卜辭에 나타난 商代의 崇拜 대상은 최고 권력을 가진 上帝를 포함한 日·月·雲·雨·雷 등의 自然神과 高祖,

先公, 先王, 先妣 등의 祖上神에 이르기까지 복잡한 제사의식을 통하여 숭배관념이 표출되었다고 한다.

1930년대에 陳夢家는 卜辭에 보이는 祭名을 약 37종이라고 하였고, 1950년대에 일본의 島邦南은 약 200여 종이라고 하였는데[95] 이처럼 많은 종류의 제사의 명칭이 卜辭에 보인다는 것은 그만큼 商代의 信仰과 崇拜, 그리고 제사가 활발하였다는 것을 반영한다.

다음에서는 우선 商代의 여러 自然神 중에서 '上帝'의 성격에 대해서 살펴보고, 日·月·風·雨·雷 등의 여러 自然神의 성격을 알아본 뒤, 先公·先王·先妣 등의 祖上神에 대해서 살펴봄으로서 商代의 숭배 대상을 이해해 보기로 한다.

1) 上帝

고대 중국인의 초기 관념 속에는 모든 自然神을 지배하는 최고권력을 지닌 神이 없었으나, 통일된 왕조를 이룬 商代에는 '上帝'가 모든 自然神을 지배하는 최고 神으로서의 지위를 차지하게 되었다.

楷書	帝	
甲骨文	釆	釆
出處	『乙』 6406	『甲』 1164

많은 학자들이 甲骨文의 '帝'를 象形字라고 주장하지만, 정확하

---

95   王宇信·楊升南(1999:592) 참조.

게 무엇을 상형한 것인지에 대해서는 정론이 없다.

예를 들어 徐中舒(1998:7)는 나무를 묶어 불에 태워 하늘에 제사를 지내는 것을 상형한 것으로 '禘'字의 初文으로 보았으나, 郭沫若은 吳大澂과 王國維의 說을 보충하여 꽃받침을 상형한 것으로 '蒂'字의 初文이라고 하였고, 于省吾는 郭沫若의 분석을 상세하고 철저하다고 하면서도 정확하게 무엇을 상형한 것인지에 대해서는 추후의 연구가 필요하다고 하였다.[96]

번식은 동식물의 생명을 이어주는 근본적인 방법이기 때문에 고대 중국인들은 이를 매우 중시하였고, 꽃은 나무가 과일을 맺어 번식을 하는 근원이므로, 토템의 단계를 거쳐 至高한 上帝로 변했을 가능성이 많다.[97] 중국인 스스로가 자신들을 華夏民族이라고 불렀고, '華'는 꽃나무 전체를 象形한 것이라는 것에 근거해 보면, 아마도 꽃을 토템으로 삼은 중국인들이 꽃의 번식력을 숭배하여 꽃받침을 象形한 '帝'를 최고의 神으로 삼았기 때문에 商代에 '帝'가 최고 권력의 자연신이자 先王들의 칭호로도 사용된 것으로 보인다.[98]

다음은 卜辭에 등장하는 '帝'의 성격에 대해서 살펴보기로 한다.

---

96 于省吾 主編(1996:1085-1086) 참조. 于省吾는 또한 처음으로 '帝'를 꽃받침을 상형한 것이라고 주장한 것은 吳大澂이 아니라 鄭樵의『六書略』에서부터였다고 지적하였다.

97 李宗侗(1969:27-39) 참조.

98 許進雄 著·洪熹 譯(1991:39) 참조.

(1) 최고 권력을 지닌 自然神으로서의 帝

辛未卜, 爭貞. 生八月帝令多雨. 貞. 生八月帝不其令多雨(『合集』10976正)

: 辛未일에 爭이 점쳐 묻습니다. 다음달 8월에 上帝께서 많은 비를 내리도록 명령하실까요? 묻습니다. 다음달 8월에 上帝께서 많은 비를 내리지 않도록 명령하실까요?

戊子卜, 㱿貞. 帝及四月令雨. 王占曰, 丁雨, 不㞢(唯)辛. 貞. 帝弗其及今四月令雨. 旬丁酉允雨(『乙編』3090)

: 戊子일에 㱿이 점쳐 묻습니다. 上帝께서 4월이 되면 비를 내리도록 명령하실까요? 왕이 판단하여 말하기를 돌아오는 丁日에 비가 오고, 辛日에는 오지 않을 것이다. 묻습니다. 上帝께서 이번 4월이 되면 비를 내리지 않도록 명령하실까요? 10일째 되는 丁酉일에 과연 비가 왔다.

위의 卜辭에서 '帝'는 비를 내리도록 명령을 하는 神이다. '今一月'은 점을 친 시점인 1월을 말하며, '生八月'은 점을 친 시점에서 다음 달인 8월을 말한다.[99]

貞. 帝其及今十三月令雷(『合集』14127正)

: 묻습니다. 上帝께서 지금 13월에 우뢰를 치도록 명령하실까요?

癸未卜, 爭貞. 生一月帝其弘令雷[100]. 貞生一月帝不其弘令雷(『合集』14128正)

: 癸未일에 爭이 점쳐 묻습니다. 다음달인 1월에 上帝께서 우뢰를 치도록 크게 명

---

99 '生月'은 다음 달을 지칭한다. 陳夢家(1956:117-118), 蔡哲茂(1993) 참조.

100 '弘令雷'의 '弘'에 대해서 于省吾는 '大'의 뜻이라고 하였다. 于省吾(1979:11) 참조.

甲骨文과 中國 古代社會

령하실까요? 묻습니다. 다음 달인 1월에 上帝께서 우뢰를 치도록 크게 명령하지

않으실까요?

위의 卜辭는 上帝가 우뢰를 치도록 명령할지의 여부를 점친 것

으로, 우뢰가 지금 13월에 칠 것인지, 다음 달인 1월에 칠 것인지

를 나누어 물어 보았다.

卜辭에서는 또한 '帝'가 風神에게 바람을 일으키도록 명령을 하

는데, 예를 들면 다음과 같다.

貞. 翌癸卯帝其令風(『乙』 3094)

: 묻습니다. 다음날 癸卯일에 上帝께서 바람이 불도록 명령하실까요?

翌癸卯, 帝不令風, 夕霧(『合集』 672正)

: 다음날인 癸卯일에 上帝께서 바람이 불도록 명령하지 않으셨다. 저녁에 안개가

끼었다.

이상과 같이 卜辭 중의 '帝'는 비, 우뢰, 바람을 주관하지만, 商

代 사람들은 직접 '帝'에게 비, 우뢰, 바람을 내려달라고 바라지는

않았다. 즉 卜辭의 내용을 보면 모두 雨神, 雷神, 風神에게 上帝가

명령을 내릴 것인가의 여부에 대해서만 점을 쳤지, 직접 上帝께서

비, 우뢰, 바람을 내리실지의 여부에 대해서는 묻지 않았다.

이는 이미 '帝'의 지위가 다른 자연신들과는 달랐음을 반영하는

것으로, 胡厚宣(1944b:292)은 "帝의 神權이 매우 컸고, 위력 역시 비

할 데가 없었기 때문에 경미한 일에 대해서는 帝에게 직접 기구하

지 않았다.(帝神權特大, 威力無比, 故不取徑求之于帝.)"고 하였는데, 商代의

'帝'의 성격을 잘 표현한 것으로 보인다.

이 밖에도 卜辭 중의 '帝'는 가뭄을 주관하는 神으로도 등장하는데, 예를 들면 다음과 같다.

> 戊申卜, 爭貞. 帝其降我堇[101]. 一月. 戊申卜, 爭貞. 帝不我降堇(『乙』 7793)
>
> : 戊申일에 爭이 점쳐 묻습니다. 上帝께서 우리에게 가뭄을 내리실까요? 때는 1월이다. 戊申일에 爭이 점쳐 묻습니다. 上帝께서 우리에게 가뭄을 내리지 않으실까요?
>
> 庚戌卜, 貞. 帝其降堇(『前』 3.24.4)
>
> : 庚戌일에 점쳐 묻습니다. 上帝께서 가뭄을 내리실까요?

위의 卜辭에서 '帝'는 가뭄, 즉 旱災를 내리는 神으로 商代 사람들은 한 해의 수확의 좋고 나쁨이 上帝에 의해 결정된다고 생각하였기 때문에, 한 해의 수확이 좋으면 上帝가 복을 내려준 것이고 한 해의 수확이 좋지 않으면 上帝가 재앙을 내린 것이라 여겼다.

이에 따라 卜辭 중에는 上帝가 재앙을 내릴 것인지를 점친 것이 많이 보이는데, 다른 예를 들면 다음과 같다.

---

101 唐蘭은 『殷虛文字記』(中華書局影印本, 1934)에서 '堇'은 '暵'과 字義와 字音이 같고, 의미는 '가뭄'이라고 하였다. 王宇信·楊升南(1999:594)에서 再引用. 崔恒昇(1986:283)은 '熯'이나 '暵'으로도 쓴다고 하였다.

貞. 唯帝它[102]我年. 二月. 貞. 不唯帝它我年. 二告. 王占曰, 不唯帝它, 唯吉(『乙編』 7456, 7457)

: 묻습니다. 上帝께서 我의 수확에 재앙을 내리실까요? 때는 2월이다. 묻습니다. 上帝께서 我의 수확에 재앙을 내리시지 않을까요? 二告. 왕이 판단하여 말하길 上帝께서는 재앙을 내리지 않으실 것이다. 길하다.

卜辭에서 '帝'는 또한 商王의 作邑이나 정벌 및 농사 등의 행사에 도움을 주는 神으로도 등장하는데, 예를 들면 다음과 같다.

我伐馬方, 帝受我又(『丙』 114)

: 우리가 方國인 馬를 정벌하려는데, 上帝께서 우리에게 도움을 주실까요?

貞. 不唯帝龡我年(『合集』 10124正)

: 묻습니다. 上帝께서 우리가 풍년을 거두는데 재앙을 내리지 않으실까요?

이상의 卜辭에서 '帝'가 神權을 행사할 때 주로 사용된 동사는 '降'으로, 다른 自然神에게는 '降'이란 동사를 사용하지 않았다. 이 점 역시 '帝'의 권위가 다른 自然神들과 월등히 차이가 있음을 반영한다.

束戊于西南帝(『合集』 721正)

: 西帝와 南帝에게 束戊제사를 지낼까요?

---

102 '它'는 '虫'로도 쓰이며, 卜辭에서는 災殃이라는 뜻이나 지명이나 인명으로 假借되어 사용되었다. 崔恒昇(1986:110) 참조.

貞. 于北帝…(『合集』34156)

: 묻습니다. 北帝에게…할까요?

燎于東一牛(『屯南』3841)

: 소 한 마리로 東에 燎제사를 지낼까요?

束戉于東(『合集』14199反)

: 東에 束戉제사를 지낼까요?

또한 '帝'는 위의 卜辭에서처럼 西帝, 南帝, 北帝 등 방위에 따라 여러 개로 등장하며[103] 康丁때의 卜辭 중에는 '帝臣'(『甲』779), '帝五臣'(『粹』13), '帝五臣正'(『粹』12) 등과 같이 '帝+(숫자)+臣+(이름)'으로 기록한 것이 보이는데, 이는 上帝가 이미 초보적인 관료기구를 갖추었음을 반영한다.[104]

이상과 같이 卜辭에 등장하는 '帝'는 비, 우뢰, 바람, 안개 등 모든 자연신을 지배하고 인류에게 禍福을 내리는 최고의 神이다. 陳夢家는 卜辭에 등장하는 上帝의 권력을 16가지로 구분하고, 上帝가 주관하는 것은 풍년, 전쟁, 作邑 왕의 행사이고, 上帝의 권위와 명령이 미치는 대상은 天時, 王, 我, 邑이라고 하였다.[105]

초기의 自然神들은 여러 神이 모두 고립되어 존재하며, 諸神을

103 　卜辭에서 '東帝'는 아직 발견되지 않았지만, 위의 卜辭들처럼 단지 '東'으로 되어 있는 것들 중 '동쪽'이라는 방위를 나타내는 것 말고도 '東帝'을 생략하여 칭한 것이 있는 것으로 보인다. 중앙의 上帝가 이들 東西南北의 帝를 지배한다. 趙誠 (2000:45-46) 참조.

104 　王奇偉(1998) 참조.

105 　陳夢家(1956:562-571)는 上帝의 권력을 令雨, 令風, 令申齊, 降難, 降禍, 降燎, 降食, 降若, 帝若, 授佑, 授年害年, 帝處王, 帝佐王, 帝와 邑, 官, 帝令의 16가지로 귀납하였다.

甲骨文과 中國 古代社會

지배하는 최고 권력의 神이 없었는데, 商代에 이처럼 최고 권력을 지닌 上帝가 등장한 것은 商代 중국인들의 관념 속에 商王과 같이 모든 自然神을 통제하는 統一神의 존재가 필요했기 때문이다.

이는 동시에 商王들이 통일왕조를 세운 이후 여러 부족에 대해서 자신들의 통치권의 정당화를 위하여 上帝라는 唯一無二의 최고의 神을 만들고 숭배함으로서 권력의 정당성을 꾀한 것으로 보이며, 祖庚·祖甲시기에는 先王을 '帝'의 지위로 끌어올림으로서 商王이 '上帝'와 同格이 되었다. 다음에서 先王으로서의 '帝'의 성격에 대해서 살펴보기로 한다.

(2) 先王으로서의 帝

乙卯卜, 其有歲于帝丁一牢(『輔仁』62)

: 乙卯일에 점을 칩니다. 帝丁에게 제사용 소 한 마리로 歲제사를 지낼까요?

위의 卜辭에서 '帝丁'은 祖庚과 祖甲이 아버지 武丁을 존칭한 것으로, 卜辭에서 이처럼 商王의 이름에 '帝'를 붙인 것은 祖庚·祖甲시기에 처음 보인다.[106]

---

[106] 崔恒昇(1986:242)은 '帝丁'을 '康丁'이라고 하였으나, 趙誠(2000:46-47)은 武丁때에 많은 方國을 정복하고 영토를 확장함으로서 商王朝의 세력이 크게 확장되었다는 점을 근거로 武丁의 아들 세대인 祖庚과 祖甲이 武丁을 '上帝'와 동등한 지위로 끌어올리기 위해서 '武丁'을 '帝'라고 칭한 것이라고 하였다. 宋鎭豪(1994:458)는 武丁時期부터 여러 自然神이 도태되고 권위가 실추되었다고 하였는데, 이는 趙誠의 주장을 뒷받침하는 것으로, 즉 武丁때에 商王의 권위가 극성하고 대신

이는 先王을 神格化하려는 생각이 반영된 것으로, 최고의 권력을 지닌 自然神과 자신들의 先王을 同格化한 것이다.

貞. 其自帝甲有延(『合集』27437)

: 묻습니다. 帝甲부터 延제사를 지낼까요?

貞. 其先帝甲其弘(『庫』1772)

: 묻습니다. 帝甲에게 먼저 弘제사를 지낼까요?

위의 卜辭에서 '帝甲'은 아들인 廩辛과 康丁이 아버지 祖甲을 존칭한 것으로, 武丁에 이어 祖甲도 '帝'로 칭해졌다.

이는 前代의 것을 모방한 것인데, 이후 武乙과 文丁시기에는 이러한 존칭이 보이지 않다가 帝乙, 帝辛시기에 다시 보인다.

王賓[107]文武, 翌日亡尤(『續』1.24.1)

: 왕께서 文武에게 賓제사를 지내려고 하는데, 다음날 재앙이 없었다.

丁酉卜, 貞. 王賓文武丁, 伐十人, 卯六牢, 鬯六卣(『前』1.18.1)

: 丁酉일에 점쳐 묻습니다. 왕께서 文武丁에게 賓제사를 지내려고 하는데, 사람 열 명으로 伐제사를, 제사용 소 여섯 마리로 卯제사를 지내고 울창주 여섯 통을 바칠까요?

自然神의 권위는 상대적으로 실추했다고 보면, 趙誠의 주장대로 '帝丁'은 '武丁'을 칭한 것으로 보는 것이 타당하다.

107 卜辭에서 '賓'은 "王賓雍己. 亡尤. (왕께서 雍己에게 賓제사를 지내면 재앙이 없을까요? : 『合集』22819)"와 같이 商王이 직접 제사장소에 가서 참여하는 제사를 지칭한다.

甲骨文과 中國 古代社會

위의 두 卜辭에서 文武, 文武丁, 文武帝는 모두 帝乙이 아버지인 文丁을 지칭하는 것이다. 즉 文丁이 죽은 뒤 아들 帝乙은 아버지를 존칭하기 위하여 일종의 諡號로 '武'字를 추가하여 文武 혹은 文武丁으로 칭했으나, 이후에는 祖庚, 祖甲시기와 마찬가지로 '帝'를 추가하여 神格化하였다.

商代 後期[108]에 나타난 이러한 현상은 후세의 문헌기록에 많은 영향을 주었는데, 예를 들어 司馬遷은 『史記·殷本紀』에서 商代의 先王을 거론하면서, 成湯 이후의 모든 왕을 帝라고 칭하였다. 물론 실제 卜辭에서 商王을 '帝'라고 칭한 것은 武丁 이후부터이지만, 司馬遷은 商代 後期에 나타난 '稱帝' 현상을 근거로 成湯이 商王朝를 세운 때부터 모두 '帝'라고 칭한 것으로 보았다.

이처럼 商代 後期에 先王을 '帝'로 칭한 것은 王權의 강화와 商王의 지위가 상승되었다는 것을 반영하는 것으로, 스스로를 최고의 권력을 지닌 神과 同格化 함으로서 권력의 확장을 꾀한 것으로 보인다.

2) 自然神

商代에는 초기 신앙을 거의 그대로 계승하여 이전부터 숭배의 대상으로 여겨지던 많은 自然神에게 제사를 지내는 내용이 卜辭에 많이 등장한다. 그러나 卜辭에 보이는 自然神은 이전 시대에

---

108   이 책에서는 武丁을 기준으로 武丁까지를 商代 前期, 武丁 이후를 商代 後期로 나눈다.

비하여 성격이 다소 변모된 흔적이 보이기도 한다.

다음은 卜辭에 보이는 商代의 自然神에 대해서 살펴보기로 한다.

(1) 日神

태양은 앞서 살펴본 것처럼 인류의 생활과 매우 밀접한 관계가 있기 때문에, 아주 이른 시기부터 숭배의 대상이 되었고, 관련된 신화와 전설도 많이 있다. 卜辭에서도 태양신을 향하여 제사를 지낸 것들이 보이는데, 예를 들면 다음과 같다.

乙巳卜, 王賓日. 不賓日(『佚』872)

: 乙巳일에 점을 칩니다. 왕께서 태양신에게 賓제사를 지낼까요? 태양신에게 賓제

  사를 지내지 말까요?

위의 卜辭는 태양신에게 賓제사를 지낼지의 여부를 묻는 내용이다. 그러나 商代 卜辭 중에는 이런 내용으로 첨을 친 것이 많이 보이지는 않는다. 이것은 商代에 이미 태양신을 포함한 자연신에 대한 숭배가 이전에 비하여 감소하였다는 것을 반영한다.

반면 卜辭에서는 '出日'과 '入日' 및 '出入日'에 대해 제사를 지낸 것이 자주 보이는데, 예를 들면 다음과 같다.

丁巳卜, 又入日(『合集』34163)

: 丁巳일에 점을 칩니다. 入日에게 侑제사를 지낼까요?

乎雀束戌于出日于入日(『乙』2063)

: 雀에게 出日과 入日에게 束戌제사를 지내라고 할까요?

侑出日, 侑入日(『佚』407)

: 出日에게 侑제사를 지내고, 入日에게 侑제사를 지낼까요?

出入日, 歲三牛(『粹』17)

: 出日과 入日에게 세 마리의 소로 歲제사를 지낼까요?

王其觀出日, 其截于日(『屯南』2232)

: 왕께서 日出을 지켜보시고, 日神에게 截[109]제사를 지낼까요?

卜辭에 나타난 '出日'과 '入日'에 대해서 많은 학자들이 異見을 가지고 있었다. 예를 들어 1936년에 陳夢家는 "태양에게 제사를 지내는 것이다.(祭日之辭.)"라고 하였고, 1937년에 郭沫若은 "殷人들은 대개 태양에 대해서 아침과 저녁에 禮拜를 올렸다.(殷人于日盖朝夕禮拜之.)"고 하였으며,[110] 胡厚宣(1944b)은 "殷人들은 태양에게 제사를 지냈는데, 태양이 뜨고 지는 아침과 저녁에 제사를 올렸다.(殷人有祭日之禮, 且于日之出入朝夕祭之.)"고 하였다.

1951년에 董作賓(1951:12)은 "殷代에 태양신이 있었는데, 日出과 日沒때에 제사를 지냈다.(殷代有日神, 于日出日入時祭祀.)"고 하였고, 島邦南(1958:231)은 "出日과 入日은 시간을 나타내는 말"이라고 하였으며, 金祥恒(1967:65)은 "出日과 入日은 본래 日出과 日沒이라는 뜻이다.(出日入日本爲日出日落之意.)"고 하였다.

---

109 '截'은 日神을 다스리는 제사를 말한다. 宋鎭豪(1994:469-470) 참조.

110 陳夢家「古文字中之商周祭祀」(『燕京學報』제19기, 1936)·郭沫若『殷墟粹編·考釋』(日本東京文求堂, 1937) 王宇信·楊升南(1999:595)에서 再引用.

이상의 여러 학자들의 주장은 크게 出日과 入日을 뜨고 지는 태양 자체로 보는 것과 태양이 뜨고 지는 시간으로 보는 것으로 구분된다.

1985년에 宋鎭豪는 『甲骨文'出日'"入日'考』에서 당시까지 발견된 甲骨 중 出日과 入日에 대한 기록은 총 12片, 21條의 卜辭에서 보인다고 하면서 비교적 상세한 고석을 하였는데, 1994년에는 『夏商社會生活史』에서 두 條의 卜辭를 추가하여 총 23條의 卜辭에서 出日과 入日의 기록이 보인다고 수정하고 보다 자세하게 분석하였다.[111]

그의 분석에 의하면 商代에는 일반적으로 出日과 入日에 대해서 주로 소나 제사용 양을 희생물로 하여 제사를 지냈는데, 초기에는 주로 柬戎제사를 지내면서 '出日'과 '入日'을 나누어 기록했으나, 중기와 말기에는 侑제사와 卯제사를 지내면서 '出日入日'이나 '出入日'처럼 '出日'과 '入日'을 한 단어처럼 기록하였다.

또한 宋鎭豪는 出日과 入日은 기본적으로는 日出과 日沒을 의미하지만, 단지 해가 뜨고 지는 시점이나 그 자체를 의미하는 것은 아니고, 商代에 시행된 독특한 祭法의 하나라고 주장하면서, 특정 장소에서 春分이나 秋分과 같은 특정 시기에 정기적으로 왕이 직접 해가 뜨는 것을 관찰하면서 지낸 제사라고 하였다.

宋鎭豪의 주장대로라면 商王이 해가 뜨고 지는 것을 관찰했다는 것은 出入日에 대한 제사가 천문학과도 밀접한 관련이 있다는 것을 반영하는 것인데, 甲骨文 중에 태양의 그림자를 이용하여 방

---

111   宋鎭豪(1985·1994:472-473) 참조.

향과 시간을 측정하는 형상의 글자가 있는 것으로 보아 그의 주장이 매우 타당한 것으로 보인다.

예를 들어 '숧'(『合集』 30365)는 손에 기둥을 들고 태양의 그림자를 지면에 비추어 방향을 정하는 것이고, '숧'(『合集』 22942)는 나무 기둥을 땅에 세워서 태양 그림자를 이용하여 시간을 측정하는 형상인데, 이는 商代 사람들이 태양의 그림자를 이용하여 방향과 시간을 맞추었다는 것을 입증한다.

出日과 入日이 뜨고 지는 태양 자체이든, 日出과 日沒의 시점을 말하는 것이든, 宋鎮豪의 주장처럼 商代에 시행된 태양신에 대한 독특한 祭法이든, 모두 태양의 日出과 日沒을 중시했다는 점은 일치된다.

또한 『屯南』 2232처럼 商王이 직접 日出을 관찰했다는 것은 태양신과 관련된 고대 신화와 전설 중에서 특히 태양의 日出과 日沒 현상과 관련된 고사가 많다는 점과 부합되는 것으로, 商代 사람들 역시 태양의 日出과 日沒 현상을 중시했다는 것을 반영한다.

卜辭에서는 또한 태양의 비정상적인 현상을 日神이 禍를 내리는 징조라고 여겼는데, 예를 들면 다음과 같다.

癸巳卜, 爭貞. 日若玆敏, 惟年禍. 三月(『通』 448)

: 癸巳일에 爭이 점쳐 묻습니다. 날이 갑자기 어두워지고 있는데 재앙이 있겠습니까? 때는 3월이다.

癸巳卜貞, 今其有㞢. 一 二告…雨…甲午暈. 三 四(『合集』 13048)

: 癸巳일에 점을 칩니다. 지금 재앙이 있겠습니까? …비가…다음날인 甲午일에 暈현상이 일어났다.

첫 번째 卜辭는 갑자기 날이 어두워지는 것은 日神이 재앙을 내
리는 징조라고 보고 점을 친 것이고, 두 번째 卜辭는 태양이 달에
완전히 가리는 日食현상을 재앙이라고 판단한 것이다.[112]

癸酉貞. 日月有食, 惟若. 癸酉貞. 日月有食, 非若(『簠天』1)

: 癸酉일에 묻습니다. 일식과 월식이 일어날까요? 癸酉일에 묻습니다. 일식과 월

식이 일어나지 않을까요?

董作賓은 「交食譜·日譜」에서 '日月有食'을 日食과 月食 현상을
칭한 것이라고 하면서, 이런 현상을 '食'이라고 표현한 것은 민간
의 전설에서 日食과 月食현상의 원인을 하늘에 사는 天狗가 해와
달을 먹었다고 여긴 것이 반영되었기 때문이라고 하였다.[113] (3장
참고하기 바람)

(2) 東母(해)와 西母(달)

卜辭에는 東母와 西母에게 제사를 지낸 것이 많이 보이는데, 예
를 들면 다음과 같다.

---

112   嚴一萍(1980) 참조.

113   宋鎭豪(1994:469) 참조.

···貞. 屮[114]于東母(『合集』14761)

: 묻습니다. 東母에게 侑제사를 지낼까요?

壬申卜貞. 屮于東母西母若(『合集』14335)

: 壬申일에 점쳐 묻습니다. 東母와 西母에게 侑제사를 지내면 보우하심이 있을까요?

卜辭에 보이는 東母와 西母에 대해서 학자들의 異見이 많았는
데, 陳夢家(1956:574-575)가 『禮記·祭義』의 "태양에 대한 제사는 東
에서 지내고, 달에 대한 제사는 西에서 지낸다. (祭日于東, 祭月于西.)"
는 언급과 漢代 寬舒議의 『封禪書』에서 "태양에 대한 제사는 소를
쓰고, 달에 대한 제사는 양과 돼지를 쓴다. (祭日以牛, 祭月以羊彘.)"고
한 기록, 그리고 卜辭에서 東母에게 제사를 지내면서 소를 희생물
로 쓴 것이 많다는 것을 근거로 東母는 日神을, 西母는 月神을 칭
한 것이라고 주장한 이후 많은 학자들이 陳夢家의 주장을 따랐
다.[115]

현재로서는 卜辭에서 제사의 대상으로 쓰인 東母와 西母가 무
엇을 지칭한 것인지에 대해서 정확하게 알 수 없지만, 후대에 태

---

114 卜辭 중의 '屮'와 '又'는 祭名으로 쓰였는데, 이후에는 모두 '侑'로 合倂되었다. 본
고에서는 『甲骨文合集·釋文』에서 隷定한 것을 따른다. '屮'제사는 주로 先公, 先
王, 先妣, 舊臣에게 지내는 祭名으로 쓰였고, '又'제사는 이외에도 出日과 入日 등
自然神에게 지내는 祭名으로도 쓰였다. 趙誠(2000:180) 참조.

115 이외 일본학자 赤塚忠(1987:188)은 '母'라고 칭한 것을 근거로 東母와 西母를 自然
神이 아니라 태양의 출입을 관장하는 祖上神 중의 女性神이라고 하였다. 宋鎭豪
(1994:476)는 卜辭에서 태양신의 神性을 人格化한 것이 없다고 하면서 赤塚忠의
주장에 반대하였고, 또한 卜辭에 "共生于東. (모두 東에서 태어났다.)"처럼 東西南北
을 각기 나누어 지칭한 것이 많이 보인다는 사실을 근거로 東母와 西母를 四方
을 나누어 관장하는 神이라고 하여 陳夢家의 주장처럼 日神과 月神으로 단정할
근거가 없다고 하였다.

양에게는 동쪽에서, 달에게는 서쪽에서 제사를 지냈고, 또한 東母
에게 소를 희생물로 써서 제사를 지냈다는 것을 근거로 할 때 陳
夢家의 주장이 가장 타당한 것으로 보인다.

(3) 風神

卜辭에서 '風'은 '鳳'의 의미가 아니라[116] '바람'의 뜻으로 假借되
어 쓰였고, 또한 '바람'은 卜辭에서 인간에게 재앙이 되는 존재였
다. 예를 들면 다음과 같다.

辛未卜, 貞. 今辛未大風不隹禍(『前』8.14.1)
: 辛未일에 점쳐 묻습니다. 오늘 辛未일에 큰 바람이 불어 재앙이 되지 않을까요?

위의 卜辭에서처럼 '風'은 인간에게 재앙을 내리는 존재였기 때
문에 商代 사람들은 風神을 숭배하고 제사를 올렸다. 卜辭를 예로
들면 다음과 같다.

甲戌, 貞. 其寧風[117], 三羊, 三犬, 三豕(『續』2.15.3)
: 甲戌일에 묻습니다. 양 세 마리, 개 세 마리, 돼지 세 마리로 風神에게 바람을 멈

---

116 甲骨文에서 '바람'을 의미하는 '風'은 머리에 관을 쓴 神鳥의 모습을 象形한 '鳳'字
를 假借하여 사용하였는데, 이는 바람을 큰 새가 날 때 두 날개를 움직여서 생기
는 것으로 여겼기 때문이다.

117 '寧風'은 '바람이 멈춘다[止風]'는 뜻으로, '寧'은 바람을 멎게 하는 祭名으로 쓰였
다. 王宇信·楊升南(1999:593) 참조.

추어 달라는 寧제사를 지낼까요?

貞. 禘風三羊, 三豕, 三犬(『前』4.17.5)

: 묻습니다. 風神에게 양 세 마리, 돼지 세 마리, 개 세 마리로 禘제사를 지낼까요?

이상과 같이 商代에는 風을 神으로 여기고 양, 돼지, 소와 같은 가축을 희생물로 하여 제사를 지냈다. 卜辭에는 또한 風力의 변화에 대해서 주의를 기울인 흔적이 많이 보이는데, 예를 들어 '不風', '來風', '風多', '延風', '小風', '大風', '大風兄', '驟風', '大驟風[118]' 등은 바람의 강도를 구분하여 기록한 것이다.

(4) 雨神

甲骨文에서 雨는 '冚'(『乙』9104), '冚'(『鐵』32.3) 등으로 썼는데, 상단부의 가로획은 하늘을 상징하며, 중간의 점들은 빗방울을 상형한 것이다. 卜辭에서는 雨神이란 의미로 제사의 대상으로 쓰였다.

---

118 "癸卯卜, 爭貞. 旬亡尤. 甲辰□大驟風.(癸卯일에 爭이 점쳐 묻습니다. 열흘 동안 재앙이 없을까요? 甲辰일에 큰 바람이 불었다. :『合集』137正)"와 같이 卜辭에는 '大驟風'이 자주 보이는데, 葉玉森은 '驟'의 甲骨文 자형(㪿)을 도끼를 두 손으로 잡은 형상이라고 하면서 "고대 신화에서 우뢰는 사람을 능히 죽일 수 있으므로, 天地의 도끼를 상형한 것이다.(蓋古代神話謂雷能殺人, 乃天地之斧鉞.)"라고 하였으나, 于省吾는 이를 억측이라고 하면서 '驟'의 甲骨文 자형은 위와 아래에서 귀를 두 손으로 잡은 형상으로 '掫'의 古文인데, 朱駿聲의 『說文通訓定聲』에서 "掫는 聚로 假借되었다."고 하였고, 王念孫의 『讀書雜志』에서는 "取와 驟는 같다. 取는 고문의 聚이며, 聚는 본래 驟로도 썼다."라고 하였으므로, 甲骨文의 '㪿'는 '驟'로 써야 한다고 하였다. 『老子』의 "驟雨不終日."의 河上公의 注에서 "驟雨는 暴雨이다."라고 하였고, 玄應의 『一切經音義』에서도 "驟는 疾이다."라고 하였으므로, '大驟風'은 매우 큰 바람을 지칭한 것으로 보아야 한다. 于省吾(1979:12) 참조.

御于雨(『合集』22758)

: 雨神에게 御제사를 지낼까요?

庚子卜, 燎雨(『安明』2508)

: 庚子일에 점을 칩니다. 雨神에게 燎제사를 지낼까요?

비는 農耕과 牧畜, 田獵, 祭祀 등 전반적인 사회활동에 매우 큰 영향이 있었으므로, 卜辭에는 '大雨', '小雨', '雨小', '雨少', '少雨', '多雨', '疾雨', '雨疾', '雨不疾', '從雨', '延雨', '去雨' 등 강우량의 변화를 구분하여 기록한 것이 많다.

또한 "其自東來雨. 其自南來雨. 其自西來雨. 其自北來雨.(동쪽에서 비가 올까요? 남쪽에서 비가 올까요? 서쪽에서 비가 올까요? 북쪽에서 비가 올까요? :『合集』12870)"처럼 비가 내리는 방향에 대해서 기록한 것도 자주 보이는데, 이처럼 비가 내리는 방향에 대해서 미리 점을 친 것은 祭需品을 불에 태워 연기를 피워 올리는 제사와 삼림에 불을 질러 짐승을 몰이하여 잡는 田獵 등 비와 관련된 중요한 일이 많았기 때문이다.

특이한 점은 卜辭에서 雨神에게 제사를 지낼 때는 구체적으로 바라는 내용이 드러나지 않는다는 점이다. 즉 雨神에게 제사를 지낼 때는 祈雨를 바라는 내용이 나타나지 않지만, 上帝나 先公인 河와 先王인 大乙, 山神, 四方神 등에게는 구체적으로 비가 내릴 것을 祈求하였다. 예를 들면 다음과 같다.

丙寅卜, 爭貞. 今十一月帝令雨(『合集』5658正)

: 丙寅일에 爭이 점쳐 묻습니다. 지금 11월에 上帝께서 비를 내리도록 명령하실까요?

河令雨(『殷墟乙編』3121)

: 河께서 비를 내리도록 명하실까요?

癸巳卜 其求于雨東. 于南方求雨(『安明』2481)

: 癸巳일에 점을 칩니다. 東方神에게 비가 내리기를 기원할까요? 南方神에게 비가 내리기를 기원할까요?

于大乙求雨(『英』1757)

: 大乙에게 비가 내리기를 기원할까요?

위의 卜辭에서처럼 雨神은 제사의 대상이긴 하였으나, 직접 祈雨祭를 지내는 대상은 아니었다. 이는 곧 雨神이 上帝나 祖上神 및 다른 자연신의 명령을 받는 神이라는 것을 반영한다.

또한 卜辭에서 '雨'字는 항상 제사의 대상으로 쓰인 것이라 '비가 내리다'라는 뜻의 동사로도 자주 쓰였다. 즉 商王이 사냥을 나가거나 전쟁을 할 때, 그리고 先祖에게 제사를 지낼 때 비가 올지의 여부에 대해서 점을 친 것이 자주 보이며, 이때의 雨는 '비가 내리다'라는 뜻의 동사이다.

乙卯貞. 侑歲于祖乙, 不雨(『屯南』761)

: 乙卯일에 묻습니다. 祖乙에게 侑제사와 歲제사를 지내면, 비가 오지 않을까요?

今日辛王其田, 不雨(『合集』29093)

: 오늘 辛일에 왕께서 사냥을 나가시는데 비가 오지 않을까요?

사냥이나 전쟁, 그리고 제사를 지낼 때 비가 내리면 일을 순조롭게 진행할 수 없다. 그러므로 商王은 제사나 사냥을 앞두고 비가 내릴지의 여부에 대해서 점을 쳤다.

(5) 雲·雹·雷神

'雲'은 甲骨文에서 구름의 형상을 본 떠 '♂'(『乙』108), '♪'(『存下』956) 등으로 썼는데, 구름과 비가 밀접한 관계가 있다고 여겨 '雨'를 더하여 '雲'이 되었다. 卜辭에는 '雲'을 神으로 여기고 제사를 지낸 내용이 적지 않게 보인다.[119]

貞. 燎于帝云(『續』2.4.11)

: 묻습니다. 雲神에게 燎제사를 지낼까요?

燎于二云(『林』1.14.18)

: 二雲에게 燎제사를 지낼까요?

貞. 燎于四云(『合集』13401)

: 묻습니다. 四雲에게 燎제사를 지낼까요?

癸酉卜, 又燎于六云. 五豕. 卯五羊(『屯南』1062)

: 癸酉일에 점을 칩니다. 六雲에게 돼지 다섯 마리로 燎제사를 지내고 양 다섯 마리로 卯제사를 지낼까요?

위의 卜辭처럼 商人들은 雲을 神으로 여기고 제사를 지냈는데, 雲神 역시 上帝의 명령을 받드는 神이므로, '帝臣'(『甲』779), '帝五臣'(『粹』13), '帝五臣正'(『粹』12) 등과 같이 '帝云'(『續』2.4.11)이라고

---

[119] '云'은 卜辭에서 '구름'이나 雲神, 地名으로도 사용되었다. 崔恒昇(1986:49) 참조.

甲骨文과 中國 古代社會

도 썼다. 卜辭에는 云을 비롯하여 二云에서 六云까지가 보이는데, 于省吾(1979:9)는 여섯 가지 색채의 구름이라고 하였고, 宋鎭豪(1994:481)는 구름의 색깔과 형태의 변화로 특정한 靈的인 징조를 나타내는 것이라고 하였다.[120]

'雹'은 甲骨文에서 비와 우박을 상형한 '𓂃'(『乙』971)로 썼고, 卜辭에서는 '우박'이라는 의미와 재앙을 내리는 神으로 등장한다. 예를 들면 다음과 같다.

> 癸未卜, 賓貞. 兹雹唯降▢(『合集』11423正)
> : 癸未일에 賓이 점쳐 묻습니다. 雹神이 재앙을 내릴까요?
> 丙午卜, 韋貞. 生十月. 雨其唯雹(『合集』12628)
> : 丙午일에 韋가 점쳐 묻습니다. 다음달인 10월에 우박이 섞인 비가 내릴까요?

첫 번째 卜辭에서는 재앙을 내리는 존재로 쓰였고, 두 번째 卜辭에서는 '우박'이라는 뜻으로 쓰였는데, '우박'과 같은 자연재해 역시 인간에게 害가 되므로, '우박'을 일종의 神으로 숭배하여 재앙을 막고자 한 것이다.

'雷'는 甲骨文에서 번개의 형상을 상형한 '𓂃'에 점을 추가한 '𓂃'(『前』4.10.1) 등으로 썼고, 이후 '雨'가 추가되어 '雷'가 되었다. 卜辭에서는 직접 제사의 대상으로 쓰이지는 않았으나, 上帝의 명령으로 내려 인간에게 재앙이 되는 존재였다. 예를 들면 다음과 같다.

---

120 宋鎭豪(1994:481-482)는 또한 雲神에게 제사를 지낼 때 연기를 하늘로 피워 올리는 燎祭와 酒祭를 많이 지냈고, 희생물로 개와 돼지, 양 등을 썼는데 '二云' 보다 '六云'에게 제사를 지낼 때 희생물의 양도 증가한다는 것을 특징으로 지적하였다.

貞. 帝其及今十三月令雷(『合集』14127正)

: 묻습니다. 上帝께서 지금 13월에 이르러 우뢰를 치도록 명령할까요?

戊寅卜, 㱿貞. 雷, 風其來(『合集』3947正)

: 戊寅일에 㱿이 점쳐 묻습니다. 우뢰와 바람이 올까요?

첫 번째 卜辭는 上帝가 우뢰를 치도록 명령할 것인가의 여부를 점친 것이고, 두 번째 卜辭는 우뢰가 치고 바람이 불지의 여부를 점친 것이다. 이처럼 우뢰가 칠 것인가에 대해서 점을 친 이유는 우뢰가 인간에게 위협적인 재앙이 되었다는 것을 반영하는 것으로, 비록 卜辭에서 우뢰가 제사의 대상이 되지는 않았으나, 여전히 商代 사람들에게 매우 커다란 영향을 미쳤다는 것을 알 수 있다.

趙誠(2000:56-57)은 '雷'가 재앙을 내리고 上帝의 명령을 받는 自然神이었지만 직접적인 제사의 대상이 되지 못한 이유에 대해서 '雷神'이 商代에 독립된 神으로 자리 잡지 못했기 때문이라고 하였다.

(6) 蚰神

'蚰'은 甲骨文에서는 두 마리 벌레를 상형한 '𧋔'(『京津』623), '𠂹𠂹'(『林』1.7.16) 등으로 썼고, 『說文』에서는 "벌레의 總名이다.(虫之總名也.)"고 하였다. 卜辭에서는 역시 다른 자연신들과 함께 제사의 대상이 되었는데, 예를 들면 다음과 같다.

甲骨文과 中國 古代社會

壬辰卜, 翌甲午卷于蚰 , 羊又豕(『合集』14703)

: 壬辰일에 점을 칩니다. 다음날인 甲午일에 양과 돼지로 蚰에게 燎제사를 지낼까요?

庚戌卜, 殼貞. 蚰卷我, 五月(『合集』14707)

: 庚戌일에 殼이 점쳐 묻습니다. 蚰이 우리에게 재앙을 내릴까요. 때는 5月이다.

이상의 卜辭의 통하여 '蚰'는 제사의 대상이었고, 인류에게 禍福을 내리는 神임을 알 수 있는데, 특이한 것은 雨神에게 직접 祈雨한 것은 보이지 않고, 오히려 '蚰'에게는 祈雨祭를 지냈다는 점이다.

이는 '蚰'이 비와 관련이 있다는 것을 반영하는 것으로,『山海經·海外東經』에서 雨神의 形狀을 "두 손에 각각 뱀을 들고, 왼쪽 귀에는 푸른 뱀, 우측 귀에는 붉은 뱀을 달고 있다."고 한 것과 고대인들이 용이 비늘을 흔들면 비가 내리는 것이라고 믿고 가뭄이 들면 용을 향해서 祈雨祭를 지냈던 것과 연관 지어서 생각해보면, '蚰'의 甲骨文 초기 자형은 두 마리의 뱀 혹은 용을 象形한 것으로 보아도 무방하다.

(7) 山神

甲骨文에서 '山'은 산의 형상을 본 떠 'ꟷ'으로 썼는데, 卜辭에서는 '山嶽'이나 人名, 地名이라는 뜻과 함께 제사의 대상, 즉 '山神'이라는 뜻으로도 사용되었다.

往三山(『合集』19293)

: 三山에게 往제사[121]를 지낼까요?

又于五山(『合集』34167)

: 五山에게 侑제사를 지낼까요?

袁于十山(『合集』34166)

: 十山에게 燎제사를 지낼까요?

위의 卜辭에서 말한 '三山', '五山', '十山'이 구체적으로 무엇을 지칭하는 것인지는 명확하지 않지만, 후대에 왕이 封禪하는 곳으로 五岳[122]을 지정했던 것처럼 商代 사람들도 몇 개의 산을 묶어 언급했던 것으로 보인다.

이는 고대의 大地神 숭배와 관련이 있는 것으로, 高山을 숭배하다가 결국 山을 神格化한 것이며,『合集』33233 正片을 근거로 山神 역시 비와 관련이 있었다고 추정할 수 있다.

이상과 같이 商代에는 초기 고대인들의 관념 속에서 숭배의 대상이던 自然神들이 계속 숭배되어 제사의 대상이 되었다. 다른 점은 초기의 自然神들은 독립적으로 존재했고, 여러 自然神을 총괄하는 代表神이 없었지만, 통일된 왕조가 출현한 이후에는 여러 自然神을 명령하는 최고의 神인 '上帝'가 만들어졌다는 것과 商代 후

---

121   往祭는 재앙을 없애기 위해서 올리는 제사로 禳祭와 같은 것이다. 趙誠(2000:60) 참조.

122   역대 중국의 황제들은 天神에게 제사를 올리기 위해 산에 올랐는데 이를 封禪이라고 한다. 東岳인 泰山, 西岳인 華山, 北岳인 恒山, 南岳인 衡山, 中岳인 嵩山을 五岳이라고 한다. 물론 왕조에 따라 五岳이 달라지기도 했다. [윤창준(2019:49)참조]

기에 오면 商王들 스스로가 '上帝'와 同格化되었다는 점이다.

3) 祖上神

殷墟에서 발견된 卜辭는 商王室에서 제사를 지낸 것이 대부분이며, 이 중에서도 조상에 대해서 제사를 지낸 것들이 가장 많다.

商王朝의 조상은 크게 先公과 先王으로 구분되는데, 先公에 대한 연구를 처음으로 시작한 王國維는 帝嚳부터 商이 夏를 멸하기 전까지의 商王을 先公이라 하고, 成湯이 商을 건국한 이후의 商王을 先王이라고 구분하였다.[123]

> 癸亥卜. 酒上甲(『合集』1192)
>
> : 癸亥일에 점을 칩니다. 上甲에게 酒제사를 지낼까요?
>
> 乙丑卜, 旅貞. 王賓報乙, 彡, 亡尤. 在七月(『合集』22688)
>
> : 乙丑일에 旅가 점쳐 묻습니다. 왕께서 報乙에게 賓제사의 형식으로 彡제사를 지내면, 재앙이 없을까요? 때는 7월이다.
>
> □酉王其又大乙, 王受又(『合集』27089)
>
> : □酉일에 왕께서 大乙에게 侑제사를 지내면, 왕께서 보우하심을 얻을까요?

卜辭에는 많은 祖上神이 등장하지만, 점을 친 목적은 대부분 先公 혹은 先王에게 어떤 종류의 제사를 지낼지, 특정 종류의 제사를 지내면 재앙이 없을지를 묻는 것이 대부분이다.

---

123 傅杰(1997:15-16)에 수록된 『卜辭中所見先公先王考』 참조.

다음에서는 先公과 先王에 대해서 살펴보기로 한다.

商王은 上甲부터 十干을 이용하여 이름을 삼았다.[124] 이에 대해서 태어난 날의 간지로 이름을 삼았다는 주장(生日說), 죽은 날의 간지로 이름을 삼았다는 주장(死日說), 제사를 지낸 날의 간지로 이름을 삼았다는 주장(祭名說), 즉위의 순서대로 간지로 이름을 삼았다는 주장(次序說) 등 많은 이견이 있었는데, 李學勤은 干支로 이름을 삼는 것은 죽은 뒤에 일종의 諡號을 정하는 것과 유사한 것으로, 태어난 날과 죽은 날과는 무관하며, 또한 제사는 이름의 干支에 맞추어 시기를 정하는 것이므로, 제사를 지낸 날의 간지로 이름을 삼은 것도 아니라고 하면서, 죽은 뒤 占卜의 과정을 거쳐 이름을 정하는 것이라는 소위 '選日說'을 주장하였다.[125]

松丸道雄은 이 점에 대해서 '羿射十日'의 傳說을 연계시켜 매우 독특한 주장을 하였는데, 그는 '열 개의 태양[日]이 교대로 뜬다'는 것은 본래 '太陽'을 뜻하던 '日'字가 이후 '하루'라는 의미로 사용된

---

124 王宇信·楊升南(1999:600) 참조. 그러나 陳夢家(1956:488)는 "庚子卜. 王上甲妣甲, 保妣癸.(『前』1.38.5)" 중의 '上甲妣甲'에 대해서 '惟小乙妣庚(『甲』905)'을 '小乙의 배우자 妣庚'이라고 해석하는 것과 같이 '上甲의 배우자 妣甲'으로 해석하여야 한다고 하였다. 陳夢家의 주장대로라면 示壬 이전에 이미 上甲부터 배우자의 이름을 天干으로 삼은 것이 되는데, 先王의 이름을 上甲부터 天干으로 삼은 것과 시기적으로 일치된다.

125 生日說은 『白虎通·姓名篇』, 『太平御覽』 권 83에서 인용한 『帝王世紀』와 『史記·殷本紀』의 『索隱』에서 인용한 皇甫謐의 주장에서 언급되었고, 死日說은 『史記·殷本紀』의 『索隱』에서 인용한 譙周의 설과 이를 지지한 董作賓의 「甲骨文斷代研究例」와 王玉哲의 「試論商代兄終弟及的系統法與殷商前期的社會性質」(『南開大學學報』 1956년 제1기)에서 제기되었다. 祭名說은 王國維의 「卜辭中所見先公先王考」에서 제기되었고, 次序說은 陳夢家의 『殷虛卜辭綜述』에서 제기되었다. 王宇信·楊升南(1999:600-601) 참조.

것과 관련이 있는 것으로, 열흘을 주기로 날짜를 계산하는 고대 중국인의 시간관념이 반영된 것이라고 하였다. 그는 또한 商王族의 구조에 대해서 전혀 새로운 假說을 제시하였는데, 그의 가설에 따르면, 商王族은 族外婚을 채용한 열 개의 親族으로 구성되었고, 각 親族은 열 개 태양의 後裔로서, 甲乙丙丁의 十干으로 이름을 삼았다. 즉 商王 중에서 祖乙은 乙族 출신의 왕, 父丁은 丁族 출신의 왕임을 나타내는 것이며, 특히 乙族과 丁族은 二代 雄族이었다고 한다.[126] 그의 이러한 주장은 신화의 내용을 甲骨學 연구와 연결시킨 새로운 시도로 평가되지만, 보충연구가 필요한 것으로 보인다.

이처럼 上甲 이후의 商王은 모두 열 개의 天干으로 이름을 삼았기 때문에 동일한 天干을 사용한 先公·先王이 많을 수밖에 없었는데, 이를 정리하면 다음과 같다.

天干	甲	乙	丙	丁	戊	己	庚	辛	壬	癸
先公先王	上甲 大甲 小甲 戔甲 羌甲 陽甲 祖甲	報乙 大乙 祖乙 小乙 武乙 帝乙	報丙 外丙	報丁 大丁 中丁 祖丁 武丁 康丁 文丁	大戊	雍己 祖己	大庚 南庚 盤庚 祖庚	祖辛 小辛 帝辛	示壬 外壬	示癸

이처럼 天干으로 이름을 삼을 경우 同名의 先王이 많을 수밖에 없었으므로, 이들을 구분하기 위하여 天干 앞에 區別字를 추가였는데, '甲'을 예로 들면, 天干의 앞에 上, 大, 小, 戔, 羌, 陽, 祖 등의 區別字를 추가하여 구분하였다.

---

[126] 松丸道雄(1989:121-146)

4장

中國 古代社會의
祭祀

卜辭를 통하여 알 수 있는 사실은 武丁시기에는 제사의 종류도 다양하고, 제사의 대상도 번잡하여 각양각색의 모든 自然神에게 제사를 지냈으며, 제사의 의식과 내용에 일정한 형식이 없어서, 제사의 세세한 절차까지도 占卜의 결과대로 결정함으로서 많은 시간과 노력을 낭비하였다는 것이다.[127]

그러나 武丁 이후에는 제사제도에 일종의 개혁이 진행되어 제사의 중요한 대상이 上甲 이하의 先公·先王과 先妣로 집약되고, 대신 自然神에 대한 제사는 줄어들었으며, 제사의식의 절차와 방법에도 규정이 생겨, 특히 先祖에 대한 제사는 의식과 제물에 대한 규정뿐만 아니라 제사의 날짜까지도 일일이 세밀하고 적절하게 안배되었다.

---

[127]   嚴一萍(1978:93-99) 참조.

이러한 체계적인 제사는 帝乙과 帝辛 시기에 절정을 맞아 제사 대상도 上甲 이하의 先王과 아들이 왕위에 오른 先妣로 제한되고, 제사의 방식도 정형화되었다.

다음에서는 卜辭에 나타나는 商代 제사에 대해서 전반적으로 알아보기로 한다.

1. 祭祀의 구분

卜辭에 나타난 商代의 제사는 우선 제사를 지내는 시기와 주기, 그리고 제사 대상의 성격에 따라 구분될 수 있다. 아래에서는 크게 세 가지로 구분하여 살펴보기로 한다.

1) 貞旬·貞夕卜辭

商王은 열흘에 한 번씩 다음 열흘간의 길흉을 점을 쳐서 물어보았는데, 이를 貞旬卜辭라고 한다. 貞旬卜辭는 事例도 다양하고 양도 많으며, 내용이 번잡하기도 하고 간략하기도 하다. 열흘간 있었던 일을 모두 나열한 것도 있고, 왕과 臣僚들의 安慰와 吉凶을 반복해서 물어보면서 길함을 구하고 재앙을 피해 장수하기를 바란 것도 있다. 심지어 당일 밤 동안에 재앙이 없을지의 여부에 대해서 점을 친 것도 있는데, 이처럼 밤에 점을 치고 기록한 卜辭는 貞夕卜辭라고 한다. 다음에서 卜辭를 예로 들어 살펴보기로 한다.

癸酉卜, 殷貞. 旬亡禍. 王二曰㞢[128]. 王占曰, 兪, 有祟, 有夢[129]. 五

日丁丑王嬪[130]中丁, 㞢陞[131]在宧阜, 十月

癸未卜, 殷貞. 旬亡禍. 王占曰, 往乃口有祟. 六日戊子, 子弢囚[132].

一月

癸巳卜, 殷貞. 旬亡禍. 王占曰, 乃口亦有祟, 若偁. 甲午, 王往逐

兕, 小臣叶車馬硪𥛠王車, 子央亦隊(墜)(『菁華』3)[133]

: 癸酉일에 殷이 점쳐 묻습니다. 열흘 동안 재앙이 없을까요? 왕이 거듭 재앙이 있

을 것이라고 말하였다. 왕이 판단하여 말하기를 그러하구나. 재앙이 있다. 재앙이

있다. 닷새 째되는 丁丑일에 왕이 中丁에게 賓제사를 드리고 宧阜에서 넘어졌

다. 때는 10월이다.

: 癸未일에 殷가 점쳐 묻습니다. 열흘 동안 재앙이 없을까요? 왕이 판단하여 말하

---

128 陳煒湛(1987:84)은 '㞢'는 '害'로 읽는다고 하였다.

129 본래 甲骨片에는 '㝱'로 썼는데, 陳煒湛(1987:83)은 이를 '夢'字로 고석하고 '재앙'의
뜻이라고 하였다.

130 甲骨文의 '賓'은 집(宀) 안에 사람(人·卩)과 발(止)이 놓여있는 형상인 '𡧍'(『合集』
9522), '𡧊'(『合集』22972)으로 썼는데, 사람(人·卩)이 여성(女)으로 대체된 자형인
'𡜍'(『合集』1248), '𡜏'(『合集』2638) 등으로도 썼다. 여기서는 '賓'제사라는 뜻으로 쓰
였다.

131 '陞'는 '넘어지다(跌)'라는 뜻이다.

132 陳煒湛(1987:84)은 위의 卜辭에서 '囚'는 '𡆥'로 썼기 때문에 자형으로 보면 '囚'로
고석하는 것이 타당하지만 文義가 통하지 않고, '死'로 고석하면 의미는 통하지
만 자형이 맞지 않는다고 하였다. 위의 3條의 卜辭는 모두 매 열흘간 일어났던
재앙을 기록한 것이며, 첫 번째와 세 번째 條의 卜辭가 모두 넘어지거나 떨어지
는 재앙을 기록하였으므로, '𡆥' 역시 유사한 종류의 재앙으로 보는 것이 타당한
것으로 보인다.

133 본 卜辭는 陳煒湛(1987:83)에서 引用한 것이다. 다만 圖版의 배열형식과 점친 날
짜를 근거로 볼 때, 이 세 組의 卜辭의 순서는 癸酉, 癸巳, 癸未의 순서가 아니라
癸酉, 癸未, 癸巳의 순서가 되어야 맞는다. 수정하여 인용한다.

기를 앞으로 재앙이 닥칠 것이다. 엿새 째되는 戊子일에 아들 弓戈에게 재앙이 일어났다. 때는 1월이다.

: 癸巳일에 殼이 점쳐 묻습니다. 열흘 동안 재앙이 없을까요? 왕이 판단하여 말하기를 이에 또한 재앙이 있다. 占辭대로 되었다. 甲午일에 왕이 외뿔 들소를 사냥하러 가는데 小臣 마이 마차를 몰다가 돌에 걸려 왕의 마차와 충돌하여 子央이 마차에서 떨어졌다.

위의 卜辭는 癸酉, 癸巳, 癸未일에 향후 열흘 동안 재앙이 있을 것인가의 여부를 殼이 점을 친 것으로, 열흘 간 있었던 재앙에 대해서 자세히 기록하였다.

癸亥卜, [王]貞. 旬亡禍. 在十月, 不兹
癸酉卜, 王貞. 旬亡禍. 在十一月
癸未卜, 王貞. 旬亡禍. 在十一月
癸巳卜, 王貞. 旬亡禍. 在十一月
癸卯卜, 王貞. 旬亡禍. 在十二月(『新綴』 644)

: 癸亥 일에 왕이 점쳐 묻습니다. 열흘 동안 재앙이 없을까요? 때는 10월이다.
　兹제사를 드리지 않았다.

: 癸酉일에 왕이 점쳐 묻습니다. 열흘 동안 재앙이 없을까요? 때는 11월이다.
: 癸未일에 왕이 점쳐 묻습니다. 열흘 동안 재앙이 없을까요? 때는 11월이다.
: 癸巳일에 왕이 점쳐 묻습니다. 열흘 동안 재앙이 없을까요? 때는 11월이다.
: 癸卯일에 왕이 점쳐 묻습니다. 열흘 동안 재앙이 없을까요? 때는 12월이다.

위의 卜辭는 癸亥일로부터 癸卯일까지 매 열흘마다 재앙이 있을지의 여부를 점친 것으로, 위의 『菁華』3이 비교적 자세하게 열흘 간의 재앙을 기록한 것과 달리, 驗辭 내용 없이 매우 간단하게 점친 사실만을 기록하고 있다. 다만 점친 시기가 몇 월인지를 기록해 둠으로서 商代에 30일을 한 달로 계산했음을 반영하기도 한다.

丁酉卜, □貞. 今夕亡□

戊戌卜, 殼貞. 今夕亡禍. 之□□

庚子卜, 殼貞. 今夕亡禍

辛丑卜, 殼貞. 今夕亡禍

壬寅卜, 殼貞. 今夕亡禍(『粹』1333)[134]

: 丁酉일에 □가 점쳐 묻습니다. 오늘밤 □이 없을까요?

: 戊戌일에 殼이 점쳐 묻습니다. 오늘밤 재앙이 없을까요? 그□□.

: 庚子일에 殼이 점쳐 묻습니다. 오늘밤 재앙이 없을까요?

: 辛丑일에 殼이 점쳐 묻습니다. 오늘밤 재앙이 없을까요?

: 壬寅일에 殼이 점쳐 묻습니다. 오늘밤 재앙이 없을까요?

위의 卜辭는 丁酉, 戊戌, 庚子, 辛丑, 壬寅일에 殼이 당일 밤에 재앙이 있을지의 여부를 점친 貞夕卜辭인데, 유독 중간의 己亥일에 점친 기록이 없다.

卜辭에는 이처럼 향후 열흘간 재앙이 있을지의 여부를 점치고, 지난 열흘간 있었던 재앙을 기록해 놓은 貞旬卜辭와 당일 밤에 재

---

[134] 陳煒湛(1987:85)에서 인용했으나, 圖版 하단부에 본래 "丁酉卜~貞今夕無~"라는 한 條의 卜辭가 더 있다. 수정하여 인용한다.

앙이 있을지를 점친 貞夕卜辭가 많이 보인다.

2) 周祭

周祭는 商王과 王室貴族이 翌, 祭, 壹, 콤, 乡의 다섯 종류의 제
사를 주기적이고 반복적으로 돌아가며 조상에게 지낸 제사(商王及
王室貴族用翌祭壹콤乡五祀典對其祖先輪番和周而復始地進行的祭祀)[135]를 말하며,
다섯 종류의 제사만을 올렸기 때문에 "五種祭祀"라고도 칭해진다.

周祭를 처음 발견한 사람은 董作賓이다. 그는 1929년 中央硏究
院이 제3차 殷墟 발굴 작업에서 찾아낸 네 개의 龜腹甲을 연구하
면서 '貞'字의 앞 혹은 뒤에 있는 한 글자가 占卜을 실행했던 貞人
의 이름이라는 것을 밝혔고,[136] 이를 근거로 1933년에 『甲骨文斷
代硏究例』에서 10가지 표준을 이용하여 卜辭를 다섯 시기로 구분
하였으며,[137] 이후 1945년에는 『殷曆譜』에서 이러한 五期分法 대신
殷代의 祭禮는 新派와 舊派에 따라 확연히 달라졌다고 제시하면서
武丁, 祖庚, 文丁을 舊派, 祖甲, 廩辛, 康丁, 武乙, 帝乙, 帝辛을 新派
라고 구분하였다.

新派시기에는 체계적이고 규칙적으로 열흘에 한번씩 先王과 先
妣에게 다섯 종류의 제사를 번갈아 가며 지냈으며, 다섯 종류의

---

135   王宇信·楊升南(1999:603)에서 인용.

136   董作賓 『大龜四版考釋』(『安陽發掘報告』 제3기, 1931). 許進雄(1968:1-2) 참조.

137   世系, 稱謂, 貞人, 坑位, 方國, 人物, 事類, 文法, 字形, 字體의 10項 標準을 기준으
로 盤庚, 小辛, 小乙, 武丁을 제1기, 祖庚, 祖甲을 제2기, 廩辛, 康丁을 제3기, 武
乙, 文丁을 제4기, 帝乙, 帝辛을 제5기로 구분하였다. 柳夢溪(1996:22-25)에 수록
된 董作賓의 「甲骨文斷代硏究例」 참조.

제사로 모든 先王과 先妣에게 제사를 지내는 데에는 36旬이 소요
된다고 하였다. 또한 다섯 종류의 제사는 彡제사, 翌제사, 祭제사,
舂제사, 삽제사[138]의 순서로 규칙적이고 반복적으로 순환되므로,
이를 '五祀統'이라고 하였다.[139]

董作賓의 이러한 발견은 甲骨文 연구와 商代史 연구에 매우 커
다란 공헌을 하였으며, 1950년대 이후 陳夢家의 『殷虛卜辭綜述』,
島邦南의 『殷虛卜辭研究』, 許進雄의 『殷卜辭中五種祭祀的研究』, 常
玉芝의 『商代周祭制度』 등에서 董作賓의 연구성과를 기반으로 周
祭에 대한 본격적인 연구가 진행되었다.

周祭는 祖甲, 廩辛, 康丁, 武乙, 帝乙, 帝辛시기에 진행된 혁신적
인 제사제도일 뿐만 아니라 商代의 宗法制度와 世系를 연구하는데
중요한 자료로 쓰이며, 규칙적인 제사 순서 및 일정한 祭祀日期는
商代의 曆法이 실제로 어떻게 실행되었는지를 알려주는 중요한
수단이 되고 있다.

3) 單祭·合祭와 特祭

卜辭 중에는 한 명의 先公·先王이나 先妣에게만 단독으로 제사
를 지낸 것과 여러 명의 先公·先王들에게 동시에 제사를 지낸 것,

---

138   董作賓은 『殷曆譜』에서 彡祭는 음악을 연주하는 제사, 翌祭는 춤을 추는 제사,
      祭祭는 제물로 고기를 쓰는 제사, 舂祭는 제물로 곡식을 쓰는 제사, 삽祭는 다른
      제사와 함께 거행하는 합제사라고 하였다. 王宇信·楊升南(1999:604) 참조

139   1945년 4월 中央研究院 史語所에서 石印本으로 발간했으며, 후에 다시 「殷曆譜
      後記」을 史語所 集刊 13本에 게재하였다. 許進雄(1968)과 王宇信·楊升南(1999)에
      서 인용한 것을 참조하였다.

또한 일부 특정 直系先王들에게만 제사를 지낸 것 등 제사 대상이
몇 가지 형태로 구분되어 나타난다.

다음에서는 이를 單祭와 合祭, 特祭로 구분하여 살펴보고자 한다.

(1) 單祭

單祭는 先公, 先王, 先妣 중 한 명만을 제사의 대상으로 삼은 것
으로, 예를 들면 다음과 같다.

甲申卜, 乙酉祖乙三牢, ※三十牛(『合集』 1513)

: 甲申일에 점을 칩니다. 乙酉일에 祖乙에게 제사용 양 세 마리와 소 30마리로 ※
 제사를 지낼까요?

壬午卜, 其又歲于妣癸, 叀小牢(『合集』 27572)

: 壬午일에 점을 칩니다. 妣癸에게 풍년을 기구하는 제사를 지내려고 하는데 제사
 용 양을 祭物로 할까요?

첫 번째 卜辭는 乙酉일에 祖乙에게 제사를 지낼지의 여부에 대
해서 하루 전날인 甲申일에 점을 친 것이고, 두 번째 卜辭는 示壬
의 배우자인 妣庚에게 제사용 양을 희생물로 하여 제사를 지낼지
의 여부를 壬午일에 점친 것이다.

모두 제사의 대상이 한 명이다. 또한 특이한 점은 제사 대상의
이름에 사용된 天干에 祭日을 맞춘 것인데, 卜辭에는 이처럼 제사
대상인 先公의 이름에 사용된 天干에 祭日을 맞춘 것들이 많이 보
인다.

다른 예를 들면 다음과 같다.

甲戌翌上甲, 乙亥翌報乙, 丙子翌報丙, [丁丑]翌報丁, 壬午翌示
壬, 癸未翌示癸, [乙酉翌大乙], [丁亥]翌大丁, 甲午翌[大甲], [丙
申翌外丙], [庚子]翌大庚(『粹』113)

: 甲戌일에 上甲에게 翌제사를, 乙亥일에 報乙에게 翌제사를, 丙子일에 報丙에

게 翌제사를, 丁丑일에 報丁에게 翌제사를, 壬午일에 示壬에게 翌제사를, 癸未

일에 示癸에게 翌제사를, 丁亥일에 大丁에게 翌제사를, 甲午일에 大甲에게 翌

제사를, 丙申일에 外丙에게 翌제사를, 庚子일에 大庚에게 翌제사를 지냈다.

위의 卜辭는 上甲부터 大庚까지의 10명의 先公·先王에게 天干
에 맞추어 翌제사를 지낸 사실을 기록한 것이다. 『史記·殷本紀』에
서 '大丁-外丙-中壬-太甲'의 순서로 기록하였으나, 위의 卜辭에서
는 '大乙-大丁-大甲-外丙'의 순서로 나열하였다. 이러한 卜辭는 先
公의 世系를 바로잡는 근거가 되기도 한다.[140]
하나의 卜辭에 여러 명의 先王에게 제사를 지낸 사실을 기록한
것이지만, 祭日이 각각 다르므로, 合祭가 아니라 單祭이다.
이처럼 대부분의 卜辭에서는 祭日의 天干과 제사 대상의 天干
이 일치하지만, 卜辭 중에는 정해진 날짜 이외에 임의로 행한 제
사의 기록도 많이 있기 때문에, 예외가 많이 있다.

---

[140] 물론 위의 卜辭는 '外丙' 등 殘缺된 부분이 많지만, 해당되는 天干에 맞추어 祭日
을 정한 것이므로, 충분히 世系를 추정할 수 있다.

甲戌卜. 用大牛于祖乙(『合集』1615)

: 甲戌일에 점을 칩니다. 큰 소를 써서 祖乙에게 제사를 지낼까요?

甲戌卜. 隹之憂于祖乙(『合集』32535)

: 甲戌일에 점을 칩니다. 祖乙에게 燎제사를 지낼까요?

위의 두 卜辭 역시 각각 祖乙에게 제사를 지낼지의 여부를 점친 것인데, 이 두 卜辭의 경우에는 점친 날짜와 제사 대상의 天干이 일치하지 않는다. 이에 대해 宋鎭豪(1994:510)는 점을 친 당일에 제사를 지낸 것이 아니고, 점친 다음날 제사를 지낼지의 여부를 물어본 것으로, 甲戌일 다음 날인 乙亥일에 祖乙에게 제사를 지낼지의 여부를 점친 것이라고 하였다.

그러나 卜辭 중에는 이처럼 제사 대상의 天干에 맞추어 祭日을 정한 것 외에 임시로 행한 제사의 기록도 많이 있기 때문에, 예외도 많이 있다.

(2) 合祭

卜辭 중에는 또한 몇 명의 先公·先王에 대해서 동시에 제사를 지낸 것들이 보이는데, 이를 合祭라고 한다. 예를 들면 다음과 같다.

□未卜, ♣自上甲, 大乙, 大丁, 大甲, 大庚, [大戊], 中丁, 祖乙, 祖辛, 祖丁十示, 率羊士(『合集』32385)

: □未일에 점을 칩니다. 上甲으로부터 大乙, 大丁, 大甲, 大庚, 大戊, 中丁, 祖乙, 祖辛, 祖丁까지의 열 명의 直系 先王에게 수컷 양으로 率제사를 지내서 祈求할까요?

乙丑[卜], 帝自大乙至祖丁九示(『合集』14881)

: 乙丑일에 점을 칩니다. 大乙부터 祖丁까지의 아홉 명의 直系 先王에게 구할까요?

癸亥卜, 貞. 王賓不力自上甲之于多后, 衣, 亡尤(『前』2.25.2 +『前』
2.25.4)

: 癸亥일에 점쳐 묻습니다. 왕께서 賓제사의 형식으로 上甲부터 多后까지 衣제사
를 지내려고 하는데 재앙이 없을까요?

첫 번째 卜辭는 上甲부터 祖丁까지의 10명의 直系 先王에게 수
컷 양을 제물로 하여 率제사를 지낼지의 여부를 점친 것인데, 三
報와 二示는 直系先公임에도 제사의 대상에서 빠져있다. 이는 商
人들이 三報와 二示를 다른 先公에 비하여 경시하였다는 것을 반
영하는 것이기도 하다.

두 번째 卜辭는 大乙부터 祖丁까지의 9명의 直系 先王에게 제사
를 지낸 것으로, 중간의 先王들의 이름은 나열하지 않고, 시작과
끝의 先王 및 제사 대상의 總數만을 간략히 기록하였다.

세 번째 卜辭는 上甲부터 후대의 여러 先王에게 제사를 지낸 것
으로, 정확하게 어느 先王까지인지는 기록하지 않고, '多后'라고만
하였기 때문에 여러 학자들의 의견이 다르다.

예를 들어 許進雄은 '가족을 번성시킨 모든 남녀 조상(繁衍家族的
衆男女祖先)'이라고 하였고,[141] 裘錫圭(1985b)는 '后祖'를 칭한 것이라고
하였으며, 宋鎭豪(1994:512)는 中丁 이하의 直系 先王이라고 하였다.

141　許進雄『明義士收藏甲骨釋文篇』(Toronto:Royal Ontario Museum, 1977:29), 宋鎭豪
　　　(1994:512)에서 再引用.

王宇信(1999:601-602)은 점을 친 시기의 祖父代까지를 칭한 것이라고 하였는데, 卜辭 중에 多后 외에도 多妣, 多父, 多公, 多方, 多兄, 多臣, 多婦 등의 명칭이 보이며, 모두 불특정 다수를 지칭하는 것으로 보아, 점을 친 시기를 기준으로 祖父代까지의 대상을 포함한다는 王宇信의 주장이 타당한 것으로 보인다.[142]

이처럼 여러 명의 先公·先王에게 함께 제사 지낸 경우, 대부분은 즉위한 순서대로 先公·先王들은 나열하였다.[143] 그러나 일부 卜辭 중에는 이와 반대로 가까운 先王부터 먼저 나열한 것들도 있는데, 예를 들면 다음과 같다.

乙丑卜, 貞. 王賓武乙歲, 征[144]至于上甲卯, 亡尤(『續』1.26.11)
: 乙丑일에 점쳐 묻습니다. 왕께서 武乙에게 賓제사의 형식으로 歲제사를 지내고, 연속하여 上甲까지의 先公·先王에게 卯제사를 지내면 재앙이 없을까요?

위의 卜辭는 武乙부터 上甲에게 제사를 지낼지의 여부를 점친 것인데, 먼저 武乙을 나열한 뒤 역으로 上甲까지의 先王에게 제사를 지낼지를 물어보았다.

이처럼 여러 명의 先公과 先王에게 한꺼번에 제사를 지낸 기록

---

142 '多匸'는 三報, 즉 報丙, 報丁, 報乙을 칭한다. 崔恒昇(1986:138-143) 참조.

143 卽位 순서대로 제사 대상을 나열한 것을 順祀라고 하고, 반대로 가까운 선조에서 먼 선조의 순서로 나열한 것을 逆祀라고 하는데, 『春秋·定公八年』의 '從祀先公'의 杜注에서 "從은 順이다."라고 한 것을 근거로 '順祀'를 '從祀'라고도 한다. 宋鎭豪(1994:510) 참조.

144 卜辭에서 '征'는 '연속하여'라는 의미와 '祭名'으로 쓰였는데, 여기서는 '연속하여'의 의미이다. 崔恒昇(1986:170) 참조.

은 卜辭에 자주 보이지만, 여러 명의 先妣들에게 동시에 合祭를 지낸 卜辭는 아직까지 발견되지 않았다.[145]

(3) 特祭

王國維, 羅振玉, 郭沫若은 모두 先妣에게 단독으로 제사를 지낸 것을 特祭라고 하였으나, 常玉芝(1980)는 黃組卜辭[146]에 대한 연구를 통하여 商王이 가까운 세대의 直系 조상에게 여러 종류의 특수한 제사를 올렸다는 것을 발견하고 이를 特祭라고 하였다.

현재는 常玉芝의 주장에 따라 가까운 直系 조상에게 올린 각종 제사를 特祭라고 하는 것이 일반적이다.[147] 몇 가지 예를 들면 다음과 같다.

丙戌卜. 貞. 武丁祊, 其牢(『佚』981)

: 丙戌일에 점쳐 묻습니다. 武丁에게 제사용 소를 祭物로 하여 祊제사를 지낼까요?

甲申卜. 貞. 武乙🐘祊, 其牢(『簠·帝』125)

: 甲申일에 점쳐 묻습니다. 武乙의🐘에 제사용 소를 祭物로 하여 祊제사를 지낼까요?

---

145   王宇信·楊升南(1999:602) 참조.

146   卜辭 중에서 '黃'이나 '派' 등의 貞人이 등장하는 卜辭를 黃組卜辭라고 하는데, 貞人名이 생략된 것이 많기 때문에 주로 字體를 근거로 귀속여부를 결정한다. 일반적으로 黃組卜辭는 제5기 卜辭인 帝乙, 帝辛시기의 것으로 본다. 陳海洋 主編(1989:11-12) 참조.

147   王宇信·楊升南(1999:602) 참조.

丙戌卜, 貞. 文丁宗祊, 其牢(『綴·二』85)

: 丙戌일에 점쳐 묻습니다. 文丁의 祖廟에 제사용 소를 祭物로 하여 祊제사를 지
  낼까요?

첫 번째 卜辭는 '祊其牢' 유형에 속하는 것으로, 常玉芝에 의하
면 이 유형에 속하는 卜辭에서는 단지 武丁, 祖甲, 康丁, 武乙, 文丁
의 5명의 直系先王과 武乙의 배우자인 母癸만 제사 대상이 되었다
고 한다. 이 기간의 傍系先王인 祖己, 祖庚 등과 각 先王들의 배우
자는 제사 대상에서 제외되었다고 한다. 그러므로 이는 비교적 가
까운 直系先王에게만 제사를 지낸 일종의 特祭인 것이다.

두 번째와 세 번째 卜辭는 '遘祊其牢' 유형과 '宗祊其牢' 유형에
속하는 것으로, 이 두 가지 유형에 속하는 卜辭의 제사 대상은 더
욱 축소되어 단지 武乙과 文丁만 제사 대상에 포함되고 다른 先王
이나 先妣들은 모두 제사 대상에서 제외되었다. 그러므로 이는 더
욱 가까운 直系先王에게만 제사를 지낸 特祭인 것이다.

이처럼 商代의 卜辭 중에는 가까운 直系先王에게만 '祊', '遘祊',
'宗祊'의 방식으로 제사를 지낸 것들이 있는데, 이를 特祭라고 한다.

2. 祭法의 구분

商代 제사의 특징 중의 하나는 卜辭에 등장하는 祭名 및 제사에
쓰는 祭需品의 종류와 수량이 매우 많고, 제사를 지내는 방법이
다양하다는 점이다.

이 중에서 祭名은 현재까지 알려진 것만도 약 백 여 종이나 되지만, 관련 史料가 부족하고 또한 후대에는 사용되지 않았거나, 혹은 祭名이 같더라도 그 성격이나 방법이 변모된 것이 많아서 구체적으로 어떤 종류의 제사인지를 명확하게 가리기 어려운 것이 많다.[148]

다만 대부분의 제사는 제사를 지내는 방법, 즉 祭法을 기준으로 祭名을 삼았기 때문에, 卜辭에서 祭名으로 사용된 甲骨文의 자형 분석을 통하여 어떠한 방식으로 진행된 제사라는 것을 추정할 수 있다.

다음에서는 甲骨文 자형 및 卜辭의 내용에 대한 분석을 통하여 商代의 祭法에 대해서 살펴보고자 한다.

1) 祭法의 種類

卜辭에 보이는 다양한 商代의 祭法은 제사의 성격과 목적 및 형식과 방법에 따라 매우 다양하게 나타난다. 다음에서는 商代의 祭法을 크게 네 가지로 구분하여 살펴보기로 한다.

---

148 劉志基(2000:173-174) 참조.

(1) 祭壇에 祭需品을 바치면서 지내는 제사

① 祭

甲骨文에서 '祭'는 피가 뚝뚝 흐르는 신선한 고기를 손으로 들고 제단 위로 바치는 형상인 '⺇'(『乙』5317), '⺇'(『前』2.38.2) 등으로 썼고, 卜辭에서는 "癸巳王卜貞. 旬亡禍. 王占曰, 吉. 在三月. 甲午祭戔甲, ⺇小甲. (癸巳일에 왕이 묻습니다. 열흘간 재앙이 없을까요? 왕이 점쳐 말하길 길하다. 때는 3월이다. 甲午일에 戔甲에게 祭제사를, 小甲에게 ⺇제사를 지냈다.)"처럼 祭名으로 쓰였다.

卜辭에서 '祭'가 다른 종류의 제사와 함께 나열된 것으로 보아 본래는 수렵과 채집경제 시기에 인류에게 가장 귀한 祭需品이었던 신선한 고기를 제단에 바치면서 지내는 제사의 한 종류를 지칭하다가 이후 모든 제사의 總名이 된 것으로 보인다.

② 奠과 尊

甲骨文에서 '奠'은 '酉'를 제단 위에 올려놓은 형상인 '⺇'(『乙』6583), '⺇'(『後下』36.3) 등으로 썼고, 卜辭에서는 "…于京其奠牢(京에게 제사용 소를 희생물로 사용하여 奠제사를 지낼까요? : 『京都』2512)"와 같이 犧牲物을 사용하는 제사의 一種으로 쓰였다.

『說文』에서는 "奠은 置祭이다. 酉를 편방으로 하는데, 酉는 술이다. 丌은 아랫부분이다. (奠, 置祭也. 從酉. 酉, 酒也. 丌其下也.)"고 하였고, 段玉裁(1988:200)는 "置祭也."의 注에서 술과 음식을 놓고서 지내는 제사이기 때문에 '酉'와 '丌'로 글자를 구성한 것이라고 하였다. 즉 '奠'은 제단에 '酉'를 바치면서 지내는 제사의 일종인 것이다.

　甲骨文과 中國 古代社會

甲骨文에서 '尊'은 두 손으로 '酉'를 받치고 있는 형상인 '🏺'(『甲』 3389), 혹은 '𠂤'가 추가된 '🏺'(『前』5.4.4) 등으로 썼고, 卜辭에서는 "來丁巳, 尊于父丁, 宜三十牛. (오는 丁巳日에 父丁에게 尊제사를 지내려고 하는데, 30마리의 소를 희생물로 쓸까요? : 『京都』2291)"처럼 희생물을 사용하는 제사로 쓰였다.

『說文』에서는 "尊은 酒器이다. (尊, 酒器也.)"고 하였고, 段玉裁 (1988:752)는 注에서 "尊卑의 尊으로 引伸되었는데 … 尊卑의 '尊'으로만 쓰이자 새로 '樽'字와 '罇'字를 만들어 酒器의 뜻으로 사용하였다."고 하였다.

이상과 같이 '奠'과 '尊'이 편방으로 삼은 '酉'는 甲骨文에서 술동이의 형상을 본 뜬 '🏺'(『甲』2414), '🏺'(『甲』86) 등으로 썼는데, 이후 '술'이란 의미로 引伸되면서 '水'를 더하여 '酒'字가 되었고, 卜辭에서는 地支를 칭하는 것으로 假借되어 쓰였다.

그러므로 '奠'과 '尊'은 술동이를 제단 위에 올려놓거나, 두 손으로 술동이를 제단에 바치는 형상으로서 술동이를 '바치다'는 뜻을 나타냈는데, 卜辭에서는 犧牲物을 바치면서 지내는 제사의 종류를 지칭하게 된 것으로 보인다.

(2) 犧牲物을 殺戮하여 지내는 제사

① 沉

甲骨文에서 '沉'은 물속에 소나 양, 그리고 세사용 양을 빠뜨린

형상인 '鿄'(『前』1.24.3), '鿄'(『佚』521), '鿄'(『乙』3035) 등으로 썼고, 卜
辭에서 주로 '沉' 다음에 희생물의 종류와 수량을 기록한 것으로
보아 제사를 지내는 방법의 하나임을 알 수 있는데, 卜辭를 예로
들면 다음과 같다.

壬戌卜, 燎于河三牢, 沉三十牛(『屯南』732)

: 壬戌일에 점을 칩니다. 河에게 제사용 소 세 마리로 燎제사를 지내고 30마리의

　소로 沉제사를 지낼까요?

丁巳卜, 其燎于河, 牢, 沉嬖[149](『前』上 25.4)

: 丁巳일에 점을 칩니다. 河에게 제사용 소로 燎제사를 지내고 여자 노비를 희생물

　로 하여 沉제사를 지낼까요?

이상과 같이 卜辭에서 '沉'은 주로 河神에게 제사를 지낼 때 소
나 양, 혹은 제사용 양을 祭需品으로 삼아 물속에 빠뜨리면서 지
내는 祭法으로 쓰였다.

② 薶

甲骨文 중에는 '鿄'(『前』7.3.3), '鿄'(『粹』38), '鿄'(『甲』823)처럼 개,
소, 양과 같은 짐승을 땅속에 묻는 형상이 있는데, 卜辭에서는 "辛
巳卜貞. 薶三犬燎五犬卯三牛. 一月.(辛巳日에 점쳐 묻습니다. 개 세 마리
를 땅에 묻고, 개 다섯 마리를 불에 태우고, 소 다섯 마리의 배를 갈라 제사를 지낼

---

149 '嬖'는 卜辭에서 "王其侑母戊一嬖.(왕께서 母戊에게 한 명의 여자 노예를 희생물로 써서 侑

　제사를 지낼까요? : 『粹』380)"처럼 제사의 희생물로 쓰는 여자 노예를 칭하는 말로 사

　용되었다. 崔恒昇(1986:366) 참조.

甲骨文과 中國 古代社會

까요? 때는 1월이다 : 『前』7.3.3)"처럼 제사의 종류를 지칭하였다. '沉'과
는 달리 犧牲物을 땅에 묻으면서 지내는 祭法으로 보인다.

傅亞庶(1999:397-398)는 『周禮·春官·大宗伯』의 "血祭로서 社稷, 五
祀, 五岳에게 제사를 지내고, 埋祭와 沉祭로서 山, 林, 川, 澤에게
제사를 지낸다. (以血祭祭社稷五祀五岳, 以埋沉祭山林川澤.)"는 기록을 근거
로 고대 중국에서는 희생물을 땅에 묻는 방법으로 山·林과 같은
地神에게 제사를 지냈고, 희생물을 하천에 빠뜨리는 방법으로 川·
澤과 같은 河神에게 제사를 지냈다고 하였는데, 이러한 내용은 앞
서 살펴본 것처럼 卜辭의 내용 및 甲骨文의 字形 분석과도 일치하
는 것이다.

③ 燎

甲骨文에서 '𡼏'는 나무를 태워 불꽃과 연기가 나는 형상인 '米'(『乙』
8683)나 여기에 '火'가 추가된 '𤒦'(『後上』24.7) 등으로 썼고,[150] 이후
'불로 태우다'는 引伸義를 위하여 '火'를 더하여 '燎'字를 만들었
다.[151]

卜辭에서는 불을 태워 지내는 제사라는 뜻으로 쓰였는데, 예를
들면 다음과 같다.

---

150 徐中舒(1998:1110)는 나무 묶음을 쌓아둔 모양에 불꽃이 위로 솟구치는 형상을 본
뜬 점들이 추가된 것이라고 하였다.

151 許愼은 『說文』에서 '𡼏'는 "나무를 태워 하늘에 제사를 지내는 것이다. (柴祭天也.)"
라고 하였고, '燎'는 "불을 놓은 것이다. (放火也.)"라고 하여 字義를 구분하였다.

辛巳卜. 王上甲燎十犬(『乙』8683)

: 辛巳日에 점을 칩니다. 왕께서 上甲에게 열 마리의 개를 태워 燎제사를 지낼
까요?

丁丑卜賓貞. 秦年于上甲燎三牢, 卯三牛, 二月(『簠帝』8)

: 丁丑日에 賓이 점쳐 묻습니다. 上甲에게 풍년을 祈求하는데 제사용 소 세 마리
를 불에 태워 지내는 燎제사를 지내고, 세 마리 소의 배를 가르는 卯제사를 지낼
까요? 때는 2월이다.

이처럼 卜辭에서 '燎'는 '나무를 태우면서 행하는 제사'라는 뜻
으로 쓰였는데, 제사에 희생물로 사용될 짐승의 종류와 수량이 함
께 기록된 것으로 보아, 희생물을 나무와 함께 태워서 지내는 祭
法이었음을 알 수 있다.

또한 '燎'제사는 제사의 대상이 다양한데, 예를 들어 '燎帝'(『乙』
4915), '燎于云'(『合集』1051正)처럼 自然神에게 제사를 지내거나, '燎
于河, 王亥, 上甲'(『合集』1182)처럼 先公·先王에게 제사를 지내거나,
'燎妣庚'(『合集』22214)과 '燎黃尹'(『合集』6945)처럼 先妣나 舊臣에게 제
사를 지낼 때도 사용되었다. 일반적으로 '燎'는 '燎'로 隷定하여 쓴
다.[152]

④ 炆

甲骨文 중에는 '燎'와 유사한 祭法으로 추정되는 글자들이 있는
데, 예를 들어 '炆'는 불 위에 사람을 올려놓은 형상인 '炆'(『前』5.332)

---

[152] 『甲骨文合集·釋文』에서는 모두 '燎'로 隷定하였다.

甲骨文과 中國 古代社會

등으로 썼고, 卜辭에서는 "貞. 烎嬖, 亡其雨. (묻습니다. 제물로 쓰는 여
자노예로 烎제사를 지내면 비가 오지 않을까요? : 『佚』 1000)"처럼 祈雨를 위한
제사에서 사람을 희생물로 하여 지내는 祭法을 지칭하였다.

이는 사람을 불에 태워 祈雨祭를 지냈던 사실을 반영한다. 이처
럼 商代에는 祭物을 불에 태워 神에게 제사를 지냈는데, 이는 하늘
에 계신 神에게 연기를 피워 바램을 알리기 위해서였다.

⑤ 伐

卜辭에는 짐승 외에도 사람을 祭物로 삼아 제사를 지낸 기록이
보인다. 예를 들어 '伐'의 甲骨文 자형은 사람의 목을 베는 형상인
'𠦪'(『前』 7.15.4)인데, '𠤪'(『京』 3053)처럼 字形에 '羌族'을 추가하여 羌
族의 목을 베는 형상도 있다. 卜辭에서는 다음과 같이 祭名으로도
사용되었다.

口巳卜, 爭貞. 侑伐于河卄人(『前』 6.29.8)
: 口巳일에 爭이 점쳐 묻습니다. 河에게 20명의 사람을 희생물로 사용하여 侑제
  사와 伐제사를 지낼까요?

丙寅卜, 酒伐于兇[153](『拾』 250)
: 丙寅일에 점을 칩니다. 兇에게 酒제사와 伐제사를 지낼까요?

이상과 같이 卜辭에서 '伐'은 商代에 사람을 희생물로 삼아 지내
는 祭法을 지칭하는데 사용되었다.

---

[153] 卜辭에서 '兇'은 共工이나 鯀을 지칭한다. 崔恒昇(1986:137) 참조.

⑥ 俎

'俎'는 甲骨文에서 제단 위에 고깃덩이가 놓인 형상을 본뜬 '(글자)'(『前』 7.20.3), '(글자)'(『後』上 24.4) 등으로 썼고[154] 卜辭에서는 祭名으로 사용되었다. 예를 들면 다음과 같다.

俎于庚宗七羌, 卯卄牛(『前』1.45.5)
: 庚宗에서 羌族 7명으로 俎제사를 지내고 20마리의 소로 卯제사를 지낼까요?
俎于義京尸[155]十人二, 卯十牛(『粹』415)
: 義京에서 夷族 12명으로 俎제사를 지내고 열 마리의 소로 卯제사를 지낼까요?

위의 卜辭는 당시 동쪽의 方國이던 羌族과 夷族을 희생물로 삼아 제물로 바쳤음을 반영하는 것으로, '俎'는 희생물을 죽인 뒤 제물로 바치는 祭法을 나타낸다.

⑦ 卯

甲骨文의 '卯'는 '(글자)'(『前』5.29.1) 등으로 썼는데,[156] 王國維는 '卯'와 '劉'의 古音이 同部라는 것을 근거로 卜辭에서의 '卯'는 '劉'를 假借

---

154 羅振玉은 甲骨文이나 金文에서 '且'字는 神主를 본뜬 '(글자)'로 쓰고 '俎'字는 禮俎(제향 때 희생을 올려놓는 도구)의 형상을 본뜬 '(글자)'로 구별하여 썼는데, 이는 두 사물의 형태가 유사하여 '俎'字에 희생물로 쓰는 고기의 형태를 부가하여 구별한 것이라고 하였다. 李孝定(1969:4079) 참조.

155 '尸'는 '夷'의 初文이다. 崔恒昇(1986:616) 참조.

156 '卯'字가 무엇을 상형한 것인지는 명확하지 않다. 예를 들어 吳其昌은 『殷代人祭考』에서 두 개의 칼을 상형한 것이라고 하였고, 胡厚宣은 『說文古文考』에서 사물을 절단하는 형상이라고 하였으나, 정확한 것으로 보기는 어렵다. 徐中舒(1998:1588) 참조.

한 것이라고 하였다.[157]

『釋詁』에서는 "劉는 殺이다."라고 하였는데, 卜辭에서도 "癸亥其侑于示壬, 卯三牛.(癸亥日에 示壬에게 侑제사를 지내려고 하는데, 세 마리의 소를 죽여 卯제사를 지낼까요? : 『戬』2.2)"와 같이 '卯' 다음에 희생물의 종류와 수량이 오는 것으로 보아 희생물을 죽여 제사를 지내는 祭法을 나타낸 것으로 보인다.

(3) 음악에 따라 춤을 추며 지내는 제사

'舞'의 甲骨文은 장식물을 손에 들고서 춤을 추는 형상인 '炏'(『粹』334), '炏'(『前』6.21.2) 등으로 썼으나, 이후 '有無'의 '無'로 假借되어 쓰이자, 두 발을 나타내는 '舛'을 더하여 '舞'가 되었다. 卜辭에서는 "貞. 我舞, 雨.(묻습니다. 내가 舞제사를 지내면 비가 올까요? : 『乙』7171)"처럼 祈雨를 위한 祭名으로 쓰였다.

'雩'의 甲骨文은 '雨'와 '于'로 이루어진 '雩'(『乙』971), '雩'(『前』5.39.6) 등으로 썼는데, 裘錫圭의 고증에 의하면 '于'는 고대 악기의 일종인 '竽'를 상형한 것으로,[158] 즉 '雩'는 '비'와 '악기'로 이루어진 글자이다. 이는 『詩經·甫田』의 "琴瑟을 연주하여 단비를 祈求하네.(琴瑟擊鼓, 以祈甘雨.)"의 내용과 부합되는 것으로, 악기를 연주하여 祈雨祭를 지낸다는 것을 반영한다.

고대의 음악과 춤은 불가분의 관계였으므로, 舞祭를 지내기 위

---

157   傅亞庶(1999:399) 참조.

158   李圃(1989:16) 참조.

해서는 음악이 필요했고, 雩祭를 지내면서는 춤을 추었다.[159]

이러한 사실은『說文』에 수록된 '舞'와 '雩'의 異體字 자형을 통해서도 증명되는데, 즉『說文』에서는 '舞'의 古文으로 形符가 '羽'이고 聲符는 '亡'인 '𢍪'를 수록하였고[160] '雩'의 或體로도 역시 形符가 '羽'인 '䨥'를 수록하였다. 許慎은 '雩'에 대해서 "夏나라는 上帝에게 음악을 연주하며 제사를 지내 단비를 祈雨하였다. 雩는 깃털로 추는 춤이다. (夏祭樂於赤帝以祈甘雨也. … 雩, 舞羽也.)"라고 하였는데[161] 즉 '雩'는 깃털을 이용하여 춤을 추는 것이다.

'舞'의 古文 자형을 통해서 알 수 있듯이 고대 중국에서는 춤을 출 때 깃털을 이용하여 춤을 추었고, 역시 음악을 연주하며 祈雨祭를 지내면서도 깃털을 이용한 춤을 추었던 것이다. 이처럼 새의 깃털이 祈雨와 관련이 있는 것은 앞서 언급한 것처럼 고대 중국인들이 하늘의 큰 새가 날개짓을 하여 바람이 생기고, 바람이 불어야 비가 온다고 생각했던 관념들이 반영되었기 때문이다.

(4) 북을 울리며 지내는 제사

卜辭 중에는 "其將王鼓. (왕께서 북을 울릴까요? :『屯南』441)"나 "其震鼓. (북을 울릴까요? :『屯南』236)", "惟五鼓, …上帝若王…有祐. (다섯 번을 울리면…上帝께서 왕을 허락하시고…보우하심을 주실까요? :『屯南』116)"처럼

---

159   李玲璞·臧克和·劉志基(1997:197-198) 참조.

160   段玉裁(1988:234) 참조.

161   段玉裁(1988:574) 참조.

제사를 지낼 때 북을 치는 내용이 있다.

이는 북을 쳐서 북소리를 上帝에게까지 울려 퍼지게 하는 祭法으로, 앞서 언급한 것처럼 고대 중국인들이 日食과 月食 현상을 '天狗'가 해와 달을 삼켰기 때문에 일어나는 현상이라고 여기고, 이를 上帝에게 알리기 위해서 金擊鼓를 울렸다는 것과 내용이 부합된다.

3. 犧牲物의 種類와 數量

앞서 살펴본 것처럼 商代에는 제사를 지낼 때 짐승이나 사람을 犧牲物로 삼아 제사를 지내는 祭法을 많이 사용하였는데, 卜辭에 기록된 犧牲物의 種類는 매우 다양하며, 그 數量 역시 後人들이 놀랄 정도로 매우 많다. 제사에 犧牲物로 사용된 祭需品의 종류와 수량을 통하여 商代 제사의 규모와 성격을 알아낼 수 있는데, 다음에서는 卜辭를 분석하여 제사에 사용된 犧牲物의 종류와 수량에 대해서 구체적으로 살펴보기로 한다.

辛未卜, 其又歲于妣壬一羊(『合集』 27164)

: 辛未일에 점을 칩니다. 양 한 마리로 妣壬에게 侑제사와 歲제사를 지낼까요?

…兄丁征三百牢. 雨(『合集』 22274)

: …兄丁에게 제사용 소 300마리로 征제사를 지내면 비가 올까요?

甲午卜, 又于父丁犬百, 羊百. 卯十牛(『合集』 32698)

: 甲午일에 점을 칩니다. 父丁에게 개 100마리, 양 100마리로 侑제사를 지내고, 열 마리의 소로 卯제사를 지낼까요?

丁巳卜, 又燹于父丁百犬百豕. 卯百牛(『合集』32674)

: 丁巳일에 점을 칩니다. 父丁에게 개 100마리, 돼지 100마리로 燎제사와 侑제사를 지내고, 소 100마리로 卯제사를 지낼까요?

其燹[162]兄祖丁(『合集』32603)

: 祖丁에게 코뿔소로 燹제사를 지낼까요?

戊午卜, 午卩虎于妣乙…(『合集』22065)

: 戊午일에 妣乙에게 호랑이로 御제사를 지내고…

□□[卜]賓貞. □氏象…屮[于]祖乙(『合集』8983)

: □□일에 賓이 점쳐 묻습니다. 코끼리로 … 祖乙에게 侑제사를 지낼까요?

이상의 卜辭를 통하여 商代에는 양, 소, 개, 돼지와 같은 가축뿐만 아니라 코뿔소, 호랑이, 코끼리 등과 같이 몸집이 큰 맹수까지도 제사를 위한 犧牲物로 사용하였다는 것을 알 수 있다. 또한 동일한 종류의 짐승도 크기와 색깔을 구분하여 사용하였는데, 예를 들면 다음과 같다.

唯白羊, 有大雨(『粹』786)

: 흰 양을 쓰면 큰 비가 올까요?

唯小牢, 有大雨(『粹』788)

: 작은 제사용 소를 쓰면 큰 비가 올까요?

貞帝風三羊, 三豕, 三犬(『前』4.17.5)

: 묻습니다. 風神에게 양 세 마리, 돼지 세 마리, 개 세 마리로 帝(禘)제사를 지낼

---

162 '燹'은 祭名이다. 趙誠(2000:187) 참조.

까요?

□子卜[殼]貞. 王今…河. 沉三牛尞三牛卯五牛. 王占曰, 丁其雨.
九日丁酉允雨(『合集』12948正)

: □子일에 殼이 점쳐 묻습니다. 왕께서 지금 河에게… 소 세마리로 沉제사를 지
내고, 소 세 마리로 燎제사를 지내고, 소 다섯 마리로 卯제사를 지낼까요? 왕이
판단하여 말하길 丁日에 비가 올 것이다. 9일이 지난 丁酉日에 과연 비가 내
렸다.

위의 卜辭를 통하여 짐승을 犧牲物로 사용하는 경우에도 색깔
과 크기를 구분했으며(『粹』786, 『粹』788), 동시에 여러 종류의 가축
을 희생물로 하여 제사를 지냈고(『前』4. 17. 5), 동일한 가축을 희생
물로 쓰더라도 물에 빠뜨리고, 불에 태우고, 배를 가르는 등(『合集』
12948正) 여러 방법을 사용하여 제사를 지냈다는 것을 알 수 있다.

또한 商代에는 사람을 희생물로 하여 제사를 지냈는데, 일부 卜
辭에 기록된 祭物의 수를 통하여 商代 제사의 규모를 짐작할 수 있
다. 예를 들면 다음과 같다.

不其降, 冊千牛千人(『合集』1027正)

: 비가 내리지 않으면, 천 마리의 소와 천 명의 사람을 사용하여 冊제사[163]를 지낼
까요?

---

[163] '冊'은 册의 繁體로, 卜辭에서 '바람을 알리는 제사'라는 뜻으로 사용되었다. 崔恒
昇(1986:194) 참조.

위의 卜辭는 祈雨를 위하여 천 명의 사람과 천 마리의 소를 祭物로 삼아 제사를 지낼지의 여부에 대해서 점친 것이다.

『合集』1027正처럼 한 번에 이렇게 많은 祭物을 사용하여 제사를 지냈다는 기록은 많이 보이지는 않지만, 이를 통하여 商代의 제사 중에는 이처럼 대규모로 거행된 것도 있었다는 것을 알 수 있다.

어떻게 이처럼 많은 사람을 제사의 祭物로 사용할 수 있었는가에 대해 많은 의구심이 들 수 있지만, 殉葬한 사람의 수를 감안한다면 충분히 가능성이 있다고 판단된다.

예를 들어 1976년 殷墟 西北崗 遺跡址의 동쪽 지구에서 발견된 墓葬群 중에는 적게는 1~2명, 많은 것은 300~400명을 殉葬한 것이 발견되었는데,[164] 葬禮를 치르면서 이처럼 많은 사람을 殉葬하였다는 것은 祈雨를 위한 祭祀를 지내면서 많은 사람을 祭物로 삼았을 가능성을 충분히 반영하여 준다.

특히 商代의 제사에 사용한 소의 수량은 놀랄 정도로 많아서[165] 한 번의 제사에 사용된 소는 적게는 수십 마리에서 많게는 천 마리를 넘기도 한다.

甲骨文에서는 牛와 대비하여 제사에 사용된 소를 '牢'로 구분하였는데, 일반적으로 '牢'는 祭物로 삼기 위해 사육된 소만을 지칭한다. 가장 많은 '牢'를 제사에 사용한 것은 한번에 500마리의 牢를 사용한 것인데, '一牢'를 胡厚宣의 주장처럼 수컷과 암컷의 한

164　趙誠(2000:189) 참조.

165　許進雄(1991:532)은 "商代에는 소를 農耕에 사용하여 인력을 절감하고 생산량을 증가하려고 하지 않았다. 왜냐하면 소는 제사와 전쟁에 쓰이는 중요한 가축이었기 때문이다."고 하였다.

쌍이라고 계산하면[166] 가장 많은 牢를 한 번의 제사에 사용한 것은 1,000마리가 된다. 이외에도 卜辭에는 300牢, 100牢, 55牢, 50牢, 30牢, 20牢, 15牢, 10牢, 6牢, 5牢, 4牢, 3牢, 2牢, 1牢를 사용한 것이 보이며 '牢'와 '牛'를 함께 사용한 것도 자주 보인다.

이처럼 商代의 제사는 祭法과 犧牲物의 종류가 다양하고, 대량의 짐승이 犧牲物로 사용되었다. 이러한 특징은 商代 이후에는 보이지 않는 것으로, 그만큼 商代에 제사를 중시했었다는 것을 반영하기도 한다.

---

[166] 胡厚宣, 「釋牢」(『歷史語言研究所集刊』 8本 2分), 陳煒湛(1987:39) 참조.

5장

—

中國 古代社會의
婚姻

고대 중국인들의 婚姻이 완벽한 제도적 장치를 갖추기까지는 오랜 과정이 소요되었고, 이 과정에는 생산력과 도구의 발전과 같은 사회 전반적인 여러 가지 요소도 영향을 미쳤다. 특히 고대 중국사회가 모계사회에서 부계사회로 전환되는 과정에서 혼인의 형식은 매우 중요한 원인으로 작용하였다.

다음에서는 古代 中國의 婚姻 형태의 변천과정을 살펴본 뒤, 甲骨文 및 卜辭에 나타난 母系社會와 父系社會의 특징에 대해서 살펴봄으로써 商代를 중심으로 한 중국 고대사회의 혼인제도에 대해서 자세히 알아보고자 한다.

1. 婚姻 형태의 變遷 過程

중국의 고대사회는 母系社會로부터 父系社會로 옮겨가면서 계급이 분화되고 私有制와 家父長制가 출현되었으며, 이를 바탕으로 통일된 왕조를 형성하였다. 이러한 변화의 과정에서 중요한 원인으로 작용한 것은 婚姻制度의 변천이다.

고대 중국의 婚姻制度는 오늘날과 같은 個別婚이 출현하기 전까지 몇 가지 단계를 거치며 변화하였는데, 다음에서는 고대 중국의 婚姻 형태의 변천과정에 대해서 살펴보고자 한다.

1) 血族群婚

수십 명에서 백여 명으로 구성된 무리가 공동의 생산과 소비를 하던 사회를 일반적으로 原始群이라고 하는데, 초기 原始群에서는 親屬의 개념도 없었고 임신과 출산에 대한 과학적 지식도 없었기 때문에, 父母와 子女, 祖父母와 孫子·孫女, 심지어 兄弟姉妹간에도 혼잡한 성생활이 이루어졌다.

『呂氏春秋』나『管子』,『列子』등 古文獻에서도 이와 같은 혼인 형식에 대해 "남녀가 혼잡하게 놀았고, 중매자도 없고 聘禮도 없었다.(男女雜游, 不媒不聘.)", "어미는 알지만 아비는 누구인지 몰랐고, 친척, 형제, 부처, 남녀의 구별이 없었다.(知母不知父, 無親戚兄弟夫妻男女之別.)" 등으로 기록하고 있다.[167]

이후 原始群 형태의 사회 내에서 血族群婚이라는 혼인형태를

---

167 1)『呂氏春秋』: "昔太古嘗無君矣. 其民聚群處, 知母不知父, 無親戚兄弟夫妻男女之別. 無上下長幼之道, 無進退損讓之禮, 無衣服履帶宮室蓄積之便, 無器械舟車城郭險阻之備."『管子』君臣編: "古者未有君臣上下之別, 未有夫婦妃匹之合, 獸處群居, 以力相征."『列子』湯問篇: "長幼儕居, 不君不臣, 男女雜游, 不媒不聘, 緣水而居, 不耕不稼, 土氣溫濕, 不織不衣." 魯達(1998:6-7)에서 再引用.

만들어냈는데, 血族群婚이란 동일한 原始群 내에서 父母나 子女, 祖孫간의 성 관계는 금지되고 동일 세대 간인 兄弟姉妹간의 성 관계만이 인정되는 것을 말한다.

宋鎭豪(1994:125)는 원시경제의 발전과 사회의 진화로 인하여 사람들은 노동과정에서 연령 및 성별, 체질의 우열에 따라 分業을 시행하였고, 결과적으로 同年輩간의 관계가 밀접하여 졌다는 것을 血族群婚의 형성 배경으로 지적하였다.

물론 이 경우에도 정해진 배우자는 없었기 때문에 여전히 '어미는 알지만 아비는 모르는(知母不知父)' 가정만 존재하였고, 이는 모계사회를 구성하고 유지하는 가장 중요한 요소가 되었다. 즉 자녀의 출산이 곧 노동력의 확보였던 당시 사회에서 출생한 아이의 소유권은 여성이 갖게 되었고, 이는 곧 그 사회의 권력이 남성보다 여성에게 집중되는 결과를 낳게 된 것이다.

호모 사피엔스 단계에 속하는 馬壩人과 丁村人 시기에 血族群婚制가 출현한 것으로 보이며,[168] 중국 고문헌 중에도 女媧와 伏羲 등 男妹婚과 관련된 신화·전설이 적지 않게 기록되어 있다.[169]

이와 같은 血族群婚이 실행됨으로서 하나의 原始群 내에는 할머니 세대의 가정, 어머니 세대의 가정, 딸 세대의 가정과 같은 적어도 세 개의 가정이 공존하게 되었다.

---

[168] 張懷承(1995) 참조.

[169] 伏羲와 女媧의 남매혼이나, 盤瓠와 高辛氏의 딸 사이에 六男六女가 있었는데, 이들 형제자매 사이에 서로 혼인하였다는 전설 등이 있다. 魯達(1998:8-9) 참조.

2) 族外群婚

族外群婚이란 동일 原始群 내에서는 어떠한 성 관계도 허용되지 않고, 반드시 다른 原始群에 속한 연령이 비슷한 동년배간에만 성 관계만이 허락되는 通婚 형식을 말한다.[170]

族外群婚制에서는 성 관계 대상을 다른 原始群에서 찾았지만, 여전히 대상이 고정된 것은 아니어서 태어난 아이들은 生父를 알 수 없었고, 따라서 生母를 따라 생활하였다.

혈통 역시 父系와는 무관하게 母系를 기준으로 구분되는 모계사회가 유지되었지만, 族外群婚으로의 전환은 母系 혈연집단을 氏族의 성격으로 변모시켜 씨족 공동체가 생산과 생활의 기본이 되었고, 혼인과 인구의 재생산은 씨족의 엄중한 통제를 받게 되는 단계로 접어들게 하였다.

중국에서 母系氏族社會는 대략 호모 사피엔스 사피엔스 단계인 山頂洞人 시기에 출현하기 시작하여 中原과 長江 유역의 仰韶文化 시기에 흥성하였는데, 대략 지금부터 5~6만 년 전에서 5~6천 년 전까지의 시기에 해당한다.[171]

戰國時代 『莊子』·『韓非子』 등과 漢代의 『白虎通』 등의 고문헌 중에도 群婚과 관련된 기록이 적지 않은데,[172] 이들 기록에서 '知母不

---

170 일부 학자는 血族群婚에서 族外群婚으로 변화된 원인에 대해 당시에 兄弟姉妹간의 近親婚에서 생겨날 수 있는 생물학적 폐해가 인식되었기 때문이라고 하지만, 이러한 해석은 원시인의 문명 수준을 지나치게 높게 평가한 것으로 보인다. 徐揚杰 著·윤재석 譯(2000:60-61) 참조 .

171 張懷承(1995) 참조.

172 『莊子』盜跖 : "神農之世, 臥則居居, 起則于于, 民知其母, 不知其父, 與麋共處, 耕而食, 織而衣, 無相害之心." 『白虎通』德論·三綱六紀 : "古之時未有三綱六紀, 民

甲骨文과 中國 古代社會

知父'라는 말은 群婚制 아래에서 자녀의 生母는 알지만 生父는 알수 없는 상황을 반영한 것이다.

3) 對偶婚

사회의 발전에 따라 성 관계의 대상은 이전에 비하여 점차 고정화되었다. 물론 한 여성은 여러 명의 남성 상대를 여전히 가질수 있었으나, 그 중에는 중심이 되는 남성이 생기게 되었고, 남성역시 여러 명의 여성 상대를 가질 수 있었으나, 역시 중심이 되는여성이 생기게 된 것이다.

이처럼 對偶婚 단계에는 群婚의 색채가 여전히 남아 있었으나, 남녀 사이에는 비교적 긴밀한 한 명의 상대가 생기게 되었고, 비교적 장기간 함께 생활하면서 이전의 群婚制에 비해 상대적으로안정적인 공동거주 생활을 가능하게 하였다.[173]

對偶婚은 대체로 仰韶文化 후기에 출현하여, 中原의 龍山文化, 西北의 馬家窯文化(甘肅省 臨洮縣), 江漢의 屈家嶺文化(湖北省 京山縣)에이르는 기간에 발전하였다.[174]

對偶婚은 母系 씨족공동체 후기 단계에 성행한 것으로 보이며, 群婚에서 시작하여 個別婚에 이르는 과정 중에서 과도기적 단계라고 할 수 있다.

人但知其母, 不知其父. 能覆前而不能覆後, 臥之法法, 起之吁吁, 飢卽求食, 飽卽棄餘, 茹毛飮血, 而衣皮葦." 魯達(1998:11)에서 再引用.

173 徐揚杰 著·윤재석 譯(2000:63-64) 참조.

174 張懷承(1995) 참조.

4) 個別婚

對偶婚 형태를 거치면서 남편과 아내는 점차 일대일로 고정되었고, 마침내 한 여성은 한 남성만을 남편으로 맞고, 남성 역시 한 여성만을 아내로 맞는 一夫一妻制를 기반으로 하는 個別婚이 출현하였다.

個別婚制에서 쌍방의 결합관계는 지속적인 관계였기 때문에 종신 동안 부부관계를 유지하였고, 독점적 동거관계를 맺고 있었다.

이러한 個別婚은 父權制와 私有制와 함께 출현하였다. 즉 원시 사회 말기에 남성은 농업과 목축업은 물론 방직업을 제외한 수공업 전 분야의 생산부문에서 주도적 위치를 점하였고, 여성은 부수적인 노동과 가사노동에만 종사하게 되었다.

이처럼 남성의 노동력이 여성에 비하여 월등하게 차이가 나자, 남녀 간의 근본적인 힘의 구조가 변화되었고, 필연적으로 남성이 가정에서의 지배적 지위를 쟁취하였음은 물론, 이제 막 생성된 사유재산을 독점하게 되었다.

이러한 상황에서 자신의 사유재산을 자신의 후손에게 양도하기 위해서는 자신의 자녀를 분명하게 식별하여야 했고, 이를 위해서는 一夫一妻制를 전제로 한 個別婚이 필요했던 것이다.

2. 母系社會의 痕迹

個別婚 출현 이전까지 중국 고대사회는 母系 중심의 사회구조를 유지하였는데, 이때는 農耕이 발달하지 못하여 채집경제의 의

존도가 높았고, 의학수준이 낮아 嬰兒의 사망률이 높고 수명도 짧았다.

이러한 상황에서 여성 중심의 채집활동은 여성의 경제적 지위를 높여주었고, 낮은 인구 성장률에 따른 인구 증가에 대한 욕구는 '知母不知父'의 상황에서 출산을 전담한다고 여겨졌던 여성의 지위를 더욱 높게 하였다.

商代는 이미 父系社會로 전환된 이후이기 때문에 卜辭 중에는 母系社會의 특징이 많이 남아 있지는 않지만, 甲骨文 중에는 母系社會의 흔적이 남아 있는 것이 보인다. 몇 가지 예를 들어보기로 한다.

1) 姓의 出現

族外群婚이 시작되면서 고대 중국인들은 자신이 속한 原始群과 다른 原始群을 구분하였고, 이러한 과정을 통하여 原始群은 하나의 씨족 공동체로 확대되었는데, 이렇게 다른 씨족과 자신의 씨족을 구분하기 위하여 모계사회에서 이미 '姓'이 출현하였다.

현재에도 개인의 혈통을 나타내는 '姓'은 甲骨文에서 '𤯔'(『前』6.28.3)이나 '𤯔'(『佚』554) 등으로 썼고, 卜辭에서는 商王의 배우자의 이름으로도 쓰였다.(『前』6.28.3)

『說文』에서는 '生'을 "초목이 땅위로 살아 나오는 것을 본 뜬 것이다.(象草木生出土上.)"라고 하였고, '姓'을 "사람이 태어난 곳이다.(人所生也.)"라고 하였다.

즉 '姓'은 초목이 땅을 뚫고 나오듯 사람 역시 어디선가로부터 태어나는데, 사람이 태어난 곳, 즉 혈통이 무엇이냐를 일컫는 것이다.

'知母不知父'의 사회에서 자녀의 혈통이 모두 母系를 따를 수밖에 없었으므로, '태어나다'는 의미의 '生'에 여성을 뜻하는 '女'를 더하여 개인의 혈통을 구분하였는데, 이러한 전통이 父系社會로 전환된 이후에도 줄곧 남게 된 것이다.

2) 女를 偏旁으로 삼은 古姓

중국의 古姓 중에 '女'를 편방으로 하는 것이 많다는 것도 처음 '姓'이 출현한 시기가 母系 氏族共同體였다는 것을 반영하여 준다. 예를 들어 고대 중국의 八代 姓인 姜·姬·嬌·姒·嬴·姞·姚·妘은 모두 '女'를 편방으로 한다.[175]

또한 『甲骨文字詁林』에는 '女'를 편방으로 하는 157자(0422~0579)가 수록되었는데, 글자의 고석이 불분명하거나 의미가 정확하지 않은 것 20字를 제외한 137字 중에서 '女'를 形符로 하는 形聲字는 약 44%인 60여 字이다. 전체 甲骨文 중 形聲字의 비율이 27.3%라는 것을 감안한다면, '女'를 편방으로 하여 만들어진 形聲字의 비율이 매우 높다는 것을 알 수 있다.[176]

이처럼 '女'를 편방으로 삼아 造字된 甲骨文 중에서 形聲字가 많다는 것은 당시에 '女'와 관련된 언어를 기록할 필요성이 높았다는

---

175 黃帝의 성은 姬, 神農의 성은 姜, 小昊의 성은 嬴, 虞舜의 성은 姚, 夏禹의 성은 姒로, 모두 '女'를 편방으로 한다. 楊汝福(1999) 참조.

176 趙光(1999) 참조.

것과 '女'字의 造字시기가 매우 앞섰다는 것을 반영한다. 왜냐하면 形聲의 방법으로 언어를 기록하는 것은 가장 나중에 나온 방법이기 때문이다.

3. 父系社會의 特徵

원시사회 말기부터 생산부분에서 남녀의 지위가 바뀌면서 個別婚이 출현하게 되었고, 뒤이어 남성인 家長이 가정의 모든 재산 및 성원의 소유권을 갖는 父權制가 시작되었다. 가정에서는 父親(또는 祖父)이 생산과 소비를 조직적으로 이끄는 家長이 되었고, 가족 중에서는 아버지 형제 중 최고 연장자가 族長이 되었다.

이처럼 남성이 家長이나 族長을 맡는 형태를 家父長制라 하는데, 이는 父權制가 확립된 이후에 나타난 필연적 현상이다.[177]

商代는 이미 父系社會로 전환된 이후이므로, 卜辭 중에는 父系社會의 특성을 나타내는 예들이 많이 보인다. 다음에서는 卜辭와 고고학 자료를 중심으로 혼인제도의 변천에 따른 父系社會의 특성에 대해서 살펴보기로 한다.

1) 一夫一妻制

父系社會에서도 엄격한 族外婚이 유지되었지만, 母系社會와 달

---

177   徐揚杰 著·윤재석 譯(2000:80-81) 참조.

라진 것은 혼인의 주체가 여성에서 남성으로 변했다는 점이다. 즉 母系社會에서는 남성이 여성의 씨족으로 옮겨와 생활하였고, 그 자녀들 역시 어머니 씨족의 성원이 되었지만, 父系社會에서는 여성이 남성의 씨족으로 편성되었고, 그 자녀들 역시 남성의 씨족으로 편입되었다. 이는 곧 여성은 자신이 속했던 씨족의 재산권을 계승할 수 있는 권리를 상실했다는 것을 의미한다.[178]

고고학적 발굴성과 역시 商代에 이미 一夫一妻制가 확립되었다는 것을 입증하여 준다. 예를 들어 河南省 安陽市 殷墟遺跡址에서는 두 柩의 시신을 각각 다른 구멍을 파서 合葬한 墓葬들이 많이 보이는데, 두 柩의 시신은 반드시 남성과 여성이고, 시신의 머리는 같은 방향으로 안치되어 있으며, 隨葬品의 수량과 질, 그리고 연대가 같다. 일반적으로는 남성이 조금 앞쪽에, 여성은 조금 뒤쪽에 놓여 있고, 남성은 좌측, 여성은 우측이며, 남성은 몸을 곧바로 펴고 하늘을 보고 있으나 여성은 몸을 남성 쪽을 향하게 측면으로 구부러진 채 놓여있다.[179] 이는 각기 다른 시기에 사망한 夫婦를 死後에 合葬한 것으로, 당시에 이미 一夫一妻制가 확립되었다는 것을 입증하여 준다. 또한 시신이 안치된 상태로 보아 남성은 주도적, 여성은 종속적인 지위였다는 것도 알 수 있다.

父系社會의 특징은 卜辭에서도 자주 보이는데, 先王의 배우자를 기록한 卜辭들을 예로 들어 설명하면 다음과 같다.

---

178   徐揚杰 著·윤재석 譯(2000:85-90) 참조.

179   安陽市博物館(1986) 참조.

辛丑卜, 于河妾…(『後上』6.3)

: 辛丑일에 점을 칩니다. 河의 배우자에게…

侑于王亥妾(『佚』206.2)

: 王亥의 배우자에게 侑제사를 지낼까요?

□巳貞. 其侑三報母, 豕(『粹』120)

: □巳일에 묻습니다. 三報의 배우자에게 돼지를 제물로 하여 侑제사를 지낼까요?

辛丑卜. 王三月又示壬母妣庚. 豕(『合集』19806)

: 辛丑일에 점을 칩니다. 왕께서 3월에 示壬의 배우자인 妣庚에게 돼지를 제물로

  하여 侑제사를 지낼까요?

貞來庚戌. 侑于示壬妾妣庚(『佚』99)

: 묻습니다. 오는 庚戌일에 示壬의 배우자인 妣庚에게 侑제사를 지낼까요?

癸丑卜. 王牢示癸妾[180]妣甲(『拾』1.8)

: 癸丑일에 점을 칩니다. 왕께서 示癸의 배우자인 妣甲에게 제사용 소를 쓸까요?

이상의 卜辭에서 제사의 대상은 河, 王亥, 三報(報乙·報丙·報丁), 示壬, 示癸의 배우자들로, 모두 先公시기에 해당한다. 즉 大乙이 商을 건국하기 이전시기의 商族의 조상들인데, 위의 卜辭는 이들 先公의 배우자에 대해서 제사를 지낸 사실을 기록한 것이다.

이는 곧 商의 建國 이전에 이미 一夫一妻에 의한 個別婚이 출현하였다는 것을 반영하는 것으로, 특히 示壬과 示癸의 경우 天干으로 배우자의 이름을 삼았고 단 한 명의 배우자의 이름만이 卜辭에 보인다는 것은 個別婚에 의한 一夫一妻制가 확고하게 자리잡았다

---

180   卜辭에서 배우자란 의미는 '母', '妾', '妻', '奭' 등으로 썼다.

는 것을 입증하여 준다.[181]

卜辭에는 또한 大乙 이후의 先王의 배우자에게 제사를 지낸 기록들이 보이는데, 大乙 이하 大戊까지는 단 한 명씩의 배우자만이 卜辭에 나타난다. 예를 들면 다음과 같다.

大乙母妣丙(『合集』19817)

: 大乙의 배우자인 妣丙

大丁奭妣戊(『合集』36206)

: 大丁의 배우자인 妣戊

大甲奭妣辛(『合集』23314)

: 大甲의 배우자인 妣辛

外丙母妣甲(『合集』22775)[182]

: 外丙의 배우자인 妣甲

大庚奭妣壬(『合集』23312)

: 大庚의 배우자인 妣壬

大戊奭妣壬(『合集』23314)

: 大戊의 배우자인 妣壬

이상과 같이 大乙부터 大戊까지의 先王들은 卜辭에 단 한 명의

---

181 商代에는 卜辭에 보이는 배우자 외에 多數의 배우자들이 있었으나, 이들 배우자
    들의 지위는 卜辭에 보이는 배우자와는 큰 차이가 있었던 것으로 보인다.

182 羅振玉, 郭沫若, 董作賓, 陳夢家 등은 外丙이 直系 先王이 아니라 傍系 先王이므
    로, 外丙의 배우자는 제사의 대상에 포함되지 않는다고 하였으나 島邦南(1958:99-
    101)은 『合集』2275片을 근거로 外丙의 배우자를 妣甲이라고 하였다.

甲骨文과 中國 古代社會

배우자만이 나타난다. 이는 一夫一妻制가 大戊시기까지는 강력하게 유지되었다는 것을 반영한다.

2) 一夫多妻制

父系社會에서의 家長들은 가족 내의 婦女를 노예처럼 대하며 성관계를 요구하였고, 일부 부유한 家長과 族長은 여자 포로와 여자 노예를 자신과 동거하도록 강제하면서 一夫多妻制를 출현시켰다.[183]

이러한 내용은 고고학적 발굴성과에 의하여 상당히 많은 부분이 증명되었다. 예를 들어 한 명의 남성과 다수의 여성을 合葬한 墓葬이나, 한 쌍의 남녀를 동시에 合葬한 墓葬들은 一夫多妻制를 반영하는 것들인데, 구체적인 내용을 살펴보면 아래와 같다.

甘肅省 武威縣의 皇娘娘臺 齊家文化 遺跡址에서 발굴된 묘에는 남자 한 명과 여자 두 명이 合葬되어 있는데, 남자는 중앙에 반듯이 누워있고, 여자는 남자의 좌우에서 사지가 굽혀진 채로 몸을 남자 쪽을 향하도록 비스듬하게 눕혀진 상태로 매장되어 있다.[184]

문헌에서 '夏墟'라고 칭해지는 山西省 襄汾 陶寺 遺跡址에서도 龍山文化 晚期에 속하는 묘지 700여 곳이 발견되었는데, 전체 87%에 해당하는 墓穴은 규모가 협소하고 隨葬品도 거의 없지만,

---

183 張念瑜(1995)는 一夫多妻制의 출현원인을 남녀의 불균형적인 性比에서 찾았다. 즉 잦은 전쟁과 부역으로 인해 남성 인구가 줄자 자연스럽게 一夫多妻制가 출현하였다는 것이다.

184 甘肅省博物館(1960·1978) 참조.

13%의 墓穴은 규모가 크고 隨葬品도 100건 이상인 것도 있다. 이
중 M3002, 3016, 2001과 같은 대형 묘지의 양측에는 여성이 매장
된 중형의 墓穴이 배치되어 있는데(M2001의 양측에는 25세와 40세 정도
의 여성 墓穴이 있다), 잘 다듬어진 머리 장식, 어깨 장식, 彩陶畵 등이
함께 매장된 것으로 보아 중앙에 안치된 墓主의 妻妾인 것으로 보
인다.[185]

商代中期에 속하는 河北省 藁城의 台西 遺跡址에서도 한 쌍의
남녀를 合葬한 墓葬이 많이 발굴되었다. 35호 묘지를 예로 들면
하나의 관에 남녀 한 쌍이 合葬되어 있는데, 50세 정도의 남성은
하늘을 향하도록 곧바로 편 채 안치되었고, 25세 정도의 여성은
남성을 향하도록 측면으로 구부러진 채 안치되어 있다.[186]

한 명의 남성과 다수의 여성을 合葬한 것은 당시에 一夫多妻가
출현하였다는 것을 분명하게 입증하여 준다. 또한 夫婦가 동시에
사망한다는 것이 거의 불가능하다는 점을 감안한다면 한 명의 남
성과 한 명의 여성을 동시에 合葬한 것들도 부유한 家長이 사망하
면, 妾을 殉葬한 것이라고 볼 수 있다.

이와 같은 사실은 卜辭를 통해서도 입증되는데, 예를 들면 다음
과 같다.

中丁奭妣己(『合集』36232)

: 中丁의 배우자인 妣己

---

185   高煒 外(1983), 中國社會科學院考古研究所山西工作隊·臨汾地區文化局(1983) 참조.

186   河北省文物研究所(1985:151) 참조.

中丁奭妣癸(『合集』36233)

: 中丁의 배우자인 妣癸

祖乙奭妣己(『合集』23314)

: 祖乙의 배우자인 妣己

祖乙奭妣庚(『合集』23332)

: 祖乙의 배우자인 妣庚

祖辛奭妣甲(『合集』22816)

: 祖辛의 배우자인 妣甲

祖辛奭妣庚(『合集』36256)

: 祖辛의 배우자인 妣庚

祖辛奭妣壬(『合集』23323)

: 祖辛의 배우자인 妣壬

祖丁母妣甲(『合集』2392)

: 祖丁의 배우자인 妣甲

祖丁母妣己(『合集』34083)

: 祖丁의 배우자인 妣己

祖丁奭妣庚(『合集』36253)

: 祖丁의 배우자인 妣庚

祖丁奭妣辛(『合集』36270)

: 祖丁의 배우자인 妣辛

祖丁奭妣癸(『合集』36274)

: 祖丁의 배우자인 妣癸

小乙奭妣庚(『合集』36262)

: 小乙의 배우자인 妣庚[187]

武丁奭妣戊(『合集』36268)

: 武丁의 배우자인 妣戊

武丁奭妣辛(『合集』36269)

: 武丁의 배우자인 妣辛

武丁奭妣癸(『合集』36271)

: 武丁의 배우자인 妣癸

위의 卜辭들을 통해 알 수 있듯이 中丁에서 武丁까지의 先王들
은 2명에서 5명까지의 배우자를 두었는데, 이는 당시에 이미 一夫
多妻制가 확립되었음을 반영하는 것이다.

3) 掠奪婚

掠奪婚이란 남성이 여성의 동의 없이 일방적으로 여성을 약탈
하여 배우자로 삼는 것으로,[188] 母系社會에서 父系社會로 전환하는
데 영향을 미친 혼인형태이기도 하다.

즉 母系社會 末期에 고대 중국인들은 對偶婚 형태로 가정을 형
성하였는데, 물론 경제적으로 독립되어 있어서 쉽게 관계가 해체

---

187 島邦南(1958:101)은 小乙의 배우자를 妣庚과 妣己, 두 명이라고 하였으나, 王宇信
·楊升南(1999:445)은 島邦南이 小乙의 배우자라고 한 妣己는 祖乙의 배우자라고
하였다.

188 沈懷興(2000:44) 참조.

甲骨文과 中國 古代社會

되기도 하였지만, 이전의 族外群婚에 의한 通婚에 비하면 장기적인 관계를 유지함으로서 두 가지 변화를 겪게 되었다.

첫째는 자녀의 임신과 출산이 여성만의 역할만이 아니라 남성의 역할도 관련이 있음을 알게 되었고, 둘째는 생산력에 있어서의 남성의 우월성으로 인하여 남성의 지위가 전보다 훨씬 상승하였다는 점이다.

이러한 변화로 인하여 남성은 새로운 노동력의 확보와 경제적인 이득을 위하여 다른 씨족과의 전쟁을 통하여 재물을 약탈하고 그 씨족의 성원들을 잡아왔는데, 특히 여성의 경우에는 남성의 이러한 약탈 전쟁에 의하여 多數가 남성의 소유물이 되었다.

이에 따라 母系社會 末期에는 다른 씨족의 여성들이 많이 유입되었고, 기존의 母系社會의 질서와 구조에 큰 변화가 일어났다. 이러한 변화는 결국 私有制와 家父長制로 이어졌고, 결국 父系社會로 전환되는 계기가 되었다.

이처럼 掠奪婚은 母系社會에서 父系社會로 전환되는데 많은 영향을 미쳤으며, 이후 父系社會에서도 여전히 남성이 여성을 掠奪하는 습속은 유지되었다.[189]

甲骨文 중에서 중국 고대의 掠奪婚 습속이 반영되어 있는 글자들의 예를 들면 다음과 같다.

---

[189]   張念瑜(1995:118-119) 참조.

(1) 取와 娶

甲骨文에서 '取'는 귀를 잘라 손으로 잡고 있는 형상인 '⑨'(『前』 1.9.7) 등으로 써서 '구하여 취하다'라는 의미를 나타냈는데, 이는 전쟁에서 적을 죽인 뒤 상을 받기 위하여 귀를 베어내던 고대 중국의 습속을 반영한 것이다.[190] 『說文』에서도 "사로잡아 취하는 것이다. 又와 耳로 이루어진 글자이다. 『周禮』에서 "획득한 자는 왼쪽 귀를 취하였다."라고 했고, 司馬法은 "載獻聝."이라고 했는데, '聝'은 耳이다.(取, 捕取也. 從又耳. 周禮. 獲者取左耳. 司馬法曰. 載獻聝. 聝者, 耳也.)"고 하였다.[191]

卜辭에서는 "呼取牛.(소를 잡아오라고 명령할까요? : 『乙』3172)", "勿取羊于戈.(戈에서 양을 취하지 말까요? : 『乙』3581)"처럼 짐승을 '구하다, 잡아오다' 등의 의미로 사용되거나, "呼取女于林.(林땅에서 여자를 구해오라고 명령할까요? : 『乙』3186)"처럼 여성을 취한다는 '娶'의 의미로 사용되었고 假借되어 祭名으로 쓰이기도 하였다.[192]

특히 卜辭에서 여성을 취한다는 의미를 '取'字로 쓴 것은 고대 중국인들이 전쟁에서 적의 귀를 잘라내어 전쟁의 공적으로 삼던 습속을 따른 것으로 여성을 약탈하였음을 반영하는 것이며, 이후 '여성을 취하다'라는 뜻을 강조하기 위해 '女'를 더하여 '娶'를 만들었다.[193]

甲骨文에서 '娶'字는 '女'와 '取'로 이루어진 '⑨'(『菁』7)로 썼고, 卜

190 　許進雄 著·洪熹 譯(1991:504) 참조.

191 　段玉裁(1988:116) 참조.

192 　于省吾 主編(1996:648-650) 참조.

193 　吳世雄(1997) 참조.

辭에서는 "婦娶娩⋯(婦娶가 출산을 하려고 하는데⋯ : 『菁』7)"와 같이 商王의 배우자를 칭하는데 사용되었다.

『說文』에서는 "부인을 취하는 것이다. 形符는 女이고 聲符는 取이다.(取婦也. 從女, 取聲.)"라고 하였다.[194]

(2) 昏과 婚

甲骨文에는 '婚'字가 보이지 않지만, 『說文』에서는 "부인의 집이다. 『禮』에서 해가 질 무렵에 부인을 맞는다고 하였고, 여성이 陰이기 때문에 婚이라고 한다. 女와 昏으로 이루어진 글자로, 昏은 聲符를 겸한다.(婚, 婦家也. 禮. 娶婦以昏時. 婦人陰也. 故曰婚. 從女昏. 昏亦聲.)"라고 하였다.[195]

許愼의 자형분석처럼 '婚'은 '女'와 '昏'으로 이루어진 글자이며 편방으로 사용된 '昏'은 '婚'의 의미가 '昏'과 관련이 있음을 나타내는 形符이자 字音이 '昏'이라는 것을 나타내는 聲符의 역할을 겸한다. 그렇다면 '婚'과 '昏'은 의미상 어떠한 관계가 있는 것인가.

'昏'은 甲骨文에서 '𣇳'(『粹』715)로 썼고, 卜辭에서는 "旦至于昏不雨.(아침부터 해가 질 때까지 비가 오지 않을까요? : 『京津』4450)"처럼 '해가 질 무렵'이라는 시간을 나타내는 말로 사용되었다.[196] 『說文』에서는 "昏은 해가 지는 것이다. 日과 氏의 생략된 자형으로 이루어진

---

194 段玉裁(1988:613-614)에서 인용.

195 段玉裁(1988:614)는 『爾雅·釋親』을 인용하여 "아내의 아비가 婚이다.(婦之父爲婚.)"라고 하였다.

196 于省吾 主編(1996:2456-2457) 참조.

會意字이며, 氐는 下의 뜻이다. 聲符를 民이라고도 한다. (昏, 日冥也. 從日, 氐省. 氐者, 下也. 一曰民聲.)"고 하였다.[197]

이처럼 '婚'의 形符 '昏'이 卜辭에서 '해가 질 무렵'이라는 때를 나타내는 말로 사용된 것으로 보아 '婚'은 '여성'이라는 의미와 '황혼'이라는 의미가 결합된 것으로 보아야 한다.

그렇다면 여성과 황혼은 어떤 관계가 있으며『禮』에서 "해가 질 무렵에 부인을 맞아들인다."고 한 이유는 무엇인가.

이것은 해가 진 이후에 婚禮를 치르던 풍속을 반영한 것으로, 해가 진 이후에 婚姻을 치른 배경에는 고대 중국인의 약탈혼 습속이 짙게 남아있다. 즉 여성의 동의 없이 일방적으로 여성을 약탈하여 배우자로 삼기 위해서는 해가 진 이후에 여성을 약탈하는 것이 보다 편하고 안전했기 때문에 주로 황혼이 질 무렵에 여성을 약탈하였고, 이후 약탈혼 습속이 사라진 다음에도 이러한 형식이 후대에 계속 이어진 것이다.[198]

이러한 掠奪婚의 습속은 家父長制가 정착된 이후에도 이어졌는데, 이러한 사실은 '婚'의 자형 분석 외에도『周易』의 내용을 통해서도 알 수 있다.

---

[197] 許愼은 '或曰民聲'이라 하여, 昏을 形符는 日, 聲符는 民으로 이루어진 會意字라고도 하였으나, 徐鍇는 會意라고만 하고, '民聲'이라는 말을 하지 않았다. 段玉裁 역시 注에서 "절대 '民'을 聲符로 하는 會意字가 아니다. (絶非從民聲爲形聲也.)"고 하였다. 段玉裁(1988:305) 참조. 于省吾(1996:2457) 역시 '昏'은 '民'이 아니라 '氏'를 편방으로 한다고 하였다.

[198] 朴興洙(2000:15-26)는 황혼이 질 무렵에 아내를 맞이하던 고대의 풍속으로 인하여 '婚姻'이라는 단어가 생겨났으며, 현재까지도 이러한 풍속은 여전히 남아 山西省과 福建省 일대의 농촌지역에서는 황혼이 질 무렵에 婚禮를 올린다고 하였다.

甲骨文과 中國 古代社會

즉 『周易·屯卦』에서는 "屯如, 邅如. 乘馬班如. 匪寇, 婚媾."라고 하였고, 『周易·賁卦』에서는 "賁如, 皤如. 白馬翰如. 匪寇, 婚媾."라고 하였는데, 이는 한 무리의 사람들이 용맹스럽게 백마를 타고 자신의 씨족으로 들어보면, 씨족 성원들이 이들을 여성을 약탈하러 온 도적이라고 여겼으나, 실제는 구혼을 하러 온 것이라는 내용을 기록한 것으로, 당시 사람들이 구혼자를 도적으로 잘못 이해하였다는 것은 당시에 약탈혼이 성행하였다는 것을 반증하는 것이다.[199]

劉志基(1995:125)는 封建制 社會에서 掠奪婚은 違法행위가 되었으나, 『周易』의 이러한 기록들은 당시에 掠奪婚의 殘餘勢力이 여전히 존재했다는 것을 반영하는 것이라고 하였다. 또 다른 예로 『北史』卷九十四 室韋傳에서는 "혼인의 법도는 양가가 서로 허락하면, 남자측에서 신부를 잡아간 이후에 牛馬를 聘禮物로 보내는 것이다. 이후 아내를 다시 친정으로 돌려보내고, 임신하기를 기다렸다가 다시 양가가 허락하면 남편의 집으로 돌아왔다. (婚嫁之法, 二家相許竟, 輒盜婦將去, 然後送牛馬爲聘, 更將婦歸家, 待有孕, 乃相許隨還舍.)"고 하였는데, 이 역시 掠奪婚의 습속이 여전히 남아있었다는 것을 반영하는 것으로 볼 수 있다.[200]

199　徐揚杰 著·윤재석 譯(2000:90-94), 李玲璞·臧克和·劉志基(1997:260-261) 참조.

200　徐揚杰 著·윤재석 譯(2000:96-97) 참조.

4) 男尊女卑 思想

父系社會에서는 아버지 혈통을 따르고, 남성의 사회적 역할과 지위가 높았기 때문에, 자연스럽게 男兒選好사상이 형성되었다. 卜辭 중에도 이러한 것을 반영하는 것들이 많이 보이는데 예를 들면 다음과 같다.

甲申卜, 殼貞, 婦好娩, 妫[201]. 王占曰, 其唯丁娩, 女力, 其唯庚娩, 弘吉. 三旬又一日甲寅娩, 不妫, 唯女. 甲申卜, 殼貞, 婦好娩, 不其妫. 三旬又一日甲寅娩, 允不妫, 唯女(『丙編』247)

: 甲寅일에 殼이 점쳐 묻습니다. 婦好가 출산을 하려고 하는데, 아들일까요? 왕이 판단하여 말하길 丁일에 낳으면 아들일 것이다. 庚일에 낳으면 매우 길하다. 31일 후인 甲寅일에 해산하였는데, 아들이 아니라 딸이었다. 甲申일에 殼이 점쳐 묻습니다. 婦好가 출산을 하려고 하는데 아들이 아닐까요? 31일이 지난 甲寅일에 아이를 낳았는데, 과연 아들이 아니라 딸이었다.

위의 卜辭는 婦好의 출산에 대해서 점은 친 기록인데, 언제 출산을 하면 아들을 낳을 것인지를 물었고, 왕이 丁일에 출산하면 아들이고, 庚일에 출산하면 매우 좋다고 하였으나, 결국 甲寅일에 출산을 하여 아들 대신 딸을 낳았다는 내용이다.

아들을 낳는 것을 '弘吉'이라고 하며, 아들의 출산을 바라는 내용으로 보아, 商代의 男兒選好 사상을 엿볼 수 있다.

---

201 '女力'는 '喜'와 통하며, 아들을 낳았다는 의미로 쓰였다. 陳煒湛(1987:92) 참조.

庚子卜, 殼貞, 婦好有子. 三月. 辛丑卜, 殼貞, 兄于母庚(『鐵』127.1)

: 庚子일에 殼이 점쳐 묻습니다. 婦好가 아들을 낳을까요? 때는 3월이다. 辛丑일
에 殼이 점쳐 묻습니다. 母庚에게 祝제사를 올릴까요?

위의 卜辭 역시 婦好가 아들을 출산할 것인가의 여부를 점 친
후, 婦好가 아들을 낳도록 母庚에게 祝제사를 올릴 것인가의 여부
에 대해서 점친 것으로, 아들의 출산을 매우 강력히 희망하였다는
것을 반영한다.

卜辭에 이처럼 王后의 출산을 앞두고 태어날 생명이 아들인지
여부를 점 친 것이 다수 보이는 것을 보아, 당시에 이미 남아선호
사상이 보편적으로 자리 잡았음을 반영하는 것으로 볼 수 있다.

6장

中國 古代社會의
親族關係

親族關係란 혼인과 혈통적 연결에 의해 맺어진 인간관계를 지칭한다. 고고학적 발굴 성과에 힘입어 商代에 이미 한 쌍의 夫婦를 중심으로 이루어진 가정이 존재했음이 밝혀졌다. 예를 들어 安陽 殷墟의 梅園庄과 劉家庄에서 발견된 성인 남녀의 合葬墓는 개별 가정의 존재를 반영해 주는 것으로, 이는 개별 가정이 출현하기 이전 시기의 墓葬群에서는 발견되지 않았던 것이다.[202]

朱風瀚(1990:105-115)은 殷墟 西區의 墓葬 구역에서 동일시기에 매장된 屍身이 최대 네 柩를 넘지 않는 것으로 보아, 이는 개별 가정의 墓葬이라고 하였으며, 宋鎭豪(1994:143-144)는 개별 가정은 인구의 재생산을 위하여 처음 출현하였으며, 다른 개별 가정과 서로 독립적으로 생활하였으나 경제활동에 있어서는 親族 집단으로부터 완전히 분리되지 않았기 때문에, 死後에도 전체 墓葬群 내에 개

202　孟憲武(1986) 참조.

별 가정단위로 매장된 것이라고 하였다.

이러한 고고학적 발굴 성과를 통하여 商代에는 이미 개별 가정을 중심으로 형성된 親族關係가 존재하였다는 것을 알 수 있다.

다음에서는 親族關係 구성원 내에 直系와 傍系의 구분이나 嫡庶의 구분이 있었는가, 그리고 親族關係를 나타내는 甲骨文은 어떤 것들이 있는가를 분석하여 商代 親族關係의 전반적인 특징에 대해서 살펴보기로 한다.

1. 直系와 傍系의 區分

商代에는 이미 一夫多妻制가 출현하여, 祖丁의 경우 다섯 명의 배우자를 두었고, 商代의 독특한 王位 繼承法인 兄終弟及制에 의하여 네 아들, 즉 陽甲, 盤庚, 小辛, 小乙이 왕위에 올랐다.[203] 이들 네 先王의 지위가 동등했는가하는 것은 곧 直系 先王과 傍系 先王을 구분하였는가와 같은 문제로, 다음에서 卜辭를 예를 들어 설명하고자 한다.

己卯卜貞, 王賓中丁奭妣己, 亡尤(『合集』36232)
: 己卯일에 점쳐 묻습니다. 왕께서 中丁의 배우자인 妣己에게 賓제사를 지내려고 하는데 재앙이 없을까요?

203　兄終弟及制란 왕이었던 형이 죽으면 동생이 왕위를 계승하는 제도를 말한다.

　　　　　　　　　　　　　　　　　　　　甲骨文과 中國 古代社會

癸酉卜, 尹貞, 王賓中丁奭妣癸翌, 亡尤(『合集』23330)

: 癸酉일에 尹이 점쳐 묻습니다. 왕께서 中丁의 배우자인 妣癸에게 賓제사의 형
  식으로 翌제사를 지내려고 하는데 재앙이 없을까요?

己未卜貞, 王賓祖乙奭妣己, 彡日, 亡尤(『合集』36239)

: 己未일에 점쳐 묻습니다. 왕께서 祖乙의 배우자인 妣己에게 賓제사의 형식으로
  彡제사를 지내려고 하는데 재앙이 없을까요?

庚申卜, 貞, 王賓祖乙奭妣庚, 彡日, 亡尤(『合集』36245)

: 庚申일에 점쳐 묻습니다. 왕께서 祖乙의 배우자인 妣庚에게 賓제사의 형식으로
  彡제사를 지내려고 하는데 재앙이 없을까요?

위의 卜辭는 己卯일과 癸酉일에 王이 中丁의 배우자인 妣己와
妣癸에게 각각 賓제사를 지낼지의 여부를 점친 것과, 己未일과 庚
申일에 왕이 祖乙의 배우자인 妣己와 妣庚에게 賓제사의 형식으로
彡제사를 지낼지의 여부를 점친 것인데, 先王의 배우자들에게 각
각 제사를 지내면서 제사를 종류를 동일하게 하였기 때문에, 배우
자간의 지위가 동등했던 것처럼 보인다.

그러나 卜辭 중에는 直系 先王과 傍系 先王을 구분한 것이 많이
보인다. 다음에서 예를 들면 다음과 같다.

첫째, 大庚 이하 祖甲까지 9世 20代의 先王 중에서 兄終弟及制
에 의하여 繼位한 것은 모두 11명의 先王이며, 卜辭에는 이들 先王
의 배우자가 여러 명이었다는 것이 명확하게 나타난다. 그러므로
이 기간은 一夫多妻制에 의하여 많은 자녀들이 출산되었고, 자연
적으로 형제간의 繼位기 이루어진 것으로 보인다. 하지만 이를 근
거로 直系와 傍系의 구분이 없었다고는 할 수 없다. 왜냐하면 다

음 세대로의 繼位는 羌甲을 제외하고는 항상 直系 先王의 아들에게만 이루어졌기 때문이다.

둘째, 제5기 卜辭를 중심으로 만들어진 商代의 祭譜를 보면, 直系와 傍系를 불문하고 모든 先王이 제사 대상에 포함되었으나, 先妣의 경우에는 直系 先王의 배우자만이 제사 대상에 포함되었다.[204] 이는 모든 先王의 배우자를 동등하게만 처우하지는 않았다는 것으로, 결국 直系와 傍系를 구분했다는 증거가 된다.

셋째, 直系와 傍系 先王 모두에게 제사를 지냈다고는 하지만, 卜辭 중에는 直系 先王에게만 제사를 지낸 것들이 많이 보인다. 예를 들면 다음과 같다.

□未卜, 求自上甲, 大乙, 大丁, 大甲, 大庚, 大戊, 中丁, 祖乙, 祖辛, 祖丁十示, 率羊士(『合集』 32385)

: □未일에 점을 칩니다. 上甲부터 大乙, 大丁, 大甲, 大庚, 大戊, 中丁, 祖乙, 祖辛, 祖丁에 이르는 열 명의 直系 先王에게 수컷 양을 祭物로 하여 率제사를 지낼까요?

乙丑卜, 求自大乙至祖丁九示(『合集』 14881)

: 乙丑일에 점을 칩니다. 大乙부터 祖丁에 이르는 아홉 명의 直系 先王에게 구할까요?

첫 번째 卜辭는 上甲부터 祖丁까지의 10명의 直系 先王에게 수

---

[204] 羌甲은 祖辛의 동생으로 直系 先王이 아니다. 그러므로 배우자가 제사의 대상에서 제외되어야 하지만 아들인 南庚이 즉위했었기 때문에 祖甲시기에는 羌甲의 배우자인 妣庚을 제사 대상에 포함했다. 이후 帝乙, 帝辛시기에는 祀譜에서 제외되었다.

컷 양을 제물로 하여 率제사를 지낼지의 여부를 점친 것이고, 두 번째 卜辭는 大乙부터 祖丁까지의 9명의 直系 先王에게 제사를 지낸 것이다. 卜辭에는 이처럼 傍系 先王을 제외하고 直系 先王에게만 별도로 제사를 지낸 것들이 많이 보이는데,[205] 이는 당시에 直系 先王과 傍系 先王을 구분하였다는 명확한 증거이다.

이상과 같이 商代에는 大庚 이후부터 一夫多妻制가 출현하여 많은 형제들 간에 兄終弟及에 의하여 왕위를 계승하였고, 여러 배우자에 대한 祭禮를 동등하게 진행함으로서 直系와 傍系의 구분이 없는 것처럼 보이지만, 세대 간의 왕위 계승, 제사 대상의 선정 및 배우자의 지위 등에 있어서 直系와 傍系를 명확하게 구분하였다는 것을 알 수 있다.

2. 嫡庶의 區分

祖甲 이하 康丁, 武乙, 文丁의 배우자에 대해서는 학자들의 異見이 분분하지만, 一夫一妻였다는 것에는 모두 동의하므로, 商代는 王亥부터 示癸까지의 先公과 大乙 이하 大戊까지의 先王은 一夫一妻였다가, 中丁 이후 武丁까지는 一夫多妻였으며, 祖甲 이후에는 다시 一夫一妻가 실행되었다고 할 수 있다.

그러나 祖甲 이후의 一夫一妻는 商代 初期의 一夫一妻와는 성격

---

205 常玉芝(1980)는 直系 先王들에게만 제사를 지낸 것을 별도로 特祭라고 구분하였다.

이 다르다. 즉 초기에는 對偶婚 단계를 거쳐 父系社會로 전환되면서 남성의 권한이 한 여성을 독점할 만큼 커졌다는 것을 반영하는 것으로, 私有制와 父子相續制를 위한 一夫一妻制였으나, 後期에는 순조로운 王位 繼承을 위한 一夫一妻制라고 할 수 있다.

『史記·殷本紀』에서는 "中丁 이후 嫡子를 폐하고 대신 동생에게 繼位하였는데, 동생은 서로 繼位하려고 다투는 경우가 있어 이전 시기보다 혼란하였다.(自中丁以來, 廢適而更立諸弟子, 弟子或爭相代立, 比九世亂.)"[206]라고 하였다. 이는 兄終弟及이 본격적으로 시행되자 형제 간의 왕위 다툼이 심했다는 것을 말하는 것으로, 大庚 이하의 先王들이 一夫多妻였다는 것과 밀접한 관계가 있다.

즉 一夫多妻에 의하여 많은 아들이 태어났고, 이로 인하여 형제 간의 왕위 다툼이 치열해진 것이다.

商代의 一夫多妻는 정치적인 원인에 의하여 이루어진 政略婚의 성격이 짙다.[207] 그러므로 卜辭에는 方國의 女息을 배우자로 맞을 것인지에 대해 점을 친 것들이 많이 보이는데, 예를 들면 다음과 같다.

取干女(『合集』21457)

: 干國의 여성을 배우자로 맞을까요?

己酉卜貞. 取婦奏(『合集』19994)

: 己酉일에 점쳐 묻습니다. 奏國의 여성을 배우자로 맞을까요?

---

206 司馬遷(1982:101)에서 인용.

207 蔡先金(2000:72-74) 참조.

甲骨文과 中國 古代社會

爭貞. 取汰妾(『合集』657)

: 爭이 묻습니다. 汰의 여성을 妾으로 들일까요?

甲骨文에서 '取'는 곧 '娶'의 의미로 위의 卜辭는 각각 干, 奏, 汰國의 여성을 배우자로 맞을 것인가에 대해서 점을 친 것이다. 즉 商과 이들 方國은 婚姻을 매개로 하여 밀접한 관계를 형성한 것으로, 이는 一夫多妻의 한 목적이 되기도 하였다.

또한 卜辭 중에는 왕이 직접 배우자를 맞이할 것인가에 대해서 점을 친 것들이 있는데, 예를 들면 다음과 같다.

甲戌. 余卜. 取后(『合集』21796)

: 甲戌일에 내가 점을 친다. 배우자로 맞아들일까요?

甲戌, 余取后(『合集』21796, 21797)

: 甲戌일에, 내가 배우자를 맞아들일까요?

貞. 弗乍王妻(『合集』5450)

: 묻습니다. 왕의 배우자로 맞아들이지 말까요?

첫 번째와 두 번째 卜辭에서 '取后'의 '后'는 왕의 배우자를 칭하는 것이고, '余'는 武丁이 스스로를 칭한 것으로,[208] 즉 武丁이 배우자를 맞아들일지의 여부를 직접 점을 친 것이다. 세 번째 卜辭도 왕의 배우자를 맞아들일지의 여부를 점 친 것이다.

이상과 같이 商代에는 王室의 권력강화를 위하여 여러 方國과

208　宋鎭豪(1994:160-161) 참조.

婚姻을 매개로 하여 관계를 형성하였으며, 이를 위하여 점을 친 것이 많이 있다. 그러나 이러한 政略的인 혼인은 형제간의 왕위 다툼을 치열하게 만들었고, 결국 王位의 순조로운 계승을 위하여 武乙 이하의 先王들은 다시 一夫一妻를 택하게 되었다.

그러나『史記·殷本紀』에서는 商末의 紂王에 대해서 "九侯에게 좋은 女息이 있어서 紂에게 시집을 보냈는데, 九侯의 女息은 음탕한 것을 좋아하지 않았다. 이에 紂王이 노하여 죽여버렸다. (九侯有好女, 入之紂, 九侯女不熹淫. 紂怒殺之.)"고 하였다.[209]『史記·殷本紀』의 기록을 통하여 商末에도 여전히 諸侯國들의 女息과 商王간에 정략적인 혼인이 이루어졌으며, 또한 帝辛에게는 여러 명의 배우자가 있었다는 것을 알 수 있다.

왕의 배우자들은 지위에 있어서 많은 차이가 있었는데, 예를 들어 卜辭에 보이는 武丁의 배우자는 약 60여 명이지만, 제사의 대상이 되었던 배우자는 妣辛, 妣戊, 妣癸의 세 명에 불과하다. 이는 전체 60여 명의 배우자와 妣辛, 妣戊, 妣癸의 지위가 달랐다는 것을 반영하는 것으로, 곧 嫡庶의 구분을 의미한다.[210]

王國維는『殷周制度論』에서 商代의 왕위 계승은 兄終弟及을 위

---

209 『集解』에서 徐廣은 "九侯는 鬼侯로도 쓴다. 鄴縣에 九侯城이 있다. (一作鬼侯. 鄴縣有九侯城.)"고 하였고,『正義』에서는「括地志」를 인용하여 "相州 滏陽縣에서 西南쪽으로 50리 떨어진 곳에 九侯城이 있다. 鬼侯城이라고도 하는데 이곳은 殷때의 九侯城을 말한다. (相州滏陽縣西南五十里有九侯城. 亦名鬼侯城. 蓋殷時九侯城也.)"고 하였다. 司馬遷(1982:106-107) 참조. '九侯'는 商代의 方國임이 분명하다.

210 陰法魯·許樹安(1989:87)은 商王의 배우자를 法定 배우자와 일반 배우자로 구분하고, 法定 배우자만을 正妻라고 하여 이미 商代에 嫡庶의 구분이 있었다고 주장하였다.

주로 했고, 父子繼承은 동생이 없는 경우에만 보조적으로 이루어 졌다고 하면서, 商代에는 嫡庶의 구분이 없었고, 宗法制度도 없었 다고 단언하였으나[211] 王國維의 이러한 주장은 이후 많은 학자들 에 의하여 부정되었다.

예를 들어 胡厚宣(1944c)은 宗法의 조건을 父系, 族外婚, 長子의 왕위 계승이라고 하면서, 商代는 이 세 가지 조건을 모두 갖추었 으므로 嫡庶의 구분과 宗法制度가 확실히 존재했다고 하였고, 李 學勤(1957b)은 武丁의 長子인 祖己와 大乙의 長子인 大丁을 예로 들 면서 왕의 재위 기간 중에 '太子'를 옹립했다는 것은 長子에게 왕 위를 계승하였다는 것을 의미하는 것으로, 이는 곧 嫡庶의 구분했 다는 것이라고 하였다.

『史記·殷本紀』에서도 "帝乙의 長子는 啓이지만, 啓의 母親은 賤 하여 왕위를 잇지 못하였다. 작은 아들은 辛으로 辛의 母親은 正后 이기 때문에 辛이 왕위를 이었다. 帝乙이 죽은 뒤 아들 辛이 즉위 하였는데, 즉 帝辛으로 세상에서는 그를 紂라고 불렀다.(帝乙長子曰 徵子啓, 啓母賤, 不得嗣. 小子辛, 辛母正后. 辛爲嗣. 帝乙崩. 子辛立. 是爲帝辛. 天下 謂之紂.)"고 하였는데,[212] 이는 長子인 啓의 모친이 正后가 아니었기 때문에 대신 正后의 아들인 辛이 繼位했다는 것으로,[213] 商末에 이 미 嫡庶의 구분이 있었음을 반영한다.

---

211 傅杰(1997:2-3)에 수록된 王國維의「殷周制度論」참조.

212 司馬遷(1982:105-106) 참조.

213 『索隱』에서는 "司馬遷은 啓와 紂에 대해서 어머니가 다른 異腹兄弟라고 하였으 나, 鄭玄은『呂氏春秋』를 근거로 啓는 어머니가 正后가 되기 전에 낳았고, 紂는 어머니가 正后가 된 이후에 낳았기 때문에, 啓가 長子임에도 불구하고 庶出이 고, 紂는 작은아들이지만 嫡子라고 하였다."고 하였다. 司馬遷(1982:106) 참조.

이밖에도 卜辭 중에는 '大示'와 '小示'란 말이 등장하는데, '大示'는 直系 先王을, '小示'는 傍系 先王을 지칭한다. 直系 先王은 大宗에서, 傍系 先王은 小宗에서 제사를 지냈는데, 예를 들면 다음과 같다.

己亥, 貞. 卯于大示其十牢, 下示五牢, 小示三牢(『屯南』1115)

　: 己亥일에 묻습니다. 大示에게 제사용 소 열 마리, 下示에게 제사용 소 다섯 마리,

　 小示에게 제사용 소 세 마리를 祭物로 하여 卯제사를 지낼까요?

庚寅,貞. 酒升伐自上甲六示三羌三牛, 六示二羌二牛, 小示一羌

一牛(『合集』32099)

　: 甲寅일에 묻습니다. 上甲六示에게 羌族 3명과 소 세 마리, 六示에게 羌族 두 명

　 과 소 두 마리, 小示에게 羌族 한 명과 소 한 마리를 祭物로 하여 酒, 升, 伐제사

　 를 지낼까요?

宋鎮豪(1994:513)는 『屯南』1115片과 『合集』32099片을 대조하여, 大示는 上甲부터 大戊까지, 下示는 中丁 이하의 直系 先王, 小示는 傍系 先王이라고 하였다.

　두 번째 卜辭 중의 '上甲六示'에 대해서는 異見이 있지만 '六示'를 '大示', 즉 直系 先王으로, '小示'를 傍系 先王으로 보는 데에는 의견이 일치된다.

□戌卜, 辛亥酒彡自上甲在大宗(『合集』34044)

　: □戌일에 점을 칩니다. 新解일에 上甲 이하의 先王에게 大宗에서 酒제사와 彡

　 제사를 지낼까요?

　　　　　　　　　　　　　　　　甲骨文과 中國 古代社會

己亥卜, 在小宗又⌒歲自大乙(『合集』 34047)

: 己亥일에 점을 칩니다. 小宗에서 大乙이하의 先王에게 侑제사, 升제사, 歲제사를 지낼까요?

위의 두 卜辭를 통하여 上甲 이하의 先王은 大宗에서, 大乙 이하의 先王은 小宗에서 제사를 지냈음을 알 수 있는데, 卜辭 중에는 또한 '上甲大示'라고 한 것이 있고,[214] 大示는 直系 先王을 지칭하는 것이므로, 直系 先王에게는 大宗에서, 傍系 先王에게는 小宗에서 제사를 지냈다는 것을 알 수 있다. 즉 上甲 이하의 直系 先王에게는 大宗에서, 大乙 이하의 傍系 先王에게는 小宗에서 제사를 지낸 것이다.[215]

제사를 지낸 종묘의 大小는 祭禮의 輕重을 직접적으로 반영하는 것으로, 이는 곧 嫡庶의 구분을 의미한다.

裘錫圭(1983)는 卜辭 중의 父乙帝, 帝丁, 帝甲, 文武帝에서의 '帝'는 '嫡'의 의미이고, 介子, 介兄, 介父, 介母, 介祖에서의 '介'는 '庶'와 의미가 같다고 하면서, 商代의 언어에 이미 嫡庶의 구분이 보인다고 하였다.

이상과 같이 商代에는 商 王室과 方國간의 政略的인 혼인이 성행하였으나 卜辭에는 小數의 배우자만을 제사의 대상으로 포함하였다. 특히 祖甲 이후에는 단 한 명의 배우자만을 제사 대상에 포

---

214 예를 들어 『合集』 32090片에는 "丁丑卜貞. 侑升伐自上甲大示五羌三牢. (丁丑日에 점처 묻습니다. 上甲 이하의 大示에게 羌族 다섯 명과 제사용 소 세 마리로 侑제사와 伐제사를 지낼까요?)"라고 기록하였다.

215 王宇信·楊升南(1999:471-472) 참조.

함시켰기 때문에 표면적으로는 다시 一夫一妻制가 실현된 것처럼 보인다.

그러나 상술한 바와 같이 商代에는 이들 '法定' 배우자 외에도 다수의 배우자가 있었고, 王位 계승에 있어서도 庶出의 長子 대신 正后의 아들에게 繼位하였으며, 祭禮에 있어서도 大宗과 小宗을 구분하였다. 이러한 사실은 商代에 이미 嫡庶의 구분이 있었음을 명확하게 입증하여 주는 것이다.

3. 親族關係를 나타내는 甲骨文과 卜辭

商代는 혈연관계를 기초로 형성된 사회로, 독특한 親族관계를 지니고 있다. 자료가 한정되어 있어 전체 親族關係를 명확히 알기는 어렵지만, 甲骨文의 자형과 卜辭에서 사용된 의미를 분석하면 고대 중국인의 親族에 대한 관념을 알 수 있다.

1) 祖(且)

甲骨文에서 '祖'는 '且'(『後』下 386)로 썼는데, 무엇을 상형한 것인가에 대해서는 異見이 많았다. 예를 들어 郭沫若은 『甲骨文字研究·釋祖妣』에서 '且'는 남성의 생식기를 그린 것이라고 하였고, 許進雄 역시 『古代社會』에서 남성의 생식기를 본뜬 것으로, 번식의 근원이라는 것을 표시하였다고 하였다.

그러나 于省吾(1996:3554-3557)는 郭沫若의 주장에 반대하면서,

단지 '且'字에서 '祖'字가 分化된 것만 확실할 뿐, 무엇을 상형한 것인지는 확실하지 않다고 하였다.

徐中舒는 『甲骨文字典』에서 '且'는 제사에 쓰는 그릇인 '俎'와 같은 글자라고 하였다.

그렇다면 甲骨文의 '且'는 무엇을 상형한 글자인가?

고대 중국인들이 임신과정에 남성도 중요한 역할을 한다는 것을 알게 되면서 母系社會에서 父系社會로 전환되기 시작했고, 번식의 근원은 남성의 생식기라는 인식을 가지게 되었다.

이에 따라 자손의 번식을 기원하기 위한 생식기 자체에 대한 숭배가 생겨났고, 이를 위하여 생식기의 모양을 그대로 본 떠 만든 石祖나 陶祖를 숭배의 대상으로 삼았다. 이후 고대 중국인들에게 祖上神에 대한 숭배의식이 생겨나면서 조상을 위한 제사를 거행했는데, 제사의 대상인 그들의 조상은 분명 실존했던 인물이지만, 死後에 형체가 없어졌기 때문에 제사를 지낼 대상물을 만들어야 했으며, 결국 자손 번식의 책임을 맡고 있던 생식기의 모양을 본 떠 만든 위패를 조상을 대신할 숭배의 대상물로 삼았다.

甲骨文에서는 위패의 형상을 본 떠 '且'字를 만들었으며, 이후 '조상'이라는 의미로 引伸되었다. 그러므로 '且'의 本義는 '위패'이며, 引伸義는 '조상'인 것이다.

일반적인 경우에는 本義가 먼저 생긴 이후 引伸義가 만들어지지만, '且'의 경우는 이례적으로 '위패'라는 本義는 이미 '조상'이란 의미를 대신하기 위하여 만들어진 것이므로, 결국 引伸義가 먼저 만들어지고 난 후에 本義가 만들어진 셈이다.

물론 이 경우에 있어서도 甲骨文의 '且'字는 생식기의 형상을 본

뜬 것이 아니라, 생식기의 형상을 본 떠 만든 위패의 형상을 상형
한 것이므로, 許進雄, 郭沫若의 주장은 타당하다고 볼 수 없다.

商代 후기에 이르러 제사의 대상이라는 의미를 명확하게 하기
위하여 제사를 지내는 제단의 형상을 본뜬 '示'를 더하여 '祖'字를
만들었고, '且'와 祖는 古今字의 관계가 되었다.

卜辭에서 '祖'는 祖父세대 이상의 남성을 지칭하는 것으로, 直系
의 구분 없이 曾祖나 高祖 등 祖父 이상의 선조를 通稱하였는데,
예를 들면 다음과 같다.

翌丁亥, 又于祖丁(『合集』903正)

: 다음날인 丁亥일에 祖丁에게 侑제사를 지낼까요?

戊戌卜, 王賓祖己(『合集』35871)

: 戊戌일에 점을 칩니다. 왕께서 祖己에게 賓제사를 지낼까요?

庚午卜. 貞. 王賓祖庚(『合集』35866)

: 庚午일에 점쳐 묻습니다. 왕께서 祖庚에게 賓제사를 지낼까요?

甲寅卜. 貞. 王賓祖甲(『合集』35906)

: 甲寅일에 점쳐 묻습니다. 왕께서 祖甲에게 賓제사를 지낼까요?

위에서 '祖某'로 칭해진 조상 중에서 祖乙은 中丁의 아들로 商을
세운 大乙의 6代孫이고, 祖辛은 祖乙의 아들이며, 祖丁은 祖辛의
아들이고, 祖己는 武丁의 아들세대로 大乙의 11代孫이다. 祖庚은
祖己의 형제세대이며 祖甲은 祖庚의 형제세대이다. 이처럼 '祖母'
로 칭해지는 조상 중엔 부자나 형제 관계도 있고, 曾祖(祖丁)와 曾
孫(祖己, 祖庚, 祖甲) 관계도 있다.

이밖에도 商代에는 祖甲, 祖乙, 祖丙, 祖丁, 祖戊, 祖己, 祖庚, 祖辛, 祖壬, 祖癸처럼 天干을 써서 이름을 삼았으며, 명확한 구분을 위하여 일부 조상의 경우에는 별도의 수식어를 사용하였다. 예를 들면, 唐은 大乙이나 高祖乙, 祖乙은 下乙이나 中宗祖乙, 武丁의 부친은 小乙이나 小祖乙, 文丁의 부친인 武乙은 武祖乙이나 毓祖乙이라고 칭했다.

상술한 바와 같이 卜辭에서 '祖'는 直系혈통의 祖父만을 지칭하는 것이 아니라, 祖父 이상의 모든 先祖를 지칭하였다.

2) 父

'父'의 甲骨文은 손에 무언가를 들고 있는 ''의 형상(『鐵』 196.1)으로, 郭沫若은 「甲骨文所見殷代社會」에서 "손으로 돌도끼를 들고 있는 모습으로, 石器時代에 남성이 돌도끼를 가지고 일을 한다는 뜻에서 부모의 父라는 의미로 孳乳되었다."고 하였다.[216]

『說文』에서는 "父는 법도[矩]이다. 家長은 이끌고 가르치는 사람이다. 손에 막대기를 들고 있는 것을 따른다.(父, 矩也. 家長率敎者. 從又擧杖.)"고 하였다.[217]

그러나 '父'의 최초의 의미는 돌도끼를 가지고 일을 하는 성인 남성이었으며, 결국 父母의 父라는 의미로 引伸된 것으로 보아야 한다.

일부 학자는 이 '父'를 '斧'의 初文이라고도 하면서, 돌도끼란 의

216 李孝定(1969:897-898) 참조.

217 段玉裁(1988:415)에서 인용.

미의 '父'가 부모의 父로 사용되자, 돌도끼란 의미를 강조하기 위하여 '斤'을 추가하여 '斧'를 만든 것이라고 주장하지만, 甲骨文에 이미 돌도끼의 형상을 본 뜬 '斧'字 있으므로('𣂪' 『合集』 21073), 聲符인 '父'를 추가하여 만든 形聲字로 보아야 한다.

卜辭에서는 生父 및 伯父, 叔父 등 자식 세대가 아버지 세대를 通稱하는데 사용되었는데, 예를 들면 다음과 같다.

又父, 一牛(『合集』 272反)

: 소 한 마리로 父에게 侑제사를 지낼까요?

其告于父, 一牛(『合集』 32733)

: 소 한 마리로 父에게 告제사를 지낼까요?

위의 卜辭에서는 '父'가 지칭하는 대상이 누구인지가 나타나 있지 않지만, 대부분의 卜辭에서는 '父' 앞에 天干을 이용하여 구체적인 대상을 밝혀 놓았다. 물론 각 代마다 모두 아버지 세대를 '父'라고 칭했고, 또한 天干을 이용하여 이름을 정했기 때문에 이름이 같은 '父某'가 많이 보이지만, 甲骨文 斷代研究의 성과로 많은 부분이 밝혀졌다.[218] 예를 들면 다음과 같다.

---

[218] 甲骨文 斷代연구는 1933년 董作賓의 『甲骨文斷代研究例』에서부터 본격적으로 시작되었는데, 그는 世系, 貞人, 坑位, 方國, 人物, 事類, 文法, 字形, 書體의 10가지 표준을 기준으로 제1기는 武丁과 그 이전 시기(盤庚, 小辛, 小乙), 제2기는 祖庚과 祖甲, 제3기는 廩辛과 康丁, 제4기는 武乙과 文丁, 제5기는 帝乙과 帝辛으로 5分하였다. 이 책에서는 1977년에 藝文印書館에서 발행한 『董作賓學術論著』을 근거로 1996년에 柳夢溪가 主編하고 河北敎育出版社에서 출판한 『中國現代學術經典-董作賓卷』에 수록된 『甲骨文斷代研究例』를 참고하였다.

又于父甲(『合集』1811正)

: 父甲에게 侑제사를 지낼까요?

告于父甲(『合集』27473)

: 父甲에게 告제사를 지낼까요?

貞, 又于父乙(『合集』905正)

: 묻습니다. 父乙에게 侑제사를 지낼까요?

癸亥卜, 祝于父乙(『合集』32723)

: 癸亥일에 점을 칩니다. 父乙에게 祝제사를 지낼까요?

첫 번째와 두 번째 卜辭에서 모두 父甲이라고 하였으나, 첫 번째 卜辭는 武丁시기의 것이므로 父甲은 陽甲을 지칭하며, 두 번째 卜辭는 제3기의 것이므로 父甲은 祖甲을 지칭한다.

세 번째와 네 번째 卜辭에서도 모두 父乙이라고 하였으나, 세 번째 卜辭는 武丁시기의 것이므로 父乙은 小乙을 지칭하며, 네 번째 卜辭는 文丁시기의 것이므로 父乙은 武乙을 지칭한다.

이처럼 父는 아버지 세대에 대한 通稱으로 사용되었고, 모두 天干으로 이름을 붙여 놓아서 전체 卜辭에는 이름이 같은 '아버지'가 많이 존재하지만, 甲骨文 斷代研究의 성과로 해당 卜辭의 시기가 밝혀지면서, '父某'가 구체적으로 지칭하는 대상이 밝혀지고 있다.[219] 또한 父는 아버지 세대에 대한 통칭으로 사용되었기 때문에, 여러 명의 父를 합하여 제사지낸 것들이 있다. 예를 들면 다음과 같다.

---

219 제1기 卜辭에는 父甲부터 父癸까지 총 10명의 父某가 보이는데, 이 중 父甲, 父乙, 父庚, 父辛은 陽甲, 盤庚, 小辛, 小乙을 지칭하는 것이고, 나머지 6명의 父는 왕위에 오르지 못한 陽甲의 형제들이다. 王宇信·楊升南(1999:446) 참조.

又于二父(『合集』 2329)

: 두 父에게 侑제사를 지낼까요?

庚辰卜, 行貞, 王賓二父于歲, 亡尤. 在十二月(『合集』 23186)

: 庚辰일에 行이 점쳐 묻습니다. 왕께서 두 父에게 풍년을 기구하는 賓제사를 지
   낼까요? 재앙이 없었다. 때는 12월이다.

于二父父己父庚(『合集』 27417)

: 두 父인 父己와 父庚에게 제사를 지낼까요?

暨二父己庚(『懷特』 1375)

: 두 父인 己·庚에게 暨제사를 지낼까요?

祝于四父(『合集』 2331)

: 네 父에게 祝제사를 지낼까요?

   첫 번째와 두 번째 卜辭는 시기를 알 수 없어, 二父가 누구인지
알 수 없으나, 세 번째와 네 번째 卜辭는 제3기의 卜辭이므로 '二父
父己父庚'은 祖己와 祖庚을 지칭하는 것이고, '二父己庚'은 父己와
父庚을 合稱한 것이므로, 역시 祖己와 祖庚을 지칭하는 것이다. 마
지막 卜辭는 武丁시기의 것이므로, 네 명의 父는 陽甲, 盤庚, 小辛,
小乙을 지칭하는 것이다.[220]
   이처럼 '父'는 生父만을 지칭하지 않고 아버지 세대의 모든 親屬
에 대한 稱謂로 사용되었다. 이후 현대 중국어 書面語에서는 伯父,
叔父, 姑父, 舅父처럼 '父' 앞에 수식어를 넣어서 혈통관계를 구분
하고 있다.

---

[220]   趙誠(2000:113-116) 참조.

3) 兄

甲骨文의 '兄'字는 '𝍸'(『戰』1.40.2), '𝍸'(『粹』310) 등으로 썼고, 제사를 지낼 때 나이가 많은 사람이 꿇어앉아 기원을 하는 데에서 '兄'이라는 의미가 나온 것으로 '祝'과 동일한 글자라고도 한다. 하지만, 卜辭에서 '祝'은 '示'가 추가되었고, 오른쪽 편방의 모양도 兄과는 조금 다른 '𝍸'(『前』4.18.7) 등으로 썼고, '兄'은 무릎을 꿇지 않은 '𝍸'로 구분하여 썼으므로, 동일한 글자로 보기는 어렵다.[221]

卜辭에서 '兄'은 한 부모 안의 형뿐만 아니라 동생까지도 지칭하였고, 심지어 동년배의 남성 및 여성까지도 포함하였다. 또한 '父'와 마찬가지로 각 세대마다 天干으로 이름을 삼았기 때문에 卜辭에는 동일한 이름의 '兄某'가 많이 등장한다. 예를 들어 祖甲·康丁·文武丁때에 모두 兄庚이 있었고, 祖甲·康丁·武乙때에 모두 兄己가 있었다. 이처럼 '兄某'는 특정인을 지칭하는 것이 아니었기 때문에, 卜辭에는 '三兄'(『合集』27636), '四兄'(『合集』23526), '多兄'(『合集』2925) 등의 명칭도 보인다.

주의할 점은 商王에게 兄弟 뿐 아니라 姉妹가 있었음에도 불구하고 卜辭에는 '姉'字가 보이지 않고, '妹'字는 보이기는 하지만 누이동생이라는 의미가 아니라 '昧'의 의미로 사용되었다는 점이다.

즉 "妹雨.(동틀 무렵 비가 올까요? :『合集』38137)"처럼 '妹'는 卜辭에서 '昧'의 의미로 사용되었지, 누이동생이란 의미로는 사용되지 않았다.

『說文』에서는 "姉는 손위 누이이다.(女兄也.)"라고 하고, "妹는 누

---

221 于省吾 主編(1996:85-86) 참조.

이동생이다. (女弟也.)"라고 하였지만,[222] 이것은 후대에 생겨난 것으로 商代에는 姉妹를 나타내는 글자가 없었다.

『孟子·萬章上』에서는 "彌子의 아내와 子路의 아내는 兄弟이다. (彌子之妻與子路之妻, 兄弟也.)"라고 하였는데, 이는 甲骨文에서 兄이 兄·弟·姉·妹를 모두 포함했었음을 반영하는 것으로 楊伯峻의 注에서는 "彌子의 아내와 子路의 아내는 姉妹이다."라고 하였다.[223]

4) 弟

甲骨文에서 '弟'는 '𢎨'(『存』1.1080), '𢎨'(『後下』13.2) 등으로 썼는데, 李孝定(1969:1931-1932)은 'ㅣ'을 화살의 일종인 주살 '弋'字로 보고, 주살을 묶는 것에도 순서가 있으므로, 引伸되어 '순서'라는 의미가 되었고, 다시 형제의 '弟'의 의미로 파생되었다고 하였다.

'弋'의 甲骨文은 '𠂤'(『前』2.27.5), '𠂤'(『乙』807)으로, 卜辭에서는 '代'의 의미로 쓰이거나 假借되어 地名으로 쓰였고[224]『說文』에서는 "弋은 말뚝이다. 나무를 베어 날카롭게 만드는 형상이다. (橛也. 象折木衺銳者形.)"라고 하였다.[225]

결국 '弟'字는 작은 말뚝을 묶어 놓은 형상으로 '순서'라는 의미를 나타낸 것인데, 이후 引伸되어 형제의 '弟'가 된 것으로 卜辭에서도 형제의 '弟'로 사용되었다. 예를 들면 다음과 같다.

---

222 段玉裁(1988:615)에서 인용.

223 趙誠(2000:116-117) 참조.

224 方述鑫 外(1993:951-952) 참조.

225 段玉裁(1988:627)에서 인용.

甲骨文과 中國 古代社會

御弟曰奴(『英藏』2674正)

: 御의 동생은 奴라고 한다.

위 卜辭에서 '弟'는 형제의 '弟'로 사용되었지만, 『英藏』2674正,
즉『庫房二氏藏卜辭』1506은 僞刻이라는 주장이 유력하므로, 이를
근거로 하기는 어렵다.[226] 다른 예를 들면 다음과 같다.

庚子卜, 多母弟暨酒(『英藏』2274)

: 庚子일에 점을 칩니다. 各 母弟에게 暨제사와 酒제사를 지낼까요?

이 卜辭에서 '母弟'는 '어머니의 동생'이나 '친형제 중의 동생'이
란 의미로 해석이 가능하며, 두 경우 모두 '弟'를 동생이란 의미로
사용하였다. 그러나 '兄'의 경우처럼 '兄某'라는 명칭, 즉 弟甲, 弟

---

226 『庫』1506片은 영국 브리튼박물관에 소장된 소의 어깨뼈로, 길이는 22cm, 너비
는 22.5cm이며, 상단에 횡선이 그려져 있고, 우측 상단부에 '貞'字 하나가 새겨
져 있다. 우측에서 좌측의 순서로 13행의 卜辭가 새겨져 있는데, 첫 행만 다섯
字이고, 나머지 행에는 모두 네 字씩 새겨져 있다. 1950년 이전에는 『庫』1506의
刻辭에 대한 학자들의 의견이 일치되어 모두 僞刻이라고 여겼으나, 이후 陳夢家
가 『殷虛卜辭綜述』을 쓰면서 생각을 바꾸어 이 片을 진짜라고 주장하면서 眞僞
여부가 문제가 되었다. 1979년 廣州 中山大學에서 거행된 中國古文字硏究會에
서 胡厚宣은 「甲骨文'家譜刻辭'眞僞問題再商榷」이란 논문을 발표하면서 이 大骨
片의 隨葬과 著錄에 대한 역사적 상황을 상세히 설명하고, 刻辭의 眞僞문제와 관
련된 여러 학자들의 의견들을 서술함으로서 여러 방면에서 소위 家譜刻辭인 이
骨片이 가짜라는 것을 논증해 냈다. 현재 많은 학자들은 胡厚宣을 지지하여 僞
刻이라고 주장하지만, 于省吾 및 饒宗頤, 周鴻翔 등 일부 학자들은 이 骨片이 가
짜가 아닐 뿐만 아니라 書法契刻 예술도 매우 높은 귀중한 자료라고 여긴다. 그
러나 陳煒湛(1987:210-213)이 제시한 다섯 가지 근거를 참고하면, 胡厚宣의 분석이
타당하다는 것을 알 수 있다.

乙, 弟丙 같은 명칭이 보이지 않는 것으로 보아 卜辭에서 '弟'는 '兄'
과는 용법상에 차이가 있던 것으로 보인다.

5) 子

甲骨文의 '子'는 어린아이의 형상을 본 떠 '𣎴'('粹』309)로 썼는데,
地支로 사용될 때는 구분하기 위하여 '㘡'('佚』134), '𤔔'('甲』1861) 등
으로 썼다.

'子'는 이미 죽은 '子'와 살아있는 '子'로 구분되는데,[227] 죽은 '子'
에 대해서는 天干으로 이름을 삼고 제사를 지냈다. 각 왕들이 모
두 '子'가 있었고, 또한 天干으로 이름을 삼았기 때문에, 전체 卜辭
중에는 동일한 명칭이 많이 보이며, '二子'('合集』3268), '三子'('英藏』
1762), '四子'('合集』23541), '五子'('合集』22215) 등과 같이 여러 명의 子
를 合稱한 것도 보인다. 이는 親生의 여부와 상관없이 어버이 세
대가 자식 세대를 일컫는 통칭으로 사용되었음을 반영한다. '子'에
대해서 제사를 지낸 卜辭의 예를 들면 다음과 같다.

丁未, 其又子丁牛('合集』21885)

: 丁未일에, 子丁에게 소를 희생물로 하여 侑제사를 지낼까요?

癸未卜. 羊于子庚('合集』22088)

: 癸未일에 점을 칩니다. 子庚에게 양을 바칠까요?

---

227 卜辭에서 '子某'로 칭해진 '子'는 크게 商王의 아들, 大臣이나 諸侯의 아들, 商朝의
姓인 子姓, 爵位의 네 가지로 구분되는데, 앞의 세 가지는 서로 구분하기가 어렵
다. 王宇信·楊升南(1999:451) 참조.

貞, 唯今日酒, 其又于二子(『合集』24983)

: 묻습니다. 오늘 酒제사로 두 명의 子에게 侑제사를 지낼까요?

丙子卜, 大貞, 其柰又四子(『合集』23540)

: 丙子일에 大가 점쳐 묻습니다. 네 명의 子에게 柰又제사를 지낼까요?

商王에게는 아들뿐만 아니라 딸도 있었으나, 卜辭에는 '女+天干'으로 女息의 이름을 삼고 제사를 지낸 것은 보이지 않는다. 다만 "婦好娩, 嘉. 王占曰, 其唯丁娩, 嘉, 其唯庚娩, 弘吉, 三旬又一日甲寅娩, 不嘉, 唯女.(婦好가 출산을 하려는데, 좋을까요? 왕이 점쳐 말하기를, 丁日에 출산하면 좋고, 庚日에 출산하면 매우 길하다. 31일째인 甲寅일이 출산하였는데 좋지 않았다. 딸이었다. :『合集』14002正)"와 같은 경우에만 '女'字로 女息이란 의미를 나타냈다.

또한 卜辭 중에는 '子+天干' 대신 "子女缶來.(子女缶가 올까요? :『合集』10579)", '婦娃'(『合集』2803), '子娃'(『合集』7145) 등과 같이 '子+이름'으로 된 것이 있는데, 이름으로 사용된 '女缶'와 '娃'이 '女'를 편방으로 삼고 있고, 또한 동일 이름을 '婦娃'과 '子娃'으로 기록한 것으로 보아 '娃'은 여성의 이름임이 틀림없다.

卜辭에서는 이처럼 女息의 경우에는 '女+天干'으로 이름을 삼지 않고, '子+이름'으로 기록하였는데, 이는 '兄'이 兄·弟·姉·妹 모두를 포함한 것처럼, '子'가 아들과 딸을 모두 포함하였기 때문이다.

卜辭 중의 '子'에 대해서 초기의 학자들은 모두 왕의 아들이라고 하였으나, 李學勤(1983)은 왕의 아들뿐만 아니라 王室과 밀접한 관계가 있는 제후나 대신들의 아들까지도 포함한다고 하면서 卜辭 중의 王族과 多子族을 구분한 張秉權의 주장을 지지하면서 '多子

族'은 大臣이나 諸侯의 親族으로 구성된 군대이고, '王族'은 왕의 親族으로 구성된 군대라고 하였다.

卜辭 중의 '子某'에 대한 연구는 董作賓이 『甲骨文斷代研究例』에서 武丁의 아들 20명의 이름을 제시한 이후 많은 학자들에 의하여 진행되었는데, 王宇信은 『甲骨學一百年』에서 기존 학자들의 통계를 모아 '子某'라고 한 것은 124명이고 '某子'라고 한 것은 31명, '某子某'라고 칭한 것은 5명이라고 하면서, 「甲骨文中所見'子'名表」를 제시하였는데, 참고할 만하다.[228]

6) 妣

甲骨文에서 '妣'는 'ᅾ'(『甲』355), 'ᄂ'(『乙』3729)로 써서 'ᄿ'(『前』4.8.2), 'ᄓ'(『前』1.35.5) 등으로 쓰는 'ᄂ'와 자형이 매우 유사하다.

郭沫若은 『金文餘釋之餘·釋氏』에서 'ᄂ'는 숟가락을 象形한 것이라고 하였으나, 徐中舒는 '妣'는 본래 'ᄭ'로 썼지만, 세로로 쓰는 배열 원칙에 따라 'ᄓ'로 쓴 것으로, 허리를 굽혀 절을 하거나 기고 있는 형상의 측면이라고 하였다.[229]

『說文』에서는 "죽은 어미이다. 形符는 女이고 聲符는 比이다.(歿

---

228 董作賓 이후 卜辭 중의 '子'에 대해서 胡厚宣은 53명, 島邦南은 140명(중복된 것을 제외하면 127명이다.), 孟世凱는 75명(『甲骨學小辭典』 附錄), 張秉權(『甲骨文與甲骨學』)은 120명(중복된 것을 제외하면 112명이다.), 饒宗頤(『甲骨文通檢』 제4책)는 138명(중복된 것을 제외하면 132명이다.)이라고 하였다. 宋鎭豪(『夏商社會生活史』)는 甲骨文과 金文에 보이는 子의 이름을 185명이라고 하였는데, 이 중 '子某'라고 한 것은 156명, '某子'라고 한 것은 29명이다. 王宇信·楊升南(1999:452-452) 참조.

229 徐中舒(1998:913) 참조.

　　　　　　　　　　　　　　甲骨文과 中國 古代社會

母也. 從女, 比聲.)"라고 하였으나,[230] 卜辭에서는 商王의 배우자라는 뜻으로 사용되어, 祖父 이상의 商王의 배우자를 모두 妣라고 칭하였다. 각 代에 모두 妣가 있었고, 中丁에서 武丁까지는 多妻였으며, 또한 示壬 이후로는 先王과 마찬가지로 十干으로 이름을 삼았기 때문에, 卜辭 중에는 동일한 이름이 많이 보인다.

예를 들어 商代의 先公 示癸의 아내, 祖辛의 한 아내, 祖丁의 한 아내를 모두 妣甲이라 칭했고, 示壬의 아내, 祖辛의 한 아내, 祖丁의 한 아내, 小乙의 한 아내를 모두 妣庚이라고 칭했다. 이렇게 이름이 같은 妣를 구분하기 위해서 '高妣丙'(『合集』 32173), '高妣己'(『合集』 438正), '高妣庚'(『合集』 2351), '毓妣癸'(『合集』 1249) 등과 같이 '高'나 '毓(后)'를 이름 앞에 수식어로 붙이기도 하였으나, 대부분은 구분하기 어렵다.

이처럼 '妣'는 卜辭에서 祖母 세대를 통칭하였기 때문에, 몇 명의 妣를 함께 칭하는 현상이 출현하는데, 예를 들면 다음과 같다.

其唯二妣(『合集』 4190反)

: 두 분의 妣에게 唯제사를 지낼까요?

示左三妣(『合集』 22285)

: 세 분의 妣에게 示左제사를 지낼까요?

戊申卜, 求生五妣(『合集』 22100)

: 戊申일에 점을 칩니다. 다섯 분의 妣에게 잉태를 구하까요?

230　段玉裁(1988:615)에서 인용.

又六妣(『合集』19906)

: 여섯 분의 妣에게 侑제사를 지낼까요?

又于妣(『合集』15409)

: 妣에게 侑제사를 지낼까요?

貞, 多妣崇王(『合集』905正)

: 묻습니다. 여러 妣께서 왕께 재앙을 내릴까요?

 이상의 卜辭에서 '二妣', '三妣', '五妣', '六妣'가 구체적으로 누구
를 지칭하는 것인지는 명확하지 않다. 다섯 번째 卜辭에서 '妣'라
고 칭한 것은 모든 妣를 지칭한 것이며, 여섯 번째 卜辭에서의 '多
妣'는 각각의 妣라는 뜻이다.

 이상과 같이 卜辭에서 妣는 直系의 여부와 상관없이, 자신 세대
의, 아버지 세대의, 할아버지 세대의 모든 祖妣에 대한 통칭으로
사용하였다.

7) 母

 '母'의 甲骨文은 '女'字에 두 점을 추가하여 生育 경험이 있는 여
성을 나타낸 '𤕭'(『菁』4.1) 등으로 썼는데 卜辭에서는 生母의 여부와
관계없이 어머니 세대를 통칭하는데 사용되었다.

又于母(『合集』2585)

: 母에게 侑제사를 지낼까요?

甲骨文과 中國 古代社會

王其又母戊(『合集』 27040)

: 왕께서 母戊에게 侑제사를 지낼까요?

母庚印彘(『合集』 22240)

: 母庚이 印에서 돼지를 사냥할까요?[231]

첫 번째 卜辭에서는 제사의 대상을 단지 '母'라고만 밝혔으므로, 구체적으로 누구를 말하는 것인지 알 수 없다. 두 번째와 세 번째 卜辭와 같이 '母某'라고 밝힌 것도 각 세대마다 모두 天干으로 이름을 삼았기 때문에 전체 卜辭 중에는 이름이 같은 것이 많이 있다. 예를 들어 武丁, 祖甲, 康丁, 武乙, 文武丁 시기에 모두 '母己'라고 칭한 것이 있으며, 武丁, 祖甲, 康丁, 武乙, 帝乙 시기에도 모두 '母癸'라고 칭한 것이 있기 때문에, 이들 '母某'가 과연 누구였는지는 정확하게 알기 어렵다.

卜辭 중에는 또한 '二母'(『合集』 19954), '三母'(『合集』 23462), '多母'(『合集』 19971)처럼 복수로 칭한 것들이 있는데, 이들이 동일한 왕의 여러 아내를 칭한 것인지, 아니면 여러 세대의 母를 한꺼번에 칭한 것인지는 정확히 분별하기 어렵다.

8) 女

'女'는 甲骨文에서 '㚰'(『乙』 1378) 등으로 썼는데, '女'字의 造字原理에 대해서는 학자들의 異見이 많았다. 卜辭에서 '女'는 '母'와 통

---

231 '印'은 甲骨文에서 '印'이라는 方國名이나 印 땅의 사람이란 뜻으로 사용되었다.

용되는 경우가 많은데, 예를 들어 어머니 세대를 지칭하는 '母甲', '母乙', '母丙' 등에서 '母'는 '女'로도 썼고, 先公·先王의 배우자를 지칭하는 '母' 역시 '女'로도 썼다. 卜辭를 예로 들면 다음과 같다.

   ⊥于王亥母(『合集』672正)

   : 工亥의 母에게 侑제사를 지낼까요?

   貞, 燎于王亥女(『合集』685正)

   : 묻습니다. 王亥의 女에게 燎제사를 지낼까요?

위의 卜辭에서 王亥의 母는 王亥의 배우자를 지칭하는 것으로, '女'는 '母'의 뜻이다. 이 밖에 母와 女가 混用된 예를 들면 다음과 같다.

   燎于東母(『合集』14338)

   : 東母에게 燎제사를 지낼까요?

   燎于東女, 三豕(『合集』14340)

   : 東女에게 燎제사를 지내는데, 돼지 세 마리를 쓸까요?

위의 卜辭에서 東母는 달의 신[月神], 혹은 동방의 神으로,[232] 東女는 곧 東母라는 뜻이다. 이처럼 여성을 상징하는 神名에서도 '母'와 '女'는 통용되었다. 그러나 卜辭 중에는 '女'와 '母'가 通用되지 않는 경우도 있는데, 예를 들면 다음과 같다.

---

[232] 崔恒昇(1986:188)은 '東母'를 日神이라고 하였으나, 趙誠(2000:123)은 '東母'를 여성을 상징하는 月神이라고 하였다

甲骨文과 中國 古代社會

婦好娩, 嘉. 王占曰, 其唯丁娩, 嘉, 其唯庚娩, 弘吉, 三旬又一日
甲寅娩, 不嘉, 唯女(『合集』14002正)

: 婦好가 출산을 하려는데, 좋을까요? 王이 점쳐 말하기를, 丁日에 출산하면 좋고,
庚日에 출산하면 매우 길하다. 31일째인 甲寅일이 출산하였는데 좋지 않았다.
딸이었다.

위의 卜辭에서 '女'는 '女息'이라는 의미로 쓰였는데, 이러한 경
우에는 '女'가 '母'와 通用되지 않았다. 또한 일반적인 여성을 나타
내는 경우에도 通用되지 않았는데, 예를 들면 다음과 같다.

今夕其有至, 獲女, 其于生一月(『合集』10964反)

: 오늘 저녁이 되면 여성을 얻을까요? 다음 달인 1월[233]일까요?

위의 卜辭에서 '女'는 親族에 대한 稱謂와 무관하게 단지 '여성'
을 지칭하기 때문에 '母'와 通用되지 않았다.

상술한 바와 같이 甲骨文에서 '女'와 '母'는 混用되는 경우가 많
지만, 반드시 구분하여 사용하기도 하였다. 즉 '女'字는 여성에 대
한 통칭으로 사용되었기 때문에 여자 아이, 여성, 母親, 先公·先王
의 배우자, 여성 성격을 지닌 神의 이름 등으로 폭넓게 사용되었
지만, '母'는 母親이나 배우자, 여성 성격을 지닌 神의 이름으로만
쓰였다. 또한 '女'는 출산과 관련된 卜辭에서 '女息'의 의미로만 쓰
이고, 親族에 대한 稱謂로는 사용되지 않았는데, 이는 商代의 親族

---

233 '生月'은 다음 달을 지칭한다. 陳夢家(1956:117-118), 蔡哲茂(1993) 참조.

관계를 나타내는 稱謂에서 '女'를 '子'에 포함하였기 때문이다.

9) 婦

婦는 甲骨文에서 '𦔫'(『存』1.1014), '𥛚'(『乙』4504) 등으로 썼다. 孫
詒讓은 이를 '帚'字로 고석하고 원래는 '빗자루'를 象形한 것이지
만, 卜辭에서는 '婦'의 의미로 假借되었다고 하였다.[234] 羅振玉(1927;
中:48) 孫詒讓의 주장을 지지했으나, 董作賓(1933)은 '帚'를 '歸'로 考
釋하고, 假借되어 보내다[餽]라는 의미로 사용되었다고 하였다.[235]
郭沫若(1982a:430)은 卜辭 중의 '帚'는 모두 '婦'의 생략된 형태이며
'帚'는 商王의 배우자를 칭하는 것으로, 살아서는 國政에 참여하고
죽어서는 제사의 대상에 포함되었다고 하였다.

이후 郭沫若의 이러한 주장은 거의 定論이 되었고, 卜辭에서도
쉽게 증명된다. 즉 『合集』19995片에서 '王帚'라고 하였고, 『合集』
18060에서는 '王婦'라고 하였는데, 이는 의미를 명확하게 하기 위
하여 形符 '女'를 더하여 '婦'를 만든 것으로, '帚'와 '婦'가 卜辭에서
같은 글자로 사용되었다는 증거가 된다.

卜辭 중의 '婦'의 신분에 대해서는 학자들마다 異見이 있었는데,
기존의 연구를 종합하여 정리하면 다음과 같다.

첫째, 왕의 배우자이다. 1973년 中國科學院 考古硏究所는 安陽
市 小屯村에서 서북쪽으로 약 100m 떨어진 곳에서 婦好墓를 발

---

234 孫詒讓 著·樓學禮 校點(1993:100) 참조.

235 董作賓(1933)은 '帚'를 '餽', '矛'를 兵器라고 고석하고, 卜辭 중의 "帚某示若干屯."
    을 "邊方의 方國에게 무기를 보낸다."고 해석하였다.

굴하였는데, 출토된 銅器 중에서 '婦好'나 '好', '后母辛'이라고 새겨진 銘文이 발견되었고, 石器 중에서는 한 件의 石牛에 '后辛'이라는 두 글자를 새겨놓은 것이 발견되었다.[236] '婦好'나 '好'는 生前의 칭호이고 '辛'은 死後의 廟號로, '母辛'은 자식 세대에서 칭한 것이므로 손자 세대에서는 당연히 '妣辛'이라고 칭했을 것이다. 그러므로 '婦好'는 武丁의 배우자인 妣辛으로, 卜辭 중의 '婦'는 商王의 배우자임을 알 수 있다.

둘째, 諸侯의 배우자이다. 예를 들어『屯南』502片에서는 "乙未卜, 其令亞侯帚.(乙未일에 점을 칩니다. 亞侯의 婦에게 명령할까요?)"라고 하였는데, '亞侯'는 亞 땅의 諸侯이므로 '亞侯婦'는 '亞'라는 諸候國의 수령의 배우자를 지칭한다.

셋째, 商代 大臣의 배우자이다. 예를 들어『合集』32897에서는 "丁未貞. 王其令望乘帚其告于祖乙.(丁未일에 묻습니다. 왕께서 望乘의 배우자에게 명령하여 祖乙에게 告제사를 지내도록 할까요?)"라고 하였는데,『合集』6485正에서는 "王比望乘伐下危, 受有祐.(왕께서 望乘과 함께 下危를 정벌하면 보우하심을 얻을까요?)"라고 한 것으로 보아 望乘은 商王을 도와 함께 下危를 정벌했던 大臣으로, '望乘婦'는 '望乘의 배우자'라는 것을 알 수 있다.

이상과 같이 卜辭에서 '婦'는 왕이나 제후, 대신의 배우자라는 의미로 쓰였는데, 왕의 배우자 역시 각 方國이나 諸候國 출신의 여성인 것이 많다. 즉 卜辭에 보이는 婦의 이름은 '婦好', '婦妌', '婦娘' 등과 같이 '婦+이름'으로 되어 있는 것과, '角婦', '河婦', '旅婦', '望

---

236   中國科學院考古研究所(1980:9-15) 참조.

婦'처럼 '이름+婦'로 되어 있는 것이 있는데,[237] 특히 첫 번째 유형의 경우, 이름으로 사용된 글자가 諸侯國나 方國, 貴族이 소유한 지명과 같은 것이 많다. 島邦南(1958:449)의 통계에 의하면 '婦周', '婦井', '婦泟', '婦杞' 등과 같이 地名으로 婦의 이름을 삼은 것은 그가 통계 낸 전체 80명의 婦名 가운데 약 25%를 점한다. 이는 方國이나 諸侯國의 女息을 商으로 政略的으로 시집을 보냈었다는 것을 반영하여 준다.

이상과 같이 卜辭에 나타난 稱謂를 중심으로 살펴본 결과, 商代의 親族關係에는 다음의 세 가지 특징이 있음을 알게 되었다.

첫째, 商代에는 直系와 傍系의 구분 없이 모든 혈통을 지칭하는 稱謂로 祖, 父, 兄, 子, 妣, 母 등이 사용되었는데, 각 세대마다 天干으로 이름을 삼았기 때문에 전체 卜辭 중에는 同名의 先祖들이 많이 있다.

둘째, 母系와 달리 父系社會에서는 남성이 전체를 대표하게 되어 '兄'은 弟·姉·妹를 모두 포함하고, '子'는 아들 뿐 아니라 딸[女]을 포함하였다.

셋째, '女'字는 甲骨文에서 흔히 '母'와 通用되었지만, 親屬에 대한 稱謂와 무관하게 단지 '여성'이라는 의미로 사용될 때는 '母'字와 통용되지 않고 구분하여 사용하였다.

---

237 卜辭에 보이는 '婦'의 명칭에 대해서는 학자들의 異見이 많다. 예를 들어 胡厚宣(1944c)은 62개라고 하였고, 島邦南(1958:447-449)은 80개라고 하였으며, 孟世凱(1987:附錄6)는 67개라고 하였고, 宋鎭豪(1994:148-151)는 121개라고 하였다. 王宇信·楊升南(1999:448-449)은 卜辭 중에 '婦某'라고 칭한 것은 95개, '某婦'라고 칭한 것은 13개라고 하면서, '婦某'라고 칭한 것들 중에서 13명은 단지 '婦井'과 '婦妍'처럼 '女'字의 有無의 차이이므로 동일 인물로 보인다고 하였다.

이상의 세 가지 특징은 同年輩 간의 성 결합만이 허용되었던 고대 사회의 특징과 밀접한 관계가 있다. 즉 同年輩 간의 성 결합만이 허용되고, 父子나 祖孫간의 성 결합이 금지되자, 할아버지 세대[祖], 할머니 세대[妣], 아버지 세대[父], 어머니 세대[母], 자식 세대[子]를 구분하여야 했고, 이를 위하여 '祖'와 '妣'는 直系와 傍系를 구분할 필요 없이 단지 祖父母 세대라는 뜻만 나타내면 되었고, '父'와 '母'는 生父·生母의 여부와 무관하게(물론 당시는 知母不知父적 사회였으므로, 生父를 알지도 못했지만) 자신과 구분되는 앞 세대라는 의미만을 나타내면 되었으며, '子' 역시 아들이건 딸이건, 親生의 여부와 무관하게 父·母의 다음 세대라는 의미만 필요했던 것이다.

그러므로 모든 할아버지, 할머니, 아버지, 어머니, 아들과 딸을 단지 祖·妣·父·母·子라고 칭했고, 卜辭에서는 구분을 위해서 天干으로 이름을 삼았다.

卜辭에서 보이는 이러한 특징은 兄終弟及制에 의한 王位 계승과도 관련이 있다. 예를 들어 祖乙은 中丁의 아들이지만, 아버지 세대의 卜壬과 戔甲도 卽位하였고, 아버지 中丁 역시 大戊의 아들이지만 大戊와 같은 세대의 小甲과 雍己도 卽位를 했었다. 그러므로 祖乙은 아버지인 中丁 외에도 卜壬과 戔甲을 '父'라고 칭했고, 역시 祖父인 大戊와 함께 小甲과 雍己를 '祖'라고 칭했다.

이러한 점은 비단 '父'와 '祖'에만 국한되는 것이 아니라 각 先王의 배우자인 先妣와 母를 칭하는 데에도 적용되어 親族의 구분 없이 모든 祖父 이상의 배우자를 '妣'라고 칭하고 어머니 세대의 先王의 배우자는 모두 '母'라고 칭하게 된 것으로 보인다.

7장

—

中國 古代社會의
田獵

오랫동안 학자들은 『尙書·無逸』의 "文王은 함부로 사냥을 즐기지 않았다.(文王不敢盤於遊田.)"라는 기록을 근거로 商代의 田獵은 일종의 왕이 즐기던 오락 활동이었고, 당시 聖王이라 칭송받던 武丁은 田獵을 자제했다고 여겼다.

그러나 卜辭의 내용을 분석해보면, 武丁시기에도 田獵을 하였다는 기록이 많이 보이고, 田獵의 목적도 왕의 오락 활동 외에 여러 가지가 있었으며 田獵의 방법이나 대상도 매우 다양하였다는 것을 알 수 있다.

이처럼 실제 卜辭의 내용과 고문헌의 기록이 부합되지 않는다는 점은 卜辭 史料로서의 연구 가치를 더욱 높이는 것이기도 하다.

다음에서는 고고학적 발굴성과를 중심으로 고대 중국의 사냥의 기원에 대해서 살펴보고, 卜辭의 내용을 중심으로 商代 田獵의 目的, 田獵 對象, 田獵 方法, 田獵의 參與者에 대해서 살펴봄으로써 商代 사람들에게 田獵이 어떤 의미가 있었는가를 이해해 보기로 한다.

1. 田獵의 始作

약 300만~200만 년 전에 살았던 오스트랄로피테쿠스(Austrolo-pithecus africa-nus)의 齒牙에 대한 연구결과는 당시의 人類가 이미 肉類를 먹었다는 것을 입증하였고,[238] 70~80만 년 전 중국 雲南省에 살았던 元謨人들도 동물을 잡아먹은 것으로 밝혀졌다.[239]

초기의 중국인들은 식량의 확보를 위하여 비교적 온순한 동물을 포획하였으나, 이후 사냥 도구와 방법이 발전하면서 사냥의 대상은 점차 야생동물로까지 확대되었고, 이에 따라 肉食의 비중도 높아졌다.

이후 인구가 증가하면서 사냥만으로는 많은 사람들에게 풍족한 식량을 공급할 수 없게 되자, 人類는 農耕과 牧畜을 시작하였고 이에 따라 사람들의 主食은 肉類에서 穀類로 대체되고, 肉類의 주된 공급원도 사냥에서 牧畜으로 대체되었다.

예를 들어 新石器 仰韶文化에 속하는 陝西省 西安 부근의 遺跡址에서는 원숭이, 돼지, 소, 양, 사슴, 노루, 물소, 코끼리, 개, 호랑이, 곰, 오소리, 족제비, 이리, 수달, 고양이, 너구리, 쥐, 표범 등

---

[238] 許進雄(1991:58)은 휴벨 아담슨(Hoebel Adamson E.)의 『Anthropology : The Study of Man』(New York:McGraw-Hill Book Company, 1972)을 인용하여 이같이 언급하고, 오스트랄로피테쿠스의 생존연대를 약 5백 50만 년 전이라고 하였으나 현재 대부분의 학자들은 오스트랄로피테쿠스의 類를 오스트랄로피테쿠스 아파렌시스(A.afarensis), 오스트랄로피테쿠스 아프리카누스(A.africanus), 오스트랄로피테쿠스 로보스투스(A.robustus), 오스트랄로피테쿠스 보이세이(A.boisei), 오스트랄로피테쿠스 에티오피쿠스(A.etniopicus) 등의 다섯 가지로 구분하고 생존연대는 약 300만~200만 년 전이라고 한다.

[239] 張興永·周國興(1978:26-30) 참조.

다양한 동물의 뼈가 많이 발견되었지만, 商代의 殷墟遺跡地 부근에서는 小量의 야생동물의 뼈를 제외하고는 주로 돼지, 사슴, 노루, 개, 소, 양 등과 같은 家畜의 뼈가 발견되었는데,[240] 이를 통하여 商代에 이미 牧畜이 시작되어 사냥의 대상이 이전에 비하여 현격히 줄어들었다는 것을 알 수 있다.

2. 田獵의 目的

商代에 牧畜이 시작되어 사냥의 대상이 줄었다고는 하지만, 商王들은 여전히 대규모의 사냥을 하였는데, 이는 사냥의 목적이 단순히 肉類를 확보하는 것에 있는 것이 아니라, 보다 다양한 목적에 의하여 이루어졌고, 이러한 사냥의 목적에 의하여 사냥의 대상이 정해졌다는 것을 반영하여 준다.

다음에서는 사냥과 관련된 卜辭의 내용을 중심으로 商代 사냥의 목적에 대해서 살펴보기로 한다.

郭沫若(1983:162)은 商代에는 農業과 牧畜業이 정착되어 "사냥은 이미 생산 가치를 잃고 전적으로 享樂을 위한 일에 불과하였다.(殷時之田獵已失去其生産價値, 而純爲享樂之事.)"고 하면서 商代 사냥의 목적을 오락을 위한 것이었다고 하였고, 董作賓은 商代의 田獵이 武乙 시기에 집중적으로 이루어졌다고 보고 武乙의 개인적인 취

240　賈蘭坡(1978:89-91) 참조.

향에 의하여 田獵이 진행된 것으로 해석하였다.[241]

그러나 陳煒湛(1995:1-3)의 통계에 의하면 지금까지 발굴된 10만여 편의 甲骨 중에서 田獵의 내용을 刻辭한 것은 약 4,500편이며, 이중 武丁 시기의 것은 1,300편, 廩辛·康丁시기의 것은 1,600편, 武乙·文丁시기의 것은 360편, 帝乙·帝辛시기의 것은 900편이다.

즉 董作賓의 주장과 달리 商代에는 武丁 이하 帝辛까지의 商王이 모두 사냥을 거행했음을 알 수 있다.

또한 卜辭에 기록된 내용을 분석해 보면 商代 사냥의 목적은 郭沫若의 주장처럼 단순히 오락을 위해 진행된 것이 아님을 알 수 있다.

許進雄(1991:59)은 農耕이 시작된 이후 고대 중국인들은 식량의 확보라는 목적 외에도 짐승에 의한 농작물의 피해를 막거나 자신들의 생명을 보호하기 위하여 사냥을 하였으며, 또한 제사에 사용할 희생물의 확보와 군대의 연습 혹은 순수한 오락 활동을 위하여 사냥을 하였다고 하였다.

姚孝遂(1981:34-36)는 卜辭 중에서 사냥과 관련되어 점을 친 기록이 제사와 관련된 기록과 거의 대등할 정도로 많이 보인다는 사실은 사냥이 商王이 점을 쳤던 중요한 내용 중 하나였음을 반영하는 것으로, 이처럼 사냥이 占卜의 주된 주제가 된 것은 사냥과 군사 활동이 밀접한 관계가 있었기 때문이라고 하였고, 禽獸와 싸우는 것은 적과 대적하는 기술 연마에 큰 도움이 되었으며, 商王의 권위를 널리 알리는 중요한 수단이 되었다고 하였다.

또한 陳煒湛(1987:89)은 商代 사냥의 목적은 享樂과 군대의 훈련

---

[241] 柳夢溪(1996)에 수록된 董作賓의 「甲骨文斷代研究例」 참조.

이며, 商王이 享樂을 위하여 사냥을 자주 나갔기 때문에 사냥을 나가는 날의 날씨와 오고 가는 길에 재앙이 있을지의 여부 및 사냥물 획득에 대해서 점을 친 卜辭가 많이 보인다고 하였다.

이처럼 商代 田獵의 목적에 대해서는 학자들의 주장이 조금씩 다르다. 다음에서는 卜辭의 내용을 근거로 商代 사냥의 목적에 대해서 살펴보기로 한다.

1) 食糧의 確保

농경과 목축의 영향으로 식량의 확보를 위한 사냥이 商代 이전에 비하여 많이 줄어든 것은 사실이다. 그러나 卜辭 중에서 한 번의 사냥으로 대량의 짐승을 사냥했다는 기록들이 보이는 것은 사냥의 목적이 여전히 식량을 확보하는데 있었음을 반영하는 것으로 볼 수 있다. 예를 들면 다음과 같다.

□□貞. 乙亥陷, 擒七百麋…(『屯南』2626)

: □□일에 묻습니다. 乙亥일에 함정을 설치하면 흰 점박이 사슴 700마리를 잡을 수 있을까요?

允獲麋四百五十(『合集』10344反)

: 과연 흰 점박이 사슴 450마리를 잡았다.

乙未卜, 今日王狩光, 擒. 允獲兕一, 鹿二十一, 豕二, 麑一百二十七, 虎二, 免二十三, 雉二十七. 十一月(『合集』10197)

: 乙未일에 점을 칩니다. 오늘 왕께서 光의 땅으로 사냥을 가시는데, 잡을 수 있을까요? 과연 코뿔소 한 마리, 사슴 21마리, 돼지 두 마리, 새끼 사슴 127마리, 호랑

이 2마리, 토끼 23마리, 꿩 27마리를 잡았다. 때는 11월이다.

위의 卜辭를 통하여 商代에는 사냥을 할 때 한 가지 특정 동물만을 잡기도 하였고, 여러 동물을 함께 잡기도 하였다는 것을 알수 있다. 또한 한 번의 사냥에서 흰 점박이 사슴 450마리, 혹은 물고기 3만 마리를 잡을 수 있을지의 여부에 대해서 점을 쳤다는 것은 사냥에 동원된 인력이나 규모가 매우 컸다는 것을 반영하는데, 이처럼 대규모 사냥을 통하여 많은 짐승을 사냥했다는 것은 사냥의 목적이 식량을 확보하기 위함이었다는 것을 나타내며, 이는 商代에 牧畜이 시작되었다고는 하지만 여전히 사냥이 肉類를 확보하는 보조 수단으로 이용되었다는 것을 뜻한다.

또한 卜辭 중에는 사냥에서 얻은 魚類로 손님을 접대하는 내용이 있는데, 이는 商王이 손님에게 대접할 음식을 확보하기 위하여 사냥을 했다는 것을 의미한다. 예를 들면 다음과 같다.

□寅卜, 賓[貞]. 翌丁卯魚饗多□. 貞. 不其魚(『合集』16043)

: □寅일에 賓이 점 쳐 [묻습니다]. 다음날인 丁卯일에 물고기를 잡아 多□에게 대접할까요? 묻습니다. 물고기를 잡지 말까요?

卜辭 중의 '魚'는 '물고기를 잡다'라는 '漁'의 의미로도 쓰였다. 甲骨文의 '饗'은 '𩚴'(『前』4.21.5), '𩚴'(『合集』16048) 등으로 썼는데, 羅振玉(1927;中:51)은 "식사를 할 때 주인과 손님이 서로 마주 앉은 형상을 본 뜬 것.(象饗食時賓主相向之狀.)"이라고 하였다. 卜辭에서는 "甲申卜何貞. 翌乙酉其祖乙饗.(甲申일에 何가 점쳐 묻습니다. 다음날인 乙酉일에

甲骨文과 中國 古代社會

祖乙에게 饗제사를 지낼까요? : 『合集』27221)"처럼 先祖에게 지내는 제사
의 이름으로 쓰이거나, "甲寅卜彭貞. 其饗多子.(甲寅일에 彭이 점쳐 묻
습니다. 多子에게 饗을 베풀까요? : 『甲』2734)"처럼 宴會를 베푼다는 뜻으
로 사용되었는데, 이후 '饗', '卿', '嚮'으로 分化되었다.

위의 卜辭는 商王이 多□에게 宴會를 베풀기 위하여 물고기를
사냥할 것인가에 대해서 점을 친 것으로, 이로서 商代 사냥의 목
적 중의 하나가 손님에게 宴會를 베풀 때 사용할 음식물의 확보였
음을 알 수 있다.

2) 祭需品의 確保

고대 중국인들은 靈魂이 永生한다고 믿었기 때문에 많은 隧葬
品을 함께 묻었고, 각종 祭祀를 통하여 靈魂의 安慰를 기원하였다.
商代에도 이러한 습속은 여전히 남아서 짐승을 祭物로 바쳐 제사
를 지낸 기록들이 자주 보이는데, 예를 들면 다음과 같다.

翌辛亥, 其侑于祖乙一宰. 四月(『合集』22889)

: 다음날인 辛亥일에 祖乙에게 제사용 양 한 마리로 侑제사를 지낼까요?

貞, 御唯牛三百(『合集』300)

: 묻습니다. 소 300마리로 御제사를 지낼까요?

丁巳卜, 又燎于父丁百犬, 百豕(『合集』32674)

: 丁巳일에 점을 칩니다. 父丁에게 개 100마리, 돼지 100마리를 祭物로 하여 燎

　제사로 侑제사를 지낼까요?

貞, 酒用彘于妣己(『合集』454反)

: 묻습니다. 야생 돼지를 祭物로 하여 妣己에게 酒제사를 지낼까요?

戊午卜, 狄貞. 唯兕于大乙, 戊午卜狄貞. 唯兕于大甲(『合集』27164)

: 戊午일에 狄이 점쳐 묻습니다. 大乙에게 코뿔소를 祭物로 하여 제사를 지낼까
요? 戊午일에 狄이 점쳐 묻습니다. 大甲에게 코뿔소를 祭物로 하여 제사를 지낼
까요?

戊午, 御虎于妣乙(『合集』22065)

: 戊午일에 妣乙에게 호랑이를 祭物로 하여 御제사를 지낼까요?

以象侑祖乙(『合集』8983)

: 祖乙에게 코끼리를 祭物로 하여 侑제사를 지낼까요?

이상과 같이 卜辭 중에는 양, 소, 돼지, 코뿔소, 호랑이, 코끼리
등을 祭物로 삼아 제사를 지낼지의 여부를 점 친 것들이 보인다.

그렇다면 祭物로 사용할 짐승은 어떻게 조달하였을까?

陳煒湛(1987:39)은 소와 양, 돼지의 세 가지 희생물은 주로 牧畜
을 통해 얻었고, 사슴, 코뿔소, 호랑이 같은 동물들은 狩獵을 통하
여 획득하였다고 하였는데, 甲骨文 중에 祭物로 쓰기 위하여 사육
된 소와 양이라는 의미로 쓰인 '牢'와 '宰'가 보이는 것으로 보아,
陳煒湛의 주장처럼 사육이 가능한 짐승을 제외하고는 모두 사냥
으로 祭需品을 조달했던 것으로 보인다.

3) 權威의 象徵

사냥의 대상 중에는 호랑이, 코끼리, 야생 돼지, 코뿔소, 철갑상

어 등 猛獸들이 포함되어 있는데, 이러한 짐승들은 단순히 식량을 확보하기 위해서 잡았다고는 보이지 않는다.

예를 들어 1979년 許進雄이 『皇家安大略博物館懷特氏等收藏甲骨文集』에서 소개한 『懷特』1915(『合集』37848)片은 현재 캐나다 토론토 박물관에 소장되어 있는 약 22cm에 이르는 호랑이 앞발의 뼈인데, 윗면에는 綠松石으로 상감한 화려한 무늬가 새겨져 있고, 뒷면에는 다음과 같은 刻辭가 새겨져 있다.[242]

辛酉王田于鷄錄, 隻大霍虎, 在十月, 唯王三祀, 劦日(『合集』37848)
: 辛酉일에 왕이 鷄錄으로 사냥을 나가셔서 커다란 霍虎를 잡으셨다.[243] 때는 10월이고 왕이 즉위한지 3년이며 劦제사를 드린 날이다.

위의 卜辭는 사냥에서의 성과를 자랑하기 위하여 帝辛 在位 3년 10월 辛酉日에 帝辛이 鶴山 아래에서 사냥을 하다가 크고 사나운 호랑이를 잡고 제사를 거행하여 경축했다는 내용을 기록한 것으로, 이를 통하여 商代 호랑이 사냥의 목적이 商王의 權威를 널리 알리기 위함임을 알 수 있다.

4) 各種 材料의 確保

『庫』1989편은 한 쌍의 사슴뿔[鹿角]로, 뒷면에는 총 여덟 행의

---

242   王宇信·楊升南(1999:558) 참조.

243   陳煒湛(1987:95)은 정확한 의미는 알 수 없다고 하였고, 許進雄(1991:63)은 Proctor Patricia의 「The King's Tiger」를 참조하여 '크고 사나운 호랑이(大烈虎)'라고 하였다.

家譜刻辭가 새겨져 있고, 앞면에는 화려한 꽃문양이 새겨져 있다. 영국인 사무엘 코링(Sammel Couling)이 山東 濰縣에서 이것을 구한 후, 다른 甲骨 485片과 함께 1911년 브리튼 박물관에 기증하였고, 天津에서 駐中 英國 총영사를 역임했던 홉킨스(Hopkins)를 포함한 외국학자들에 의하여 널리 알려 졌다.[244]

그리나 학자들의 연구에 의하여 鹿角과 꽃무늬는 진짜이지만, 鹿角에 새겨진 刻辭는 僞刻임이 증명되었는데,[245] 이를 통하여 이 鹿角의 본래 용도가 刻辭를 새기기 위한 것이 아니라 장식으로 꽃 무늬를 새기기 위한 것이었음을 알 수 있다.

이밖에도 安陽의 殷墟遺跡址를 포함한 商代의 遺跡址에서는 코 끼리의 象牙를 이용하여 만든 각종 工藝品이 많이 발견되었다. 예 를 들어 1976년 婦好墓에서는 표면에 아름다운 꽃문양을 새겨 넣 은 象牙로 만든 술잔 3개가 발견되었다.[246]

이상과 같이 商代에는 사슴의 뿔이나 코끼리의 象牙에 아름다 운 문양을 새겨 넣은 장식품이 유행하였는데, 이러한 장식품 제작 을 위한 재료는 사냥을 통하여 조달되었다.

또한 짐승의 가죽과 털은 商代에 옷을 만드는 재료로 이미 사 용되었는데, 甲骨文 중의 '裘'는 이러한 상황을 반영한다. 즉 '裘' 의 甲骨文 자형은 '求'(『前』7.6.3) 등으로 孫海波(1965:356)는 "가죽옷 의 형상을 본 뜬 것이다. (象皮裘之形.)"고 하였고, 李孝定(1969:2736)은

---

244 陳煒湛(1987:210-211) 참조.

245 胡厚宣(1980) 참조.

246 中國社會科學院考古所(1980:215-218) 참조.

"이미 만들어진 가죽옷을 본 뜬 것으로, 짐승의 털이 밖으로 나와 있다. (象已制成裘, 獸毛在外之形.)"고 하였다. 이처럼 짐승의 가죽을 이용하여 옷을 만드는 것도 사냥의 한 목적이었다.

5) 農耕地의 確保와 農作物의 保護

王宇信·楊升南(1999:558-559)은 商代에는 넓은 森林과 農耕地가 서로 섞여 있었기 때문에 森林에 사는 짐승들에 의해 農耕地가 훼손되는 일이 많았고, 이를 막기 위하여 농경지에서 빈번하게 사냥을 하였다고 하였다. 즉 짐승들로부터 농경지와 농작물을 보호하기 위하여 사냥을 한 것으로 보인다.

卜辭 중에도 동일한 지명에서 사냥도 하고 농사도 지낸 것이 있는데, 이는 이미 농경지로 확보된 지역에서 농작물의 보호를 위하여 사냥을 하였다는 것으로 볼 수 있다. 예를 들면 다음과 같다.

在九月, 惟王⋯彡日, 王其田盂, 獲白兕(『甲』3939)

: 때는 9월이다. 왕께서 彡제사를 지냈다. 왕께서 盂 땅에서 사냥을 하셨는데, 흰 코뿔소를 잡으셨다.

受盂田年(『京津』4437)

: 盂 땅의 農耕地에 풍년이 들까요?

盂田禾釋, 其御. 吉(『合集』28203)

: 盂 땅에 병충해 피해가 있는데, 御제사를 지낼까요? 길하다.

卜辭에서의 '盂'는 地名으로, 지금의 河南省 沁陽縣 서북쪽에 해당하며, 『左傳』에서는 '邢'라고 하였다.[247] 첫 번째 卜辭는 盂에서 왕이 사냥을 하면서 흰 코뿔소를 잡았다는 것이고, 두 번째 卜辭는 盂 땅에 풍년이 들지의 여부를 점친 것이며, 세 번째 卜辭는 盂 땅의 農作物에 병이 들어서[248] 御제사를 지낼지의 여부를 점친 것이다. 즉 '盂'라는 땅에서 왕이 사냥을 했고, 또 '盂'라는 땅의 농사를 위해 풍년을 기원했으며, '盂'라는 땅의 농작물의 피해를 막기 위해서 제사를 지낸 것으로, 이로서 商代에는 동일한 지역에서 농사와 사냥을 함께 했음을 알 수 있다.

또한 卜辭 중에는 새를 사냥했다는 기록이 보이는데, 새는 다른 동물에 비하여 몸집이 작으므로 식량이나 가죽을 얻기 위해서 사냥한 것으로 볼 수 없고, 골격 역시 호랑이 뼈나 사슴의 뿔처럼 工藝品의 재료로 사용되기에는 적당하지 않다. 그럼에도 불구하고 卜辭 중에는 한 번에 250마리의 새[隹]를 잡았다는 기록(『合集』 10514)과 그물망을 사용하면 새를 잡을 수 있을지의 여부를 점친 것(『合集』 10514)들이 보인다. 許進雄(1991:67)은 商代의 새 사냥의 목적을 農作物을 보호하기 위해서였다고 하였는데 타당한 것으로 보인다.

6) 牧畜業의 保護

商代에는 이미 일부 동물에 한하여 牧畜을 실행하였는데, 이들

---

247 崔恒昇(1986:183) 참조.

248 裘錫圭는 '禾釋'을 "작물에 병이 생긴 것을 말한다.(當指作物有病.)"고 하였다. 王宇信·楊升南(1999:559) 참조.

家畜은 역으로 야생 동물의 사냥감이 되기도 하였다. 卜辭에서는 특히 호랑이로 인한 家畜의 피해를 걱정하는 것들이 보이는데, 예를 들면 다음과 같다.

丁巳卜貞. 虎其有禍(『合集』16496)

: 丁巳일에 점쳐 묻습니다. 호랑이에 의한 재앙이 있을까요?

貞. 我馬有虎唯禍, 貞. 我馬有虎不唯禍(『合集』11018)

: 묻습니다. 우리의 말에게 호랑이에 의한 재앙이 있을까요? 묻습니다. 우리의 말에게 호랑이에 의한 재앙이 없을까요?

첫 번째 卜辭는 호랑이에 의한 피해가 있을지의 여부를 점친 것이고, 두 번째 卜辭는 호랑이가 말에게 피해를 입힐 것인가의 여부를 점친 것이다.

말은 商代에 중시되었던 동물이었기 때문에 특별히 호랑이에 의한 피해가 있을지의 여부를 점 친 것으로, 말처럼 잘 달리는 동물도 호랑이에 의한 피해가 있을지 염려되어 점을 쳤다면, 개나 양, 소 같은 家畜의 피해는 卜辭의 기록이 없더라도 가히 짐작할 수 있다.

상술한 바와 같이 商代 田獵의 목적은 商王의 오락 활동뿐만 아니라 다양한 목적으로 진행되었음을 알 수 있고, 卜辭의 내용 분석을 통하여 古文獻의 오류를 바로잡은 중요한 例가 되기도 한다.

3. 田獵의 對象

사냥과 관련된 卜辭는 내용이 비교적 상세하여 사냥을 행하기 전에 미리 사냥의 대상과 사냥 방법에 대해서 적합한지의 여부를 점 친 것이 많이 보이며, 사냥이 끝난 다음에는 사냥에서 잡은 사냥물의 종류와 수량을 자세하게 기록해 놓은 것이 많이 있다.

그러므로 이러한 卜辭를 분석하면 商代의 주된 사냥 대상에 대해서 알 수 있다. 다음에서는 卜辭를 중심으로 商代 사냥물의 대상을 들짐승과 鳥類, 魚類로 구분하여 살펴보기로 한다.

1) 들짐승

(1) 象(코끼리)

약 6천 년 전에 해당하는 浙江省 餘姚의 河姆渡 遺跡址에서는 코끼리의 뼈와 象牙로 만든 정교한 조각품이 발견되었는데,[249] 이는 당시에 코끼리의 象牙가 매우 진귀하게 여겨졌음을 보여준다.

甲骨文의 '象'은 길고 구부러진 코를 강조한 '𧰨'(『前』 3.31.3)로 썼고, '爲'는 손으로 코끼리의 코를 잡아당기는 형상인 '𤔦'(『前』 5.30.4)로 썼다. 周明鎭·張玉萍(1974:65)은 商代에 코끼리가 나무나 돌과 같은 무거운 물건을 운반하도록 길들여졌다고 하였는데, 그렇다면 '爲'의 甲骨文은 훈련된 코끼리를 부려 일을 시키는 형상이

---

[249] 浙江省文管管理委員會·浙江省博物館(1976:6-14) 참조.

라고도 할 수 있다.

許愼이 『說文』에서 "象은 南越지방의 큰 짐승으로, 긴 코와 긴 이빨을 가지고 있다.(象, 南越大獸, 長鼻牙.)"[250]고 한 것으로 보아 東漢 시기에는 코끼리를 쉽게 볼 수 없었던 것으로 보인다. 그러나 商代 遺跡址인 婦好墓에서 코끼리의 실물과 똑같게 사실적이고 생생하게 주조한 코끼리 모양의 기물과 코끼리의 뼈가 발견되었고,[251] 殷墟 遺跡址에서 발견된 코끼리의 뼈에 銅鈴이 매달려 있는 것으로 보아[252] 商代에는 코끼리의 실물을 어렵지 않게 접할 수 있었을 뿐만 아니라 코끼리를 훈련시켜 사육했다는 것도 알 수 있다.

이처럼 코끼리는 商代까지만 해도 河南省 일대에서 쉽게 찾을 수 있었으나, 新石器時期 이후 점차 낮아진 기온에 의하여 점차 남쪽으로 이동하게 되었고, 결국 漢代에는 南越지방에서만 볼 수 있는 동물이 되었던 것으로 보인다.[253]

코끼리는 상술한 것과 같이 사육되기도 하였지만, 卜辭에는 코끼리를 사냥했다는 기록도 보이는데, 예를 들면 다음과 같다.

今夕其雨, 獲象(『合集』10222)

: 오늘밤에 비가 내리면, 코끼리를 잡을 수 있을까요?

---

250 段玉裁(1988:459) 참조.

251 熊傳新(1976:40-41) 참조.

252 王宇信·楊寶成(1982:89) 참조.

253 新石器時期의 중국 기후는 현재에 비하여 온난한 편이었으므로, 이 시기를 '仰韶 溫暖時期'라고도 칭하는데, 黃河 上流인 甘肅省과 靑海省이 1월 평균 기온은 3~ 5도, 연평균 기온은 2~3도 높았으며, 長江 中下流 지역 역시 현재보다 연평균 기온이 5도 정도 높았다고 한다. 龔高法·張丕遠(1987) 참조.

辛未王卜貞. 田往來亡災. 王占曰, 吉. 獲象十(『合集』37364)

: 辛未일에 왕이 점쳐 묻습니다. 사냥을 나가는데 오고 가는 길에 재앙이 없을까
요? 왕이 점쳐 말하기를 길하다. 코끼리 열 마리를 잡았다.

물론 卜辭 중에는 "雀致象. (雀에서 코끼리를 공납하였다. :『合集』8984)"
처럼 코끼리를 공납해 왔다는 기록도 보이지만, 위의 卜辭처럼 직
접 코끼리를 사냥하였다는 기록도 자주 보인다.

(2) 兕(코뿔소)

甲骨文 중에는 머리에 커다란 외뿔이 달린 짐승을 상형한 '𧳋'(『前』
1. 19. 6), '𧳋'(『前』2. 13. 4), '𧳋'(『前』7. 34. 1) 등이 있는데, 卜辭에서 주로
사냥의 대상으로 쓰인 것으로 보아 짐승의 한 종류라는 것은 분명
하지만, 구체적으로 어떤 동물을 상형한 것인가에 대해서는 학자
들의 異見이 많았다.

예를 들어 徐中舒(1998:1061)와 孫海波(1965:393)는 '豕'字로 고석
하였고, 商承祚는 '豸'字로 고석하였으며, 唐蘭은 '兕(외뿔들소)'字로
고석하였다.[254] 于省吾(1996:1604)는 '兕'字로 고석한 唐蘭을 지지하
였는데, 현재는 于省吾의 이러한 주장이 가장 유력하다.

또한 '兕'로 고석한 경우에도 '兕'가 정확하게 어떤 동물을 상형
한 것인가에 대해서 異見이 있다. 예를 들어 屈萬里(1961:498)는 '兕'
를 코뿔소라고 하면서 "王田盂. □獲白兕. (왕이 盂 땅에 사냥을 나갔는

---

[254] 于省吾(1996:1602-1603) 참조.

데, 흰 코뿔소를 잡았다. :『合集』37398)"라는 刻辭가 새겨진 짐승의 뼈를 코뿔소의 두개골이라고 하였으나, 일본학자 林巳奈夫는 코뿔소의 뼈가 아니라 현재는 멸종된 물소의 뼈라고 하면서, 商代에는 '兕' 가 물소의 한 종류를 지칭했으나 후대에 코뿔소를 지칭하는 것으로 변했다고 하였다.[255]

그러나 許進雄(1991:61)은 商代의 弓型 器物에 새겨진 동물의 그림이 코뿔소의 두꺼운 가죽과 이마의 큰 뿔을 명확하게 나타내고 있다는 것을 근거로 '兕'는 코뿔소를 象形한 것이 틀림없다고 하였다.

이처럼 '兕'에 대해서 '코뿔소'라는 주장과 '물소'라는 주장이 나오게 된 원인은 고문헌에서 '兕'를 '犀'와 함께 언급하면서, '兕'를 소의 일종이라고 보았기 때문이다.

예를 들어『爾雅·釋獸』에서는 "兕, 似牛. 犀, 似豕.(兕는 소와 비슷하고, 犀는 돼지와 비슷하다.)"고 하였는데, 이에 대해서 郭璞은 注에서 "兕는 외뿔이며 푸른색이고, 무게가 천근이나 나간다.(一角, 靑色, 重千斤.)", "犀는 물소와 비슷하게 생겼고, 돼지 머리에 큰 배, 짧은 다리를 지녔다.(形似水牛. 猪頭, 大腹, 庫脚.)"고 하였고,[256] 陳夢家(1956:555) 는 '兕'를 '야생 들소(野牛)'라고 하였으며, 張政烺(1973) 역시 '兕'를 푸른색의 야생 들소(靑色的野牛)라고 하면서, '兕'를 야생 들소의 일종이며 '犀'와는 다른 동물이라고 하였다.

그러나 丁山(1998:175)은 "犀와 兕는 同聲의 轉으로, 동일한 동물을 지역에 따라 다르게 부른 것에 불과하다.(犀兕爲一聲之轉, 二獸一物.

---

255   許進雄 著·洪熹 譯(1991:61)에서 인용한 林巳奈夫(1958:16-54)의『安陽殷墟哺乳動物群について』(『甲骨學』第6集) 참조.

256   李學勤 主編(1999:328)에서 재인용.

不過是方俗的殊名.)"고 하여 '兕'와 '犀'를 같은 동물로 보았고, 姚孝遂·
肖丁(1985:151)은 "『說文』에서는 '兕'를 '𧳿'로 썼지만, '𧳿'는 典籍 중
의 '兕'와 같은 글자이다.[257] '𧳿'와 '犀'는 古今字이며, 지금은 犀牛
라고 通稱한다. (兕即𧳿. 𧳿犀乃古今字. 今通稱作犀牛.)", "『爾雅·釋獸』등
에서 '犀'와 '兕'를 상대적으로 구분하여 언급하였는데, 이는 '兕'와
'犀'를 다른 동물이라고 잘못 알았기 때문이다. 『爾雅』와 『說文』에
서 소와 비슷한 것을 '兕'라 하고, 돼지와 비슷한 것을 '犀'라고 하
여 구분하였으나, 이는 근거로 삼을 수 없는 것이다. (爾雅釋獸等卽已
犀兕相對爲言, 是誤以兕犀爲二物, 其由來已久. 爾雅說文以似牛者爲兕, 似豕者爲犀,
雖謂區分, 不可居.)"라고 하여, '兕', '𧳿', '犀'를 모두 동일한 짐승이라
고 주장하였다.

于省吾(1996:1604) 역시 이러한 주장을 지지하면서, '兕'는 삼림의
훼손과 기후의 변화로 지금은 멸종했으나, 예전에 황하유역에 생
존했던 동물이라고 하였다.

이상의 내용을 종합해보면, 甲骨文 중의 '𤉡', '𤉡', '𤉡' 등은 '兕'
로 고석하는 것이 합당하며, 출토된 商代의 器物 중에 코와 이마
에 각기 외뿔이 하나씩 달린 코뿔소의 형상과 똑같은 것이 있는
것이 많은 것으로 보아, '兕'는 코뿔소를 象形한 것으로 보아야 한
다. 이후 코뿔소를 소의 한 종류라고 여겨 '牛'를 편방으로 하는
'犀'를 만들었고, '兕'는 小篆 단계에서 '𧳿'로 변하게 되었다.

---

[257] 『說文』에서는 '兕'를 標題字로 세우지 않고, '𧳿'字에 대해서 "野牛와 같다. 푸른색
이다. 가죽이 단단하고 두꺼워 갑옷을 만들 수 있다. 상형이다. (如野牛, 靑色, 其皮堅
厚可制鎧.)"고 하였고, '犀'字에 대해서는 "邊境 밖의 소이다. 코에 뿔이 하나 있고,
정수리에도 뿔이 하나있다. 돼지와 비슷하다. 형부는 牛이고 성부는 尾이다. (徼
外牛. 一角在鼻, 一角在頂. 似豕. 從牛尾聲.)"라고 하였다. 段玉裁(1988:458·52-53) 참조.

甲骨文과 中國 古代社會

코뿔소를 사냥한 기록은 武丁 이후 帝辛까지 계속 보이는데, 한 번에 40마리를 잡았다는 기록도 있고, 10마리 이상 잡았다는 기록도 자주 보인다. 예를 들면 다음과 같다.

擒獲兕四十, 鹿二, 狐一(『合集』 37375)

: 코뿔소 40마리, 사슴 두 마리, 여우 한 마리를 잡았다.

獲兕十又二(『合集』 37376)

: 코뿔소 12마리를 잡았다.

許進雄(1991:62)은 商代사람들이 코뿔소를 사냥한 가장 큰 목적을 가죽이 견고하고 질겨서 靑銅 무기의 공격에 아주 뛰어난 방어 효과가 있었기 때문이라고 하였다.

(3) 虎(호랑이)

甲骨文의 '虎'는 큰 입을 벌리고 이빨을 드러내 놓은 형상을 강조하여 '𧆥'(『乙』 2409)로 썼다. 호랑이를 사냥했다는 기록은 武丁부터 帝辛까지 모두 보이며, 商王은 여러 지방에 사냥을 나가 호랑이를 잡았지만, 호랑이 사냥은 매우 위험한 일이었기 때문에 다른 짐승들에 비하여 사냥에서 포획한 수량은 적다.[258] 예를 들면 다음과 같다.

---

258   黃然偉(1965:47-50) 참조.

獲鹿四十, 狐一百六十, 虎一(『乙』2908)

: 사슴 40마리, 여우 160마리, 호랑이 한 마리를 잡았다.

辛酉. 王田雞麓, 獲大烈虎. 在十月(『合集』37848)

: 辛酉일에 왕께서 雞麓에서 사냥을 하였는데, 크고 힘이 센 호랑이를 잡았다. 때는 10월이다.

　　첫 번째 卜辭는 한 번의 사냥에서 사슴 40마리, 여우 160마리를 잡았지만, 호랑이는 한 마리만을 잡았다는 것을 기록한 것으로, 그만큼 호랑이 사냥은 다른 짐승에 비하여 위험하고 어려웠음을 반영하다.

　　두 번째 卜辭는 앞서 언급한 것처럼 帝辛(紂)이 雞麓에서 큰 호랑이를 잡고서 이를 기념하기 위하여 호랑이의 앞발 뼈의 앞뒤에다 화려한 무늬를 象嵌하고 刻辭를 새겨 놓은 것으로, 사냥에서의 성과를 자랑하기 위하여 만든 전시용이다.

(4) 鹿·麋·麑(사슴)

　　甲骨文에는 세 종류의 사슴이 보이는데, '鹿'은 한 쌍의 가지 친 긴 뿔을 가진 형상으로 '𩰤'(『甲』1233), '𩰤'(『乙』308) 등으로 썼고, '麋'는 눈썹을 강조한 형상으로 '𩰤'(『甲』1970) 등으로 썼으며, '麑'는 사슴과 형상이 비슷하지만 뿔이 없는 '𩰤'(『甲』2418), '𩰤'(『乙』5161) 등으로 썼다.

　　姚孝遂(1981)는 '麋'에 대해서 "실제로는 눈 위에 흰 점이 있는데, 마치 눈썹처럼 보인다.(實際上麋的目上有白斑, 看上去似眉.)"고 하였고,

'麛'에 대해서는 대부분의 학자들이 사슴의 뿔이 아직 자라지 않은 것을 표시한 것으로 사슴의 새끼를 나타낸다는 것에 異見이 없다.

草食動物인 사슴은 인간에게 위협적이지 않고, 번식이 빠르며 가죽, 뿔, 뼈, 고기 등을 제공하는 유용한 동물이었다. 卜辭에는 사냥에서 사슴을 잡았다는 기록이 많이 보이는데, 예를 들면 다음과 같다.

丁卯[卜], □[貞] 獸正□□禽, 隻鹿百六十二, □百十四, 豕十, 🖐 一(『後下』1.4)

: 丁卯일에 □가 점쳐 묻습니다. 사냥을 나가 짐승을 잡을까요? 사슴 160마리, □ 114마리, 돼지 10마리, 🖐 한 마리를 잡았다.

允獲麋四百五十一(『合集』10344反)

: 과연 흰 점박이 사슴 451마리를 잡았다.

獲虎一, 鹿四十, 狐[二]百六十四, 麑百五十九(『合集』10198正)

: 호랑이 한 마리, 사슴 40마리, 여우 264마리, 새끼 사슴 159마리를 잡았다.

위의 卜辭에서는 각각 사슴 160마리(『後下』1.4), 흰 점박이 사슴 451마리(『合集』10344反), 사슴 40마리와 새끼 사슴 159마리(『合集』10198正)를 잡았다고 하였는데, 이처럼 사냥에서 잡은 사슴의 수량은 다른 짐승에 비하여 매우 많다는 것이 특징이다.

(5) 豕·彘(돼지)

甲骨文에서 '豕'는 풍만한 배와 늘어진 꼬리를 象形한 '♂'(『前』 4.27.4)로 썼다. 新石器時期 이후 돼지는 줄곧 고기를 공급하는 중요한 家畜으로 사용되었고, 農耕이 시작되면서 사육하기 시작하였다.[259]

돼지는 비록 제사에 사용되는 중요한 희생물이 아니었고, 商代에는 이미 사육된 것으로 보이지만, 卜辭에는 여전히 돼지를 사냥한 기록이 많이 보인다. 예를 들면 다음과 같다.

癸丑卜. 王其逐豕, 獲. 允獲豕(『合集』10230)

: 癸丑일에 점을 칩니다. 왕께서 돼지를 쫓으면 잡을 수 있을까요? 과연 돼지를 잡았다.

己未卜, 互貞 逐豕, 隻(『粹』1480)

: 己未일에 互이 점쳐 묻습니다. 돼지를 쫓으면 잡을까요?

王其射大豕(『合集』28307)

: 왕께서 큰 돼지를 활로 쏘아 잡을까요?

貞, 酒用彘于妣己(『合集』454反)

: 묻습니다. 사냥에서 잡은 돼지를 사용하여 妣己에게 酒제사를 지낼까요?

鹿七十一, 豕四十一, 麑百(『合集』20723)

: 사슴 71마리, 돼지 41마리, 새끼 사슴 100마리.

첫 번째와 두 번째 卜辭에서 사냥의 방법은 '逐'이다. 甲骨文에

---

259 許進雄 著·洪熹 譯(1991:88-89) 참조.

甲骨文과 中國 古代社會

서 '逐'은 豕와 止로 이루어진 '🐗'로 썼는데, 사냥감을 쫓아가며 몰이하여 잡는 사냥 방법을 나타낸다.[260]

세 번째 卜辭는 商王이 돼지를 사냥할 때 활로 쏘아 잡는다는 것인데, 이는 甲骨文 중의 '彘'의 자형과 내용이 일치된다. 즉 '彘'의 甲骨文은 '🐖'(『前』4.51.5), '🐷'(『鐵』210.2)로 화살이 돼지를 꿰뚫고 있는 형상인데, 이는 야생돼지를 활로 쏘아 잡았다는 것을 象形한 것이다. 그러므로 네 번째 卜辭는 화살로 잡은 야생돼지를 祭物로 하여 妣己에게 酒제사를 지낼지의 여부를 점친 것이다.

다섯째 卜辭에서는 사슴 71마리, 돼지 41마리, 새끼 사슴 100마리를 잡았다고 하였는데, 돼지는 사납고 위협적이어서 한 번의 사냥에서 잡은 돼지의 수는 다른 짐승에 비하여 많지가 않다. 현재까지 발견된 卜辭 중에서 가장 많은 돼지를 잡은 것은 41마리이다.[261]

(6) 狐(여우)와 兔(토끼)

'狐'는 甲骨文에서 '犬'과 '亡'으로 이루어진 '🦊'(『前』2.27.5), '🦊'(『存下』359) 등으로 썼는데, 甲骨文에서 '亡'은 有無의 '無'로 읽었고, '無'와 '瓜'의 古音은 함께 魚部에 속했기 때문에, 후세에는 '亡'이 同音

---

260 자세한 내용은 田獵의 方法 부분에서 언급하기로 한다.

261 土字信·楊升南(1999:564)에서는 『合集』20723을 근거로 사냥에서 가장 많은 돼지를 잡은 것은 40마리라고 하였으나, 王字信이 總審校한 胡厚宣 主編(1999)의 『甲骨文合集·釋文』(二·下)에서는 41마리라고 하였다.

이었던 '瓜'로 대체되어 '狐'가 되었다.[262]

卜辭 중에서 가장 많은 여우를 한 번에 사냥한 것은 246마리로,[263] 예를 들면 다음과 같다.

獲虎一, 鹿四十, 狐[二]百六十四, 麑百五十九(『合集』10198正)

: 호랑이 한 마리, 사슴 40마리, 여우 264마리, 새끼 사슴 159마리를 잡았나.

'兔'는 甲骨文에서 '𢇛'(『甲』270), '𤡔'(『婦好墓円罕』) 등으로 썼는데, 긴 귀와 짧은 꼬리를 강조한 것이라고도 하고 갈라진 입술과 짧은 꼬리를 강조한 것이라고도 한다.[264]

토끼는 最多 199마리를 한 번의 사냥에서 잡았다는 기록이 보이는데, 예를 들면 다음과 같다.

壬申允狩. 獲兕六, 豕十又六. 兔百又九十又九(『合集』10407正)

: 壬申일에 과연 짐승을 잡았다. 코뿔소 6마리, 돼지 16마리, 토끼 199마리를 잡았다.

甲骨文에서 '麑'는 '𤉋'(『乙』5161)로 썼고, '兔'는 '麑'와 유사한 '𢇛'(『甲』270)로 썼기 때문에 분별하기가 쉽지 않는데, 姚孝遂(1981)는 '麑'와 '兔'의 자형상의 차이는 '麑'는 목이 있으나 '兔'는 목이 없어서 머리

---

262 方述鑫 外(1993:732-736) 참조.

263 王宇信·楊升南(1999:564)에서는 164마리라고 하였으나, 王宇信이 總審校한 胡厚宣 主編(1999)의 『甲骨文合集·釋文』(一·下)에서는 264마리라고 하였다.

264 方述鑫 外(1993:727) 참조.

甲骨文과 中國 古代社會

와 몸이 서로 연결되어 있는 점이라고 지적하였다.

위에서 예를 든『合集』10407(正)片에서의 '兔'도 胡厚宣 主編의 『甲骨文合集·釋文』(一·下)에서는 '寰'로 隸定하였다.

『詩經·豳風·七月』에서 "1월에 사냥을 나가 여우와 살쾡이를 잡아서 公子의 가죽옷을 만들었네.(一之日于貉, 取彼狐狸, 爲公子裘.)"[265]라고 하였는데, 이는『詩經』시기에 여우 가죽이 가죽옷을 만드는 귀한 재료로 사용되었음을 반영한다. 卜辭에서도 많은 여우와 토끼를 사냥했다는 기록이 보이는 것은 가죽옷을 만드는 재료로 사용하기 위하여 여우와 토끼 사냥을 했기 때문이라고 판단된다.

2) 鳥類

鳥類 역시 오래 전부터 사냥의 대상이 되었고, 卜辭 중에도 鳥類를 사냥했다는 기록이 보이는데, 사냥의 대상이 되었던 대표적인 鳥類의 예를 들면 다음과 같다.

(1) 隹와 鳥

甲骨文에서 새를 지칭하는 것으로는 '隹'와 '鳥'가 있는데, '隹'는 비교적 간략하게 새의 형상을 표현하여 '隹'(『鐵』92.3), '隹'(『乙』6469) 등으로 썼고, '鳥'는 비교적 상세하게 새의 형상을 표현한 '鳥'(『後下』 6.3), '鳥'(『林』2.16.19) 등으로 썼다.

---

[265] 阮元 校勘(1977:833)에서 재인용.

許愼은 '隹'에 대해서 "꼬리가 짧은 새에 대한 總名으로, 象形이다.(隹, 鳥之短眉總名也, 象形.)"라고 하고, '鳥'에 대해서는 "꼬리가 긴 새의 總名으로, 象形이다.(長眉禽總名也. 象形.)"라고 하였으나,[266] 이러한 구분은 鳥類를 나타내는 形聲字에서 '鳥'와 '隹'가 偏旁으로 사용될 때 서로 互用되는 것으로 보아 타당하지 않다.[267]

工宇信·楊升南(1990:565)은 새에 대한 通稱으로 早期 卜辭에서는 '鳥'를, 晚期 卜辭에서는 '隹'를 주로 사용하였다고 하였다.

'隹'는 甲骨文에서 주로 '惟'의 의미로 사용되었으나, 새에 대한 통칭으로도 사용되었다. 예를 들면 다음과 같다.

獲隹二百五十, 象一, 雉二(『合集』10514)

: 새 250마리, 코끼리 한 마리, 꿩 두 마리를 잡았다.

甲寅卜, 呼鳴网鳥, 獲. 丙辰風. 獲五(『合集』10514)

: 甲寅일에 점을 칩니다. 새의 소리를 내며 그물로 새를 잡으면, 잡을 수 있을까요?

丙辰일에 바람이 불었는데, 다섯 마리를 잡았다.

첫 번째 卜辭에서는 '隹' 250마리를 잡았다고 하였고 두 번째 卜辭에서는 그물로 '鳥'를 잡을 지에 대해서 점을 쳤다.

이처럼 卜辭에서는 '隹'와 '鳥'를 混用하였고, '隹'는 卜辭에서 주로 語氣詞로 假借되어 쓰였지만, 이처럼 '새'의 의미로 사용된 것도 있다.

---

266 段玉裁(1988:141·148) 참조.

267 '鷄'는 '雞', '鵲'은 '䧿'로도 썼다.

甲骨文과 中國 古代社會

(2) 雉(꿩)

壬子卜. 鹿…獲…麑一, 雉五十(『合集』40834)

: 壬子일에 점을 칩니다. 사슴… 새끼 사슴 한 마리, 꿩 50마리를 잡을까요?

위의 卜辭는 殘缺된 부분이 많아 전체 卜辭의 내용은 알 수 없
지만, 사슴, 새끼 사슴 한 마리, 꿩 50마리를 잡았다는 것은 분명
하다.

甲骨文에서 꿩[稚]은 '矢'와 '隹'로 이루어진 '𣄰'(『乙』8751), '𤲃'(『續』
5.23.7) 등으로 써서, 자형에 이미 활로 쏘아서 꿩을 사냥하였다는
사실이 반영되어 있다.

특히 『續』의 자형은 줄이 달린 화살을 사용하였음을 반영하는
데, 이처럼 화살에 줄을 매달아 새를 사냥한 것은 商代 이전부터
이미 시작되었다.[268] 여기에 대해서는 田獵의 方法에서 자세히 언
급하기로 한다.

鳥類는 다른 짐승들처럼 풍부한 고기와 가죽을 제공하지 않고,
祭需品으로도 사용되지 않았기 때문에, 주된 사냥 대상은 아니었
다. 그러나 鳥類가 농작물을 헤치는 것을 막기 위해서, 그리고 貴
族의 장식물로 鳥類의 깃털을 사용하기 위해서 여전히 사냥의 대
상이 되었다.

---

268 宋兆麟(1981:75-77) 참조.

3) 魚類

魚類는 고대 중국인들의 주된 식량이었으나 쉽게 잡을 수 있었기 때문에 卜辭에는 魚類의 사냥에 대해서 점을 친 것이 많지 않다.[269]

또한 魚類는 들짐승과 날짐승처럼 종류별로 구분하지 않고 일반적으로 '魚'라고 通稱하였다. 다만 卜辭 중에는 좌측의 『合集』258처럼 사냥의 대상을 '魚'라고 하지 않고, '𩵋'라고 별도로 구분한 것이 보이는데, 卜辭의 내용을 隸定하면 다음과 같다.[270]

乙未卜貞. 豕獲𩵋, 十二月. 允獲十六(『合集』258)

: 乙未일에 점쳐 묻습니다. 豕가 𩵋를 잡을 수 있을까요? 때는 12월이다. 과연 16마리를 잡았다.

許愼은 『說文』에서 "鮪는 鮥이다. (鮪, 鮥也.)", "鮥은 어린 鮪이다. (鮥, 叔鮪也.)"라고 하였고, 段玉裁(1988:576)는 '鮪'를 "지금의 철갑상어인 것 같다. (按卽今之鱘魚.)"라고 하였는데, 王宇信·楊升南(1999:566)은 甲骨文의 '鮪'字로 고석하고, 지금의 '철갑상어'를 뜻한

---

269 仰韶文化에 해당되는 陝西省 西安 半坡遺跡址에서는 다른 동물보다 특히 물고기 문양을 그려 넣은 陶器가 많이 발견되었다. 함께 발굴된 魚鏢나 그물추는 당시 사람들이 쉽게 물고기를 접할 수 있었고, 또 물고기 사냥을 자주 했다는 것을 반영한다. 王志俊(1987:45), 西安半坡博物館 編(1995:22) 참조.

270 圖版은 郭沫若 主編(1982:第1冊:64)에서 인용하였다. 胡厚宣 主編(1999:一·上)에서 '𩵋'라고 隸定하였다.

다고 하였다.

1987년 安陽의 殷墟 遺跡址 내의 小屯村 동북쪽에 위치한 건축
터에서 길이가 약 3m에 달했던 것으로 추정되는 철갑상어의 뼈
가 출토되어,[271] 商代에 철갑상어가 존재했었다는 것이 입증되었
는데, 商代의 貢物 중에서 '철갑상어'가 보이지 않는 것으로 보아
商代에는 사냥을 통하여 철갑상어를 잡았다는 것이 분명하다.[272]

그러므로 王宇信·楊升南의 주장처럼 철갑상어를 지칭한 것으
로 보아야 한다.

卜辭에서 다른 魚類는 구분하지 않고 유독 '鱟'에 대해서만 字形
을 따로 만들어 구분하고, 또한 획득 가능 여부에 대해서 점을 친
것은 철갑상어의 사냥이 다른 魚類와 달리 매우 어렵고 위험했기
때문인 것으로 보인다.

4. 田獵의 方法

卜辭에 보이는 사냥 방법은 매우 다양하게 나타난다. 이는 사
냥을 할 때 어떤 방법을 사용할 것인가가 사냥에서의 성과로 연결
되었기 때문이다.

다음에서는 商代 사냥에 사용된 주된 사냥법인 狩, 焚, 蓺, 逐,
阱, 网, 射에 대해서 卜辭를 중심으로 살펴보기로 한다.

---

271 中國社會科學院考古研究所安陽隊(1989) 참조.

272 王貴民(1988:34-35)은 商代 貢物의 종류를 牲畜, 野獸, 骨·牙·玉石, 穀物, 絲織品, 大宗
의 卜甲과 卜骨, 奴隸의 7가지로 분류하였는데, '철갑상어'는 貢物의 종류에 없다.

1) 狩

'狩'는 甲骨文에서 '犬'과 'Y', 혹은 'ᵓ'로 이루어진 'ᛘ'(『合集』
300), 'ᛆ'(『佚』149) 등으로 썼다.[273] 'Y'와 'ᵓ'는 사냥의 도구이고,
'犬'은 달리기를 잘 하는 동물로, 사냥의 도구와 개를 합하여 '사냥
하다'라는 의미를 나타냈다. 卜辭에서는 사냥법의 종류로 사용되
었는데, 예를 들면 다음과 같다.

戊午卜殷貞. 我狩. 擒. 之日狩. 允擒. 獲虎一, 鹿四十, 狐一百六
十四, 麑一百五十九(『合集』10198)

: 戊午일에 殷이 점쳐 묻습니다. 우리가 狩사냥을 하려고 하는데, 잡을 수 있을까
요? 때가 되어 狩사냥을 하였는데, 과연 잡았다. 호랑이 한 마리, 사슴 40마리, 여
우 164마리, 새끼 사슴 159마리를 잡았다.

'狩'의 방법으로 사냥을 나가 잡은 포획물은 그 종류와 수량이
매우 많다. 이것은 '狩'가 여러 명이 함께 사냥물을 둘러싸고 잘 달
리는 개로 몰이하여 잡는 '圍獵'의 방법임을 나타낸다.

2) 焚과 熱

'焚'은 甲骨文에서 나무를 불에 태우는 형상인 'ᛉ'(『甲』412), 'ᛋ'(『鐵』
87.1) 등으로 썼고, 卜辭에서는 나무에 불을 질러 짐승을 몰이하는

---

273   徐中舒(1998:1099) 참조.

사냥 방법으로 사용되었다.[274] 예를 들면 다음과 같다.

翌癸卯其焚, 擒. 癸卯允焚, 獲□□, 兕十一, 豕十五, 虎□, 免二十
(『合集』10408)

: 다음날인 癸卯일에 나무에 불을 질러 사냥을 하면 잡을 수 있을까요? 癸卯일에
과연 나무에 불을 질러 사냥을 하였더니 □□, 코뿔소 11마리, 돼지 15마리, 호랑
이 □마리, 토끼 20마리를 잡았다.

위의 卜辭는 '焚'의 방법으로 사냥을 하여 코뿔소, 돼지, 호랑이,
토끼 등을 잡았다는 기록으로, '焚'은 삼림에 불을 질러 동물을 몰
이하여 잡는 방식이므로, 포획된 동물의 종류가 다양하고 수량도
많다. 위에서 언급한 '狩' 역시 사냥감을 공동으로 몰이하여 잡는
방식이지만, '焚'과 다른 점은 불을 사용하느냐의 여부이다.

3) 逐

甲骨文에서 '逐'은 사슴이나 개, 돼지 등 짐승의 아래쪽에 '쫓
다'는 의미를 나타내는 '발[止]'을 더하여 '𧿨'(『前』6. 46.3), '𧿨'(『前』
3. 32.2) 등으로 썼다. 卜辭에서는 '사냥감을 몰이하여 잡다'는 의미
로 쓰였는데, 예를 들면 다음과 같다.

274　于省吾 主編(1996:1222-1225) 참조.

辛未卜互貞. 往逐豕獲(『甲』3339)

: 辛未일에 互이 점쳐 묻습니다. 돼지를 쫓아가며 사냥하면 잡을 수 있을까요?

癸丑卜. 王其逐豕, 獲. 允獲豕(『合集』10230)

: 癸丑일에 점을 칩니다. 왕께서 돼지를 쫓으면 잡을 수 있을까요? 과연 돼지를 잡
  았다.

其逐鹿, 自西東北亡災(『綴』176)

: 사슴을 몰이하여 사냥하는데, 서쪽, 동쪽, 북쪽에 재앙이 없을까요?

  卜辭에서는 주로 돼지와 사슴 등을 사냥할 때 '逐'의 방법을 많
이 썼다. '逐' 역시 '狩'·'焚'과 마찬가지로 여러 명이 함께 공동으로
사냥감을 몰이하며 잡는 방식이지만, 甲骨文 자형을 볼 때 '狩'는
잘 달리는 개를 이용하여 사냥감을 몰이하고, '焚'은 삼림을 태워
짐승들을 몰이하며, '逐'은 사람이 직접 사냥감을 몰이하여 잡았던
방식으로 보인다.

  특히 마지막 卜辭는 사슴을 몰이하여 사냥하면서 서쪽, 동쪽,
북쪽에 재앙이 있을지를 물었는데, 이는 서쪽, 동쪽, 북쪽의 세 방
향에서 사슴을 남쪽으로 몰아가며 사냥을 한 것을 구체적으로 설
명하여 준다.

  『說文』에서는 '追'와 '逐'을 서로 互訓하였고, 고문헌에서도 '追'와
'逐'을 엄격히 구분하지 않았으나, 卜辭에서는 '追'의 대상은 사람
이고, '逐'의 대상은 짐승으로 엄격히 구분하였다.[275]

---

275 姚孝遂·肖丁(1985:166-167) 참조.

甲骨文과 中國 古代社會

4) 陷阱

甲骨文에는 구덩이에 사슴[鹿]이나 새끼 사슴[麑], 코뿔소[兕]가 빠져있는 형상인 ''(『京』1426), ''(『乙』2235), ''(『屯南』2589) 등이 있는데, 이는 함정을 파서 짐승을 사냥한다는 의미의 글자이다.

즉 姚孝遂·肖丁(1985:152-153)은 '', '', '' 등은 함정을 파서 짐승을 사냥하는 '阱'이고, 구덩이에 사람이 빠져 있는 '', '' 등의 글자는 孶乳되어 '陷'이 되었다고 하였는데, '陷'과 '阱' 모두 함정을 파서 사냥한다는 의미상에서는 차이가 없고, 자형 상으로만 구덩이에 빠져 있는 것이 짐승과 사람이라는 차이가 있으므로, 姚孝遂의 주장은 합리적으로 보인다.

卜辭에서 함정을 파서 사냥을 한 기록은 자주 보이는데, 예를 들면 다음과 같다.

戊辰卜, 其兕井(阱)…擒有兕. 吉(『屯南』2589)

: 戊辰일에 점을 칩니다. 코뿔소를 잡기 위해서 함정을 파면 코뿔소를 잡을 수 있을까요? 길하다.

□丑其阱麋于放(『續』4.5.5)

: □丑일에 放땅에서 함정을 파서 흰 점박이 사슴을 잡을까요?

丙子阱, 允獲鹿二百又九(『合集』10349)

: 丙子일에 함정을 설치했는데 과연 사슴 209마리를 잡았다.

위의 卜辭는 함정을 파서 코뿔소나 사슴을 잡을 수 있을지의 여부를 점친 것으로, 함정을 파서 사나운 동물을 잡는 것은 당시로서는 매우 효과적인 방법이었다.

5) 网

'网'은 甲骨文에서 그물의 형상을 본 뜬 '🗤'(『乙』3947), '🗤'(『佚』460) 등으로 썼고, 卜辭에서는 '그물을 이용하여 사냥하다'라는 뜻으로 사용되었는데, 앞서 언급한 '狩', '逐', '焚' 등 여러 명이 몰이하여 잡는 사냥 방법에 비하여 포획물의 숫자가 많지는 않다. 몇 가지 예를 들면 다음과 같다.

庚戌卜, 獲🗤. 獲十五. ⋯ 甲寅卜. 🗤獲. 丙辰風. 獲五(『合集』10514)
: 庚戌일에 점을 칩니다. 그물을 사용하여 꿩 사냥을 할까요? 15마리를 잡았다. 甲寅일에 점을 칩니다. 그물을 사용하여 꿩 사냥을 할까요? 丙辰일에 바람이 불었는데, 다섯 마리를 잡았다.

甲□[卜]⋯ 尞于溝🗤虎(『合集』20710)
: 甲□일에 점을 칩니다. 溝에서 燎제사를 지내면 그물로 호랑이를 잡을 수 있을까요?

위의 卜辭에서 '🗤'는 그물로 꿩을 잡는 것이고, '🗤'은 그물로 호랑이를 잡는 것이다.[276] 商代에는 이처럼 鳥類나 맹수를 사냥하기 위해서 그물을 사용하기도 하였다.

卜辭 중에는 魚類도 网을 이용하여 사냥한 기록이 보이는데, 예를 들면 다음과 같다.

---

276 이외에도 甲骨文에는 '🗤'(『合集』110), '🗤'(『合集』7051) 등과 같이 그물과 토끼로 이루어진 글자가 있는데, 羅振玉(1927:中은:49)은 이를 '罝'字로 隸定하였다.

甲申卜, 不其网魚(『合集』16203)

: 甲申일에 점을 칩니다. 그물로 물고기를 잡지 말까요?

이밖에 그물을 사용한 漁獵과 관련된 卜辭 중에는 두 손으로 긴
그물을 들고 물고기를 잡는 형상인 '鱻'(『合集』10478·10479)가 있는
데, 胡厚宣이 主編한 『合集·譯文』에서는 '鱻'로 隷定하였다. 예를
들면 다음과 같다.

丙戌卜, 王. 余口鱻(『合集』10478)

: 丙戌일에 왕이 점을 칩니다. 우리가 긴 그물망을 이용하여 물고기를 사냥할까요?

··· 鱻. 五月(『合集』10479)

: 긴 그물로 물고기를 사냥할까요? 때는 5월이다.

이밖에도 甲骨文에는 그물과 눈으로 이루어진 '𦥑'(『合集』5664),
'𦥑'(『合集』27968) 등이 있는데, 주로 사슴 종류를 사냥할 때 사슴의
머리를 그물로 덮어 사냥한 방법을 나타낸 것으로 보인다.

6) 射

甲骨文에서 '射'는 활에 화살이 올려진 형상인 '𢎨'(『乙』7661)로
썼고, 卜辭에서는 '활을 쏘아서 사냥하다'는 의미로 사용되었다.[277]
卜辭를 예로 들면 다음과 같다.

---

[277]   方述鑫 外(1993:389-399) 참조.

貞. 其射鹿. 獲(『前』3.32.4)

: 묻습니다. 사슴을 활로 쏘아 사냥하면 잡을 수 있을까요?

虎豕射亡災(『合集』33363)

: 호랑이와 돼지를 활로 쏘면 재앙이 없을까요?

丁巳卜貞. 王其田亡災. 王其射兕(『合集』33373)

: 丁巳일에 점쳐 묻습니다. 왕께서 사냥을 나가시는데 재앙이 없을까요? 왕께서
   코뿔소를 활로 쏘아 잡을까요?

또한 卜辭 중에는 '网'으로 사냥을 한 이후에 다시 활로 쏘아 잡
은 것도 보이는데, 예를 들면 다음과 같다.

王其网, 射大兕, 亡災(『屯南』2922)

: 왕께서 큰 코뿔소를 그물로 잡고 활로 쏘려고 하는데 재앙이 없을까요?

甲骨文 중의 '꿩[雉]'이나 '야생 돼지[彘]' 등은 모두 화살[矢]을
편방으로 하고 있는데, 이는 鳥類나 돼지 사냥에 활을 사용하였음
을 반영하고 있다.

특히 甲骨文 중의 '𮟺'(『續』5.23.7)는 줄을 매단 화살로 꿩을 사냥
하였다는 것을 나타낸다. 화살에 줄이 달려 있으면 사냥감을 쉽게
찾을 수 있고, 또한 맞추지 못하는 경우에도 화살을 쉽게 찾을 수
있는데, 줄에 매단 화살로 鳥類를 사냥하였다는 사실은 『詩經』에
도 반영되어 있다.

예를 들어 『詩經·鄭風·女曰鷄鳴』에서는 "아내가 말하기를 닭이
우네요, 남편이 말하기를 아직 어두운데. 일어나 밖을 보세요, 샛

별이 반짝이니, 나가 돌아다니며 오리나 기러기 주살로 쏘아볼까 요.(女日鷄鳴. 士日昧旦. 子興視夜. 明星有爛. 將翱將翔, 弋鳧與雁.)"라고 하였 는데, 鄭玄은 箋에서 "弋은 繳射이다.(弋, 繳射也.)"라고 하였고, 孔穎 達은『正義』에서 "繳射는 화살을 줄에 매달아 쏘는 것이다.(然則繳射 謂以繩繫矢而射也.)"라고 하였다.[278] 이는 詩經 시기에도 새를 사냥할 때 화살을 줄에 매달아 사용하였다는 것을 보여준다.

위에서 살펴본 바와 같이 商代에는 사냥을 할 때 사냥개를 이용 하거나, 직접 달리면서 쫓거나 불을 지피는 방법으로 몰이하여 잡 기도 하였고, 함정을 파거나 그물을 이용하고, 활로 쏘아 사냥하 는 등 다양한 방법을 사용했음을 알 수 있다.

상술한 바와 같이 商代에는 식량과 祭需品 및 각종 재료와 농경 지를 확보하고 농작물과 목축업을 보호하며 商王의 권위를 상징 하고 전투력을 훈련시키기 위한 여러 목적으로 사냥을 하였고, 사 냥의 방법 역시 사냥감을 몰이하여 잡거나 그물이나 함정을 파는 등 다양한 방법을 운용하였음을 알 수 있다. 또한 사냥의 대상도 코끼리, 코뿔소, 호랑이 등과 같은 猛獸에서 사슴, 돼지, 여우, 토 기 등의 들짐승 및 각종 어류와 조류에 이르기까지 다양하였음을 알 수 있다.

---

[278] 阮元 校勘(1977:719)에서 재인용.

8장

—

中國 古代社會의
戰爭

고대 중국인들은 자신을 보호하거나 음식물을 확보하기 위하여 자연을 상대로 많은 투쟁을 하였다. 이후 사회가 점차 발달하면서 개인과 개인, 부락과 부락, 씨족과 씨족 사이에 다툼이 발생하였고, 이러한 다툼의 규모가 확대되면서 戰爭도 시작되었다.

　　고대 중국인들은 戰爭을 치루면서 武器의 중요성을 인지하게 되었고, 이에 상대보다 우월한 武器를 보유하기 위하여 각종 도구 제작 능력이 향상되었다.

　　또한 강한 상대와 대적하기 위하여 약한 부족들 간의 연맹이 이루어졌고, 이러한 과정은 '국가'라는 조직을 만드는 원동력이 되었다.

　　卜辭 중에는 商代의 전쟁과 관련된 내용이 많이 보이는데, 현재 발견된 甲骨文은 盤庚이 도읍을 殷으로 遷都한 다음 273년간 사용된 것이 대부분이므로, 卜辭에 기록된 商代의 전쟁은 商代 後期에 해당하는 것이다.

다음에서는 고고학적 발굴성과를 중심으로 고대 중국에서 언제부터 전쟁이 시작되었는가를 살펴본 뒤 商代 후기, 즉 武丁시기의 卜辭를 중심으로 商代의 전쟁에 대해서 알아보고자 한다.

1. 戰爭의 起源

전쟁과 관련된 내용은 古文獻에도 매우 적게 보이고, 있다고 하더라도 내용이 서로 부합되지 않는 경우가 많기 때문에 古文獻의 내용만으로 전쟁의 기원을 파악하기는 어렵다.[279]

초기의 兵器는 農器에서 비롯된 것이 많기 때문에 정확하게 그 시기를 확정할 수는 없지만, 발굴된 유물을 근거로 처음으로 兵器를 사용한 시기를 戰爭의 발생시점으로 추정할 수는 있다.

예를 들어 新石器時期에 해당되는 寶鷄縣 北首嶺의 仰韶文化 遺跡址에서 발굴된 墓葬 가운데 머리가 잘린 성인 남성의 시신이 발굴되었는데, 양쪽 무릎 사이에는 骨鏃(뼈로 만든 화살촉)을, 머리 부분에는 가죽과 목판 위에 검은색으로 채색한 귀가 두 개 달린 陶器를 隨葬해 놓았다. 이는 생전에 그가 武士였음을 반영하는 것이다. 또한 약 5,600년 전에 해당하는 江蘇省 邳縣의 大墩子 遺跡址에서 발굴된 墓葬에서는 중년 남성의 시신이 발견되었는데, 왼

---

[279] 예를 들어 湯이 桀을 멸하고 商을 건국한 내용에 대해서도 『呂氏春秋·簡選』에서는 "湯이 마차 70乘으로 桀을 멸하였다.(湯以良車七十乘伐桀.)"고 하였으나, 『墨子·明鬼下』에서는 "마차 9輛으로 夏를 멸하였다.(車九輛伐夏.)"고 하였다. 이처럼 西周 이후에 기록된 古文獻은 내용이 서로 부합되지 않는 경우가 많으며, 특히 商代 이전에 대해서는 기록해 놓은 바가 많지 않다. 王宇信·楊升南(1999:490) 참조.

손에 骨匕(뼈로 만든 화살촉)를 잡고 있고, 좌측 팔뚝 부분에 石斧(돌도끼)를 놓아두었다. 좌측 정강이에는 길이 2.7cm의 삼각형 모양의 骨鏃(뼈로 만든 화살촉)이 깊이 박혀있는데, 이는 화살에 맞은 후에 화살촉이 體內에 박힌 상태에서 화살대만을 제거해 놓은 것으로 보인다. 이외에도 山西省 縫縣, 雲南省 元謀縣에서도 머리부분에 石鏃(돌화살촉)이 박혀있는 유골이 발견되었다.[280]

이러한 사실은 지금으로부터 약 5, 6천 년 전인 新石器時代에 이미 돌이나 뼈로 만든 兵器를 사용하여 전쟁을 하였음을 반영한다.

2. 戰爭의 過程

卜辭에는 직접적으로 戰爭에 대해서 점을 친 기록뿐만 아니라 戰爭과 관련된 일련의 준비과정에 대해서도 점을 친 것이 보인다. 이는 商代의 전쟁이 체계적으로 이루어졌음을 반영하여 주는 것으로, 다음에서는 武丁時期의 卜辭를 중심으로 商代 전쟁의 과정에 대해서 살펴보기로 한다.

1) 偵察과 報告

商王室에서는 변경지역의 方國을 시켜 敵國의 동태를 정찰하고 이를 보고하도록 명령하였는데, 卜辭에 보이는 '目', '見', '望' 등을

---

280   陰法魯·許樹安(1989:397-398) 참조.

예로 들면 다음과 같다.

貞. 呼目舌方²⁸¹(『合集』6194)

: 舌方을 정찰하라고 시킬까요?

貞. 呼望舌方(『合集』6186)

: 舌方을 정찰하라고 시킬까요?

貞. 恝人五千呼見舌方(『合集』6167)

: 묻습니다. 恝사람 5천명에게 舌方을 정찰하라고 시킬까요?

이상의 卜辭는 '呼+目·見·望+某方'의 형식으로 '某方에게 정찰하도록 명령할까요?'라는 의미를 나타냈다.

'目'은 본래 사람의 눈의 형상을 본 뜬 글자로 '눈'이라는 명사로 사용되었지만 '보다'라는 의미로 引伸되었고, 위의 卜辭에서는 다시 '살피다, 정찰하다'라는 의미로 사용되었다.

'望' 역시 '바라보다'는 의미에서 '살피다'는 뜻으로 引伸되었고 '見' 역시 '目', '望'과 함께 '살피다'는 뜻으로 사용되었다. 그런데 세 번째 卜辭에서 5천명이나 되는 많은 인원이 '살폈다'는 것은 단순히 偵察의 의미가 아니라 出擊을 준비하며 적의 동태를 살피는 것으로 보는 것이 타당할 것이다.

偵察 결과는 商王室에 보고되었는데, 예를 들면 다음과 같다.

---

281 '舌方'은 商의 북쪽지역으로, 지금의 內蒙古自治區 부근에 해당한다. 陳煒湛 (1987:89) 참조.

…來²⁸²告大方²⁸³出, 伐我師(『合集』27882)

: 大方이 출격하여 우리의 군대를 정벌하였다고 알리러 올까요?

舌方其至于糸土(『合集』6128)

: 舌方이 糸의 땅까지 들어올까요?

위의 卜辭는 敵國이 商의 영토에 침입할지의 여부와 敵國의 침입을 알리는 소식이 전해올 지에 대해서 점을 친 것으로, 이는 곧 商王室이 邊方으로부터 偵察의 결과를 보고 받았다는 것을 반영한다.

이 밖에 卜辭에는 '方國名+侯' 혹은 '侯+方國名'이 자주 보이는데, 이때 사용된 '侯'의 의미는 商나라의 변경에 위치한 方國의 首領이란 뜻이다.²⁸⁴ 卜辭 중에 '侯'를 사용한 예를 들면 다음과 같다.

令宔侯歸(『乙』7586)

: 宔侯에게 돌아오라고 명령할까요?

令多子族²⁸⁵比²⁸⁶犬侯²⁸⁷(『續』5.2.2)

: 多子族에게 犬侯와 연맹하라고 명령할까요?

---

282 '來'는 卜辭에서 '往來'의 '來', '未來'의 '來', 人名, 地名으로 假借되어 사용되었는데, 위의 卜辭에서는 方國의 이름으로 사용되었다.

283 '大方'은 지금의 河南省 沁陽縣 부근으로, 商代 方國 중 하나다.

284 徐中舒(1998:583-584) 참조.

285 '多子族'은 大臣이나 諸侯의 親族으로 구성된 군대이고 '王族'은 왕의 親族으로 구성된 군대를 말한다. 李學勤(1983) 참조.

286 '比'는 '聯合'의 뜻으로, 林澐(1994)은 商代 方國의 聯盟을 반영한다고 하였다.

287 '犬侯'는 商代의 方國 중 하나인 犬의 首領을 지칭한다. 崔恒昇(1986:52) 참조.

王令婦好比侯告[288]伐夷(『乙』2948)

: 왕께서 婦好에게 侯告와 연맹하여 夷를 정벌하라고 명령하실까요?

이상의 卜辭에서 '侯'字는 '犬侯', '侯告'처럼 '侯'字의 前·後에 方國의 이름이 함께 쓰여 某方國의 수령이란 의미로 사용되었다.

甲骨文에서 '侯'는 과녁 아래에 화살이 모여 있는 형상인 '(『甲』622)'로 썼는데, 裴錫圭(1985a:22-23)는 "字形면에서 보면 '候'字가 '侯'에서 分化된 것으로 보이지만,[289] 字義면에서 보면 '諸侯'의 '侯'가 오히려 '斥候'의 '候'에서 分化되어 나온 것으로 보인다. '侯'의 前身은 분명 邊境에서 商王을 위하여 '斥候'의 임무를 행하던 武官일 것이다."라고 하여, '侯'의 본래 임무는 偵察이라고 하였다.

王宇信·楊升南(1999:502)은 『大盂鼎』의 銘文 중 '殷邊侯甸'을 근거로 裴錫圭의 주장을 찬성하였는데, 즉 '殷邊'의 '侯甸'이란 邊方의 方國 首領으로 하여금 적을 偵察하도록 한 것이라고 하였다.

2) 祭祀

敵國이 침입해 온다는 보고를 받으면, 商王室에서는 이를 조상에게 알리는 제사를 지내고, 전쟁을 할 경우 승리할 수 있을 것인

---

288 '侯告'는 '侯虎'와 함께 武丁시기에 가장 유명했던 武將으로, 方國 告의 首領이다. 崔恒昇(1987:236) 참조.

289 '候'字는 甲骨文·金文에서 보이지 않고, 小篆에서 처음 보인다. 『說文』에서는 '候'字에 대해서 "가만히 바라본다는 뜻이다. 形符는 人이고, 聲符는 侯이다.(司望也. 從人侯聲.)"고 하였다. 段玉裁(1988:374) 참조.

지에 대해서 점을 쳐 물었는데, 예를 들면 다음과 같다.

己酉卜. 召方來. 告于父丁(『甲編』 810)
: 己酉일에 점을 칩니다. 召方이 침입하였는데, 父丁에게 이를 알리는 告제사를
지낼까요?

告舌方于祖乙(『合集』 6145)
: 舌方이 침입하였다는 것을 祖乙에게 알리는 告제사를 지낼까요?

위의 卜辭는 召方[290]과 舌方이 침입한 사실을 조상에게 알리는
告제사를 지낼지의 여부를 점친 것으로, 商代에는 이처럼 邊方으
로부터 敵國이 침입하였다는 보고를 받으면, 우선 조상에게 알리
는 제사를 지냈음을 알 수 있다.

卜辭에는 또한 전쟁을 시작하기 전에 전쟁에서 승리할 수 있을
지의 여부에 대해서 점을 친 기록이 많이 보이는데, 예를 들면 다
음과 같다.

己酉卜, 口貞. 王正[291]舌方, 下上[292]若, 受我祐. 二月. 貞. 勿正舌
方, 下上不若, 不我其受又(『鐵』 244. 2)

---

290 '召方'은 卜辭에 자주 보이지만 현재의 어느 지역을 칭하는지는 분명하지 않다.
다만 『粹』 1124, 1126 등에 召方을 정벌하는 내용이 기록된 것으로 보아, 위의
卜辭는 召方이 침입하여 이를 父丁에게 알리기 위한 告제사를 지낼지의 여부를
점 친 것으로 보인다. 陳煒湛(1987:89) 참조.

291 卜辭에서 '正'은 '征'의 뜻으로 '伐'과 同意로 썼었다.

292 '下上'은 卜辭에서 주로 合文인 '⊙'로 쓰였고, '上'은 天神, '下'는 地神을 뜻한다.
崔恒昇(1986:22) 참조.

: 己酉일에 □이 점쳐 묻습니다. 왕께서 舌方을 정벌하려는데 하늘과 땅의 神께서 허락하시고 우리에게 보우하심을 주실까요? 때는 2월이다. 묻습니다. 舌方을 정벌하지 않으려고 하는데 하늘과 땅의 神이 허락하지 않고 우리에게 보우하심을 주시지 않을까요?

위의 卜辭는 商王이 직섭 舌方을 정벌하러 가기 전에 天神과 地神이 전쟁에 승리할 수 있도록 보우하실지의 여부에 대해서 점을 친 것이다.

3) 責任者 選定

卜辭에는 전쟁을 실행하기 이전, 누가 전투를 지휘할 것인지에 대해서 미리 점을 친 것이 보이며, 卜辭의 내용으로 볼 때 商代 전쟁의 책임자는 크게 세 가지로 구분된다.

첫째는 商王이 직접 정벌하러 갈 것인지를 점 친 것이고, 둘째는 商王이 어떤 신하를 이끌고 전쟁을 하면 승리할지의 여부에 대해서 점 친 것이며, 셋째는 어떤 신하에게 정벌을 명할 것인지를 점 친 것이다. 예를 들면 다음과 같다.

舌方出王自正(『合集』 6098)
: 舌方이 침입하였는데 왕이 직접 정벌하러 갈까요?

　　　　　　　　　　　　　　　　甲骨文과 中國 古代社會

丙戌卜, 爭貞. 今⟨甲⟩王從望乘²⁹³伐下危²⁹⁴, 我受有祐. 丙戌卜, 爭

貞. 今三月多雨(『鐵』249.2)

: 丙戌일에 爭이 점쳐 묻습니다. 지금 왕께서 望乘을 이끌고 下危를 정벌하려 하

는데 우리가 보우하심을 받을 수 있을까요? 丙戌일에 爭이 점쳐 묻습니다. 지금

3월에 비가 많이 올까요?

첫 번째 卜辭는 商王이 직접 단독으로 정벌을 하는 것이고, 두

번째 卜辭는 商王이 下危를 정벌하러 가면서 신하인 望乘을 대동

하면 보우하심을 받을지에 대해서 점을 친 것이다.

전쟁을 하는데 비가 오면 어려움이 있기 때문에, 卜辭의 뒷부분

에서는 비가 올지의 여부에 대해서도 물었다.

己卯卜, 充貞. 令多子族從犬侯⟨𪚥⟩²⁹⁵周. 五月(『續編』5.2.2)

: 己卯일에 充이 점쳐 묻습니다. 多子族에게 犬侯를 이끌고 周를 공격하도록 명

령을 내릴까요? 때는 5월이다.

위의 卜辭는 大臣이나 제후의 친족으로 구성된 군대인 多子族

에게 犬方의 首領을 이끌고 周를 정벌하도록 명령할지에 대해서

---

293 '望乘'은 卜辭에 자주 보이는 武丁시기의 武官으로, '王從望乘'은 왕이 望乘을 대
동한다는 의미이다. 楊樹達(1986b) 참조.

294 陳煒湛(1987:88-89)은 '下危'를 지금의 河北省과 內蒙古自治區의 경계에 위치한 당
시 商나라 북부의 方國名으로 卜辭에 '下危'를 정벌하는 문장이 자주 보인다고
하였으나, 崔恒昇(1986:340)은 지금의 山西省 西南部 지역에 해당한다고 하였다.

295 唐蘭은 '𪚥'을 '撲'의 本字라고 여겼지만, 卜辭에서는 '征伐'이라는 의미의 '撲'으로
사용되었다. 崔恒昇(1986:357) 참조.

점을 친 것이다.

商代 方國 중의 하나였던 周는 지금의 陝西省 岐山 일대에 위치해 있었고, 犬方은 지금의 咸陽과 興平 지역에 해당한다.[296] 岐山은 당시 商의 수도였던 殷과 거리가 비교적 멀었기 때문에, 多子族에게 岐山의 바로 동쪽에 위치한 犬方의 首領을 이끌고 정벌을 하도록 명령을 한 것으로 보인다.

4) 兵力 召集

卜辭 중에는 많은 인원을 召集했다는 기록이 보이는데, 이는 임시적인 兵力召集으로, 武丁시기의 卜辭에 많이 보이고 武丁 이후의 卜辭에서는 보이지 않는다.

병력 소집과 관련된 卜辭의 예를 들면 다음과 같다.

貞. 登人三千呼伐方, 受有祐(『合集』 6168)

: 묻습니다. 3천명을 소집하여 方國을 정벌케 하려는데, 보우하심을 받을까요?

登射三百, 勿登射[297]三百(『乙』 751)

: 射手 300명을 소집할까요? 射手 300명을 소집하지 말까요?

---

296 劉釗(1989) 참조.

297 崔恒昇(1986:266)은 '射'에 대해서 "王叀翌日辛射游兕. (왕께서 다음 날인 辛日에 游땅의 코뿔소를 활로 쏘아 사냥할까요? : 『粹』 1010)"처럼 '활을 쏘다'라는 의미와 "王令三百射 (왕께서 300명의 射手에게 명령할까요? : 『丙』 76)"처럼 '射手'라는 의미, 그리고 地名으로 假借되어 쓰였다고 하였고, 嚴一萍(1983)은 "射는 활을 쏘는 병사이다. (射乃執弓矢之士兵.)"라고 하였다.

위의 卜辭에서 '登'은 '군대를 소집하다'는 뜻으로,[298] 商代에는 전쟁을 앞두고 군인을 소집하였다는 것을 알 수 있다.

丁酉卜㱿貞. 王共人五千正土方, 受有祐(『合集』6406)

: 丁酉일에 㱿이 점쳐 묻습니다. 왕께서 5천명을 소집하여 土方을 정벌하려 하시는데, 보우하심을 얻을까요?

王供人五千正土方(『合集』6409)

: 왕께서 5천명을 소집하여 土方을 정벌할까요?

위의 卜辭에서 '共'·'供'은 '소집하다'는 의미로 사용되었다. 역시 전쟁을 앞두고 많은 사람을 소집했음을 반영하는데, 소집 대상인 '人'은 모든 사람을 凡稱한 것으로 보인다.

5) 戰爭物資의 確保

卜辭 중의 '次'는 군대가 행군하다가 잠시 주둔하는 곳이란 의미이며 '呼供次'라고 한 것은 주둔하는 군대에게 각종 군용물자를 제공하라고 명령한다는 뜻이다.[299] 예를 들면 다음과 같다.

貞. 呼供貯[300]次(『合集』777正)

: 묻습니다. 주둔하는 貯의 군대에게 물자를 제공하라고 시킬까요?

298　卜辭에서 '登'은 또한 '바치다'라는 뜻과 祭名으로도 쓰였다.

299　劉釗(1989) 참조.

300　卜辭에서 '貯'는 인명으로 쓰였다. 崔恒昇(1986:309) 참조.

貞. 呼供次(『合集』18917)

: 묻습니다. 전쟁 물자를 제공하라고 시킬까요?

卜辭에는 또한 전쟁과 함께 물자를 징집하는 내용이 함께 보이는 것이 있는데, 예를 들면 다음과 같다.

貞. 王從沚馘伐巴方. 丙午卜, 賓貞. 呼取牛百, 致. 王占曰. 吉. 致
(『合集』93反)

: 묻습니다. 왕께서 沚馘를 이끌고 巴方을 정벌할까요? 丙午일에 賓이 점쳐 묻습니다. 백 마리의 소를 거두라고 시키면 될까요? 왕이 판단하여 말하기를 길하다. 바쳐왔다.

위의 卜辭는 왕이 巴方을 정벌하려고 하는데, 전쟁에 필요한 물자를 확보하기 위하여 백 마리의 소를 거두려고 한다면, 과연 거두어들일 수 있을 지에 대해서 점을 쳤고, 점괘대로 모두 거두어들였다고 기록한 것이다.

6) 軍隊의 移動

전쟁을 시작하기 전에 전쟁에 유리한 지역으로 군대를 이동시켜야 하는데, 행렬에 앞서서 '길을 열거나 앞서 행하는 활동(開道或先行的活動)'[301]을 卜辭에서는 '啓'라는 동사로 사용하였다. 예를 들면

---

301   王貴民(1982:417) 참조.

다음과 같다.

沚首或[302]啓, 王從伐巴方(『合集』6471正)

: 沚땅의 首或가 첨병활동을 하면 왕께서 이끌고 巴方을 정벌할까요?

丙辰卜, 爭貞. 沚首或啓, 王比, 帝若. 受我佑(『合集』7440正)

: 丙辰일에 爭이 점쳐 묻습니다. 沚땅의 首或가 첨병활동을 하고 왕께서 이끌면

上帝께서 허락하실까요? 우리에게 보우하심을 내리실까요?

'啓'는 이처럼 군대의 정찰대가 행렬 보다 앞서서 미리 적의 동
태를 살펴 길을 열거나 선제공격을 하는 것이다. 이외에도 군대의
이동과 관련된 卜辭의 예를 들면 다음과 같다.

戊戌卜, 步, 今日追方(『合集』20460)

: 戊戌일에 점을 칩니다. 걸어서 오늘 方國을 추격할까요?

甲子貞. 其涉師于西氵北. 弜涉師(『屯南』1111)

: 甲子일에 묻습니다. 군대가 西洮강을 건널까요? 군대가 건너지 말까요?

甲子卜. 貞. 出兵, 若(『合集』7204)

: 甲子일에 점쳐 묻습니다. 군대가 출병하려는데 허락하실까요?

丙辰, 行其鼓 圍于南(『合集』20536)

: 丙辰일에 북을 울리며 행군하여 남쪽에서 포위할까요?

乙卯卜, 㱿貞. 舌方還. 率伐不. 王其正. 勿告于祖乙(『合集』6345)

: 乙卯일에 㱿이 점쳐 묻습니다. 舌方이 퇴각하는데 이끌고 정벌하지 말까요? 왕

---

302   卜辭에서 '沚'는 지금의 陝西省 남부를 지칭하는 지명, 혹은 沚땅의 수령을 지칭
하며, 沚首或는 沚땅의 장관을 칭한다. 崔恒昇(1986:174) 참조.

이 정벌을 하려는데 祖乙에게 알리는 告제사를 지내지 말까요?

이상과 같이 步, 涉, 出, 行, 還 등은 卜辭에서 군대의 이동방식을 나타내는 동사로 사용되면서 각각 '걸어서 이동하다', '강을 건너 이동하다', '출병하다', '행군하다', '후퇴하다'라는 의미를 나타냈다.

7) 征伐 活動

卜辭에는 征伐과 관련된 여러 동사들이 보이지만, 가장 자주 등장하는 것은 正, 圍, 途, 敦, 撲, 戔, 伐, 射, 追이다.[303] 다음에서는 卜辭를 예로 들어 설명하기로 한다.

(1) 正

乙卯卜, 殼貞. 王叀土方正(『合集』 6442)

: 乙卯일에 殼이 점쳐 묻습니다. 왕께서 土方을 정벌할까요?

吾方出, 王自正, 下上若(『柏』 25)

: 吾方이 침입하여 왕이 직접 정벌하러 가시는데 天神과 地神이 보우하심을 주실까요?

---

303 陳年福(2001:21-23) 참조.

甲骨文과 中國 古代社會

卜辭에서 '正'은 주로 인명이나 지명, 祭名으로 假借되어 쓰이거나, "今夕亡尤, 在正月. (오늘밤에 재앙이 없을까요? 때는 1월이다. : 『前』 1.19.4)"처럼 '正月'이란 의미로도 사용되었다.

위의 卜辭에서는 '정벌하다'는 '征'의 의미로 쓰였는데, '正'은 주로 商나라가 다른 方國을 정벌할 때만 사용되었다.

⑵ 圍

貞. 不其獲. 圍土方(『合集』 6451正)

: 묻습니다. 잡지 못할까요? 土方을 포위하여 공격할까요?

'圍'는 甲骨文에서 '𭃉'(『乙』 8498)로 썼다. '正'의 異體字로 보는 학자가 많지만 徐中舒(1998:147-148)는 '𭃉'에 대해서 『說文』에 수록되지 않았고, '正'과 의미는 같지만 용법에 차이가 있다고 하면서 敵國이 商나라를 침입한 경우에는 𭃉만 썼다고 하였다. 즉 商나라가 方國을 정벌할 때는 '正'과 '𭃉'를 모두 썼지만, 敵國들이 商나라를 침입했을 때는 '正'으로 쓰지 않고 '𭃉'으로만 썼는데, 이처럼 용법에 차이가 있다는 것은 '正'과 '𭃉'이 異體字의 관계가 아니라는 것을 증명한다.

또한 '𭃉[圍]'는 '正'과 달리 사냥할 때도 사용되었는데, 예를 들면 다음과 같다.

甲戌卜, 王圍, 獲鹿不(『合集』10311)

: 甲戌일에 점을 칩니다. 왕께서 사냥감을 포위하시면 사슴을 잡지 못할까요?

我弗其圍麋(『合集』10378)

: 우리가 새끼 사슴을 포위하여 사냥하지 말까요?

卜辭에서 '圍'는 이처럼 사냥감을 포위하여 잡는 방법으로도 썼지만,[304] '正'字에는 이러한 用例가 보이지 않는다. 이는 곧 '𢧑'가 '正'의 異體字가 아니라 독립된 별도의 글자라는 것을 입증하여 주는 것으로, '𢧑'는 卜辭에서 敵國을 포위하여 정벌한다는 뜻으로 쓰였다.[305]

(3) 途

丁未貞. 今令卯途危方(『合集』32897)

: 丁未일에 묻습니다. 지금 卯에게 危方을 정벌하라고 명령할까요?

위의 卜辭는 卯에게 危方을 정벌하라고 명령을 내릴 지에 대해서 점을 친 것으로, 卜辭에서 '途'는 虎方이나 危方에 대한 군사행동을 할 때만 쓰이면서 '공격하여 屠殺하다'는 뜻을 나타냈다.[306]

---

[304] 屈萬里(1961:101)는 '𢧑'를 '圍'字로 고석하고, 포위하여 사냥하는 방법이라고 하였다.

[305] 陳年福(2001:189-190) 참조.

[306] 于省吾는 '途'를 '屠'라고 여겨 '殺戮하다'의 뜻이라고 하였다. 李孝定(1969:557) 참조.

甲骨文과 中國 古代社會

(4) 敦

庚申卜. 于丁卯敦召方, 受祐(『合集』33029)

: 庚申일에 점을 칩니다. 丁卯일에 召方을 공격하면 보우하심을 얻을까요?

癸亥卜王. 方其敦大邑[307](『合集』3783)

: 癸亥일에 점을 칩니다. 敵國이 大邑을 공격해 올까요?

위의 卜辭에서 '敦'으로 隷定된 甲骨文은 본래 '𩇔'(『合集』6781)로
썼는데, 王國維가 '敦'의 異體字로 고석한 후 定論化되었다.[308]
卜辭에서는 '토벌하다', '추격하여 공격하다'는 의미로 사용되었다.

(5) 撲

己卯卜, 充貞. 令多子族從犬侯𩇔(撲)周. 五月(『續編』5.2.2)

: 己卯일에 充이 점쳐 묻습니다. 多子族에게 犬侯를 이끌고 周를 공격하도록 명
령을 내릴까요? 때는 5월이다.

卜辭는 多子族에게 方國 犬의 首領을 이끌고 方國 周를 공격하

---

307 '大邑'은 商나라 사람들이 거처하던 國土을 칭한다. 예를 들어 卜辭에서는 "大邑
受禾, 不受禾.(大邑에 풍년이 들까요? 풍년이 들지 않을까요? : 『粹』899)"처럼 사용되었다.
趙誠(2000: 10-11)은 '商方'을 商王朝를 형성하는 기초 方國이라고 하고, '大邑商'을
'商方'의 수도이자 商王이 빈번하게 출입했던 곳이라고 하였다.

308 崔恒昇(1986:354) 참조.

라고 명령을 내릴 것인지에 대해서 점을 친 것이다. '공격하다'는
뜻으로 사용된 '𧥩'字에 대해 唐蘭은 '璞'의 本字라고 하였지만, 卜
辭에서는 '征伐'이라는 의미의 '撲'으로 사용되었다.[309]

(6) 戔

貞. 呼戔舌方(『合集』6335)
: 묻습니다. 舌方을 공격하라고 시킬까요?

甲骨文에서 '戔'은 '戈'를 중첩시킨 '𢦜'(『林』2.5.14) 등으로 썼고,
卜辭에서는 '伐'과 비슷한 의미로, '정벌하다'라는 뜻으로 사용되었
다. 위의 卜辭에서도 舌方을 정벌한다는 의미로 사용되었다.

(7) 伐

貞. 今王探伐土方, 受口(『合集』6425)
: 묻습니다. 지금 왕께서 土方을 정벌하려고 하시는데 口을 받을까요?

辛丑卜, 㱿貞. 舌方其來, 逆伐(『合集』6198)
: 辛丑일에 㱿이 점쳐 묻습니다. 舌方이 침입하였는데, 정면으로 맞서서 정벌할
  까요?

---

309 崔恒昇(1986:357) 참조.

甲骨文과 中國 古代社會

壬子卜, 王令雀耳皇伐. 十月(『合集』6960)

: 壬子일에 점을 칩니다. 왕께서 雀에게 크게 정벌하라고 명령하실까요? 때는
  10월이다.

戊子卜, 賓貞. 戊[310]其專伐(『合集』7603正)

: 戊子일에 賓이 점쳐 묻습니다. 戊가 정벌할까요?

'伐'은 '正'과 함께 '정벌하다'는 뜻으로 자주 사용되었지만, '正'
과 다른 점은 위의 卜辭처럼 '伐字' 앞에 '探', '逆', '耳皇', '專' 등의
수식어가 자주 붙는다는 것이다.

즉 '正'에 비하여 '伐'은 의미를 보다 세분하여 표현하는데 사용
되었는데, 예를 들어 '逆伐'은 적의 침입에 정면으로 맞서 싸운다
는 것이고,[311] '探伐'은 후퇴하는 적을 수색하며 정벌한다는 뜻이
며, '耳皇伐'과 '專伐'은 크게 정벌한다는 뜻이다.[312]

(8) 射

戊午卜, 內貞. 呼射井羌(『合集』7076正)

: 戊午일에 內가 점쳐 묻습니다. 井方과 羌族을 활로 쏘아 공격할까요?

---

310 卜辭에서 '戊'는 武丁때의 武官으로 "戊其正土方. (戊가 土方을 정벌할까요. :『戩』
     12.14)", "戊獲羌, 戊不獲羌. (戊가 羌族을 잡을까요? 戊가 羌族을 잡지 못할까요? :『甲』3338)"
     처럼 人名으로 쓰였다. 崔恒昇(1986:87) 참조.

311 王宇信·楊升南(1999:505) 참조.

312 陳年福(2001:21) 참조.

'井'은 '井方'으로 商의 서쪽에 위치한 方國이다. 陳夢家는『史記
·殷本紀』의 "祖乙이 도읍을 邢로 천도하였다. (祖乙遷于邢.)"에서의
'邢'를 '井'이라고 하였다. 지금의 山西省 河津縣의 남동쪽에 해당
한다.[313] '射'는 卜辭에서 사냥과 전쟁에서 활을 쏘는 방법을 지칭
한다.

(9) 追

己亥歷貞. 王其令追召方(『合集』 32815)
: 己亥일에 歷이 묻습니다. 왕께서 召方을 추격하여 정벌하라고 명령할까요?

卜辭에서 '追'는 '추격하여 공격하다'는 뜻으로 사용되었다. 『說
文』에서는 '追'와 '逐'을 서로 互訓하였고, 고문헌에서도 '追'와 '逐'
을 엄격히 구분하지 않았으나, 卜辭에서는 '追'의 대상은 사람이
고, '逐'의 대상은 짐승으로, 엄격히 구분하였다.[314]

즉 '追'는 사람을 대상으로 '추격하여 정벌하다'는 뜻으로, '逐'은
짐승을 '쫓아 사냥하다'는 뜻으로 사용되었다.

이상과 같이 卜辭에서는 '정벌하다'는 의미를 正, 圍, 途, 敦, 撲,
戔, 伐, 射, 追 등의 動詞로 표현하였는데, 정벌하는 방법에 있어서
서로 차이가 있음을 알 수 있다.

---

313 崔恒昇(1986:47) 참조.

314 姚孝遂·肖丁(1985:166-167) 참조.

즉 '正'과 '圍'는 모두 '정벌하다'의 의미이지만, 商이 方國을 정벌할 때는 '正'과 '圍'를 모두 쓰고, 敵國이 商을 정벌할 때는 '圍'만 썼다. 또한 '圍'는 사냥감을 몰이하여 잡는다는 의미로도 쓰인 것으로 보아 敵國을 포위하여 정벌하는 방법임을 알 수 있다.

'途'는 虎方과 危方을 정벌할 때만 사용하였고, '敦'은 정벌 대상이 주로 大邑, 墉, 郭인 것으로 보아 군대를 城 아래에 주둔시키고 공격하는 뜻을 나타낸 것으로 보인다.

또한 '伐'은 앞에 '探', '逆', '耳皇', '專' 등의 수식어가 붙는데, '逆伐'은 적의 침입에 정면으로 맞서 싸운다는 것이고 '探伐'은 후퇴하는 적을 수색하며 정벌한다는 뜻이며, '耳皇伐'과 '專伐'은 크게 정벌한다는 뜻이다.

그리고 '射'는 활을 쏘아 전쟁을 하는 것이며 '追'는 '추격하여 정벌하다'는 의미를 나타낸다.

마치면서

수천 년 전의 중국 사람들은 어떻게 살았을까, 그들은 어떤 사회에서 살았을까. 이러한 의문에 대한 해답을 찾기는 쉽지 않다.

그러나 다행히 중국은 황하문명 이후 지금까지 왕조의 변화는 있었더라도 지역적 범위는 黃河와 長江을 중심으로 계속 유지하고 왔고, 몽고족과 만주족이 통치한 元代와 淸代에도 여전히 漢族과 漢族의 문화는 유지되었다. 특히 지금까지 전해지는 수없이 많은 古文獻 자료와 유물, 유적지를 통하여 수 천 년의 역사와 문화를 엿볼 수 있다.

더욱이 '漢字'라는 문자 체계는 오랜 시간을 거치면서 字形과 字意, 字音이 다소 변화되었음에도 불구하고 商代 甲骨文으로부터 이후의 金文, 大篆, 小篆, 隸書, 草書, 楷書, 行書로 끊임없이 이어져 왔고, 그 뿌리는 오늘날의 簡體字에까지 전해지고 있다.

그래서 이 책에서는 중국 最古의 漢字인 甲骨文과 甲骨文으로 기록해 놓은 卜辭를 분석하여 중국 고대사회를 이해하고자 하였다. 수 천 년 동안 땅 속에 묻혀 있던 많은 古文字 자료들이 발굴되면서 우리는 고대 중국사회의 모습을 조금씩 더 정확하게 알 수 있게 된 것이다.

이를 위하여 우선 史料로서의 甲骨文의 가치와 지금까지의 甲骨文 연구 성과를 살펴보았다.

1장에서는 甲骨文을 처음 造字할 때 어떤 방식으로 언어의 의미가 가지고 있는 형상을 취하는지, 그리고 '象形'이 단순히 사물의 형상을 본 떠 字形을 삼은 것이 아니라 의미를 표현하는 방식이 매우 복잡하고 다양하다는 것을 설명하였다. 또한 실제로 卜辭에서 甲骨文이 정확히 어떤 의미로 사용되었는가를 알기 위해서는 本意 외에도 引伸意와 假借意에 대한 이해도 필요함을 설명하였다.

2장에서는 이 책의 연구방법인 漢字文化學에 대해서 구체적인 분석 사례를 중심으로 살펴보았고, 5장에서 8장까지는 商代의 信仰, 祭祀, 婚姻, 親族關係, 田獵, 戰爭에 대해서 살펴보았다.

물론 앞에서 언급한 것처럼 甲骨文과 卜辭를 대상으로 분석하여 중국의 고대사회 전반을 이해한다는 것은 쉽지 않다. 특히 甲骨文과 卜辭가 商代 王室의 전유물이었음을 감안한다면 중국 고대사회의 전체 모습은 담겨져 있지 않다는 것이 가장 큰 한계라고 할 수 있다.

그러나 이러한 방법으로 商代 사회의 전반적인 내용을 이해하고, 이를 중심으로 점차 이해의 범위를 넓혀 나간다면 우리는 중국 고대사회의 모습과 이후의 역사와 문화에 대해서 조금은 더 정확하고 폭넓게 알 수 있게 될 것이라 생각한다.

참고문헌

1. 國外資料

1) 單行本

『中國各民族宗教與神話大詞典』編審委員會編(1990), 『中國各民族宗教與神話 大詞典』,

　　　北京:學苑出版社

賈蘭坡(1978), 『中國大陸上的遠古居民』, 天津:天津人民出版社

柯斯文(1955), 『原始文化史綱』, 北京:人民出版社

龔維英(1989), 『原始崇拜綱要』, 北京:中國民間文藝出版社

郭沫若(1976), 『中國史稿』(1), 北京:人民出版社

――(1979), 『中國史稿』(2), 北京:人民出版社

――(1933), 『卜辭通纂考釋』, 北京:科學出版社

――(1978), 『中國古代社會研究』, 香港:三聯書店

裘錫圭(1988), 『文字學概要』, 北京:商務印書館

羅振玉 增訂(1927), 『殷虛書契考釋』(上)(中)(下), 東方學會石印

魯　達(1998), 『中國歷代婚禮』, 北京:北京圖書館出版社

段玉裁(1988), 『說文解字注』, 上海:上海古籍出版社, 第2版 第8次印刷本

唐　蘭(1939), 『天壤閣甲骨文存考釋』, 北京:北京輔仁大學

――(1981a), 『古文字學導論』, 濟南:齊魯書社

董作賓(1965), 『甲骨學六十年』, 藝文印書館

馬昌儀・劉錫誠(1994), 『石與石神』, 北京:學苑出版社

孟世凱(1987), 『甲骨文小辭典』, 上海:上海辭書出版社

方述鑫 外(1993),『甲骨金文字典』, 成都:巴蜀書社

傅　杰 編校(1997),『王國維論學集』, 北京:中國社會科學出版社

傅亞庶(1999),『中國上古祭祀文化』, 長春:東北師範大學出版社

司馬遷(1982),『史記』, 北京:中華書局, 第2版

常玉芝(1987),『商代周祭制度』, 北京:中國社會科學出版社

徐旭生(1985),『中國古史的傳說時代』, 北京:文物出版社

徐中舒(1998),『甲骨文字典』, 成都:四川書辭, 第5次印刷本

孫詒讓 著·樓學禮 校點(1993),『契文舉例』, 濟南:齊魯書社

孫海波(1965),『甲骨文編』, 北京:中華書局, 第5次印刷本(1996)

宋兆麟(1983a),『中國原始社會史』, 北京:文物出版社

宋鎮豪(1994),『夏商社會生活史』, 北京:中國社會科學出版社

安金槐(1992),『中國考古』, 上海:上海古籍出版社

楊福泉(1994),『灶與灶神』, 北京:學苑出版社

嚴汝嫻·宋兆麟(1983),『永寧納西族的母系制』, 昆明:雲南人民出版社

嚴一萍(1978),『甲骨學』, 臺北:藝文印書館

吳長安(1995),『文化的透視-漢字論衡』, 長春:吉林教育出版社

阮　元 校勘(1977),『十三經注疏·附校勘記』第2冊『詩經』, 臺北:新文豐出版公司

王德春·孫汝建·姚遠(1997),『社會心理言語學』, 上海外語教育出版社

王立新(1998),『早商文化研究』, 北京:高等教育出版社

王宇信·楊升南(1999),『甲骨學一百年』, 北京:社會科學文獻出版社

王志俊(1987),『半坡遺址』, 西安:陝西人民美術出版社

姚孝遂·肖丁(1985),『小屯南地甲骨考釋』, 北京:中華書局

于省吾 主編(1996),『甲骨文字詁林』, 北京:中華書局

───(1979),『甲骨文字釋林』, 北京:中華書局

袁　珂(1981),『中國古代神話』, 北京:中華書局

―――校注(1993),『山海經校注』增訂修訂本, 成都:巴蜀書社

劉　翔 等 編著(1989),『商周古文字讀本』, 北京:語文出版社

劉志基(1994),『漢字文化學簡論』, 貴陽:貴州人民出版社

―――(1995),『漢字與古代人生風俗』, 華東師範大學出版社

―――(1996),『漢字文化綜論』, 南寧:廣西教育出版社

劉志誠(1995),『漢字與華夏文化』, 成都:巴蜀書社

柳夢溪 主編(1996),『中國現代學術經典-董作賓卷』, 河北教育出版社

陰法魯·許樹安(1989),『中國古代文化史』(一), 北京:北京大學出版社

李玲璞·臧克和·劉志基(1997),『古漢字與中國文化源』, 貴陽:貴州人民出版社

李學勤 主編(1999),『爾雅疏證』, 北京:北京大學出版社

李孝定(1969),『甲骨文字集釋』, 臺北:中央研究院歷史語言研究所

林　澐(1986),『古文字研究簡論』, 農安:吉林大學出版社

張秉權(1959),『殷墟文字丙編上輯(二)考釋』, 中央研究院史語所

―――(1988),『甲骨文與甲骨學』, 國立編譯館

丁　山(1988a),『甲骨文所見氏族及其制度』, 北京:中華書局

―――(1998),『商周史料考證』, 北京:中華書局

趙　誠(1988),『甲骨文簡明詞典』, 北京:中華書局

―――(2000),『甲骨文與商代文化』, 沈陽:遼寧人民出版社

趙國華(1990),『生食崇拜文化論』, 北京:中國社會科學出版社

周明鎮·張玉萍(1974),『中國的象化石』, 北京:科學出版社

朱風瀚(1990),『商周家族形態研究』, 天津:天津古籍出版社

陳年福(2001),『甲骨文動詞詞彙研究』, 成都:巴蜀書社

陳夢家(1956),『殷虛卜辭綜述』, 北京:科學出版社, 東京:大安(1964) 影印本

陳煒湛(1987),『甲骨文簡論』, 上海:上海古籍

──(1995),『甲骨文田獵刻辭研究』, 廣西教育出版社

陳海洋 主編(1989),『中國語言學大辭典』, 南昌:江西教育出版社

崔恒昇(1986),『簡明甲骨文詞典』, 合肥:安徽教育出版社

何九盈(2000),『漢字文化學』, 沈陽:遼寧人民出版社

河北省文物研究所(1985),『藁城台西商代遺址』, 北京:文物出版社

許進雄(1968),『殷卜辭中五種祭祀的研究』, 臺北:精華印書館

──(1977),『明義士收藏甲骨釋文篇』, Toronto:Royal Ontario Museum

胡厚宣主編(1999),『甲骨文合集·釋文』, 北京:中國社會科學出版社

2) 論文類

賈 文(1997),「說'卵'」,『承德民族師專學報』, 1997-2

賈蘭坡(1978),「河南淅川縣下王崗遺址中的動物群」,『文物』, 1978-11

甘肅省博物館(1960),「甘肅武威皇娘娘臺遺址發掘報告」,『考古學報』1960-2

高煒·高天麟·張岱海(1983),「關于陶寺墓地的幾個問題」,『考古』, 1983-6

龔高法·張丕遠(1987),「歷史時期我國氣候帶的變遷及生物分布界限的推移」,『歷史地理』,
　　　　第5輯, 上海:上海人民出版社

郭沫若(1982b),「中國古代社會研究·導論」,『郭沫若全集·歷史編』, 北京:科學出版社

裘錫圭(1983),「關于商代的宗族組織與貴族和平民讓階級的初步研究」,『文史』, 第17輯,
　　　　北京:中華書局

──(1985a),「甲骨文中所見的田牧衛等職官的研究」,『文史』第19輯, 北京:中華書局

──(1985b),「甲骨卜辭中所見的逆祀」,『出土文獻研究』, 文物出版社

金祥恒(1967),「甲骨文'出'·'日入'日說」,『中國文字』第26冊, 臺北:藝文印書館

董作賓(1933),「帚矛說」,『安陽發掘報告』, 1933-4

———(1945),「交食譜·日譜」,『殷曆譜』下冊, 臺北:中央研究院歷史語言研究所

———(1951),「中國古代文化的認識」,『大陸雜誌』, 第3卷 第12期

孟憲武(1986),「殷墟南區墓葬發掘綜述 - 幷談幾個相關的問題」,『中原文物』, 1986-3

常玉芝(1980),「說文武帝 - 兼略述商末祭祀制度的變化」,『古文字研究』第4輯, 北京:

　　　中華書局

宋兆麟(1981),「戰國弋射圖及弋射溯源」,『文物』, 1981-6

———(1983b),「原始社會的石祖崇拜」,『世界宗教研究』, 1983-1

———(1988),「洪水神話與葫芦崇拜」,『民族文化研究』, 1988-3

安陽市博物館(1986),「殷墟梅園庄其座殉人墓葬的發掘」,『中原文物』, 1986-3

楊汝福(1999),「從漢字看中國的古代社會」,『河北師範大學學報』1999-2

嚴一萍(1980),「殷商天文志」,『中國文字』新2期, 臺北:藝文印書館

———(1983),「殷商兵志」,『中國文字』, 1983-7

吳世雄(1997),「關于漢語女部字的思考娶」,『語文建設通訊』第51期

王貴民(1988),「試論貢·賦·稅的早期歷程」,『中國經濟史研究』, 1988-1

———(1991),「甲骨文'爽'字新解」,『殷都學刊』, 1991-3

王奇偉(1998),「論殷代的帝」,『徐州師範大學學報』, 1998-3

王宇信·楊寶成(1982),「殷墟象坑和"殷人服象"的再探討」,『甲骨探史錄』, 三聯書店

姚孝遂(1981),「甲骨刻辭狩獵考」,『古文字研究』第6輯, 北京:中華書局

劉　釗(1989),「卜辭所見殷代的軍事活動」,『古文字研究』, 第16輯, 北京:中華書局

李仰松(1976),「談談仰韶文化的瓮棺葬」,『考古』, 1976-6

李學勤(1957b),「論殷代的親族制度」,『文史哲』, 1957-11

張念瑜(1995),「中國婚姻制度及其歷史選擇」,『上海社會科學院學術季刊』, 1995-4

張政烺(1973),「卜辭裒田及其相關諸問題」,『考古學報』, 1973-1

張懷承(1995), 「中國上古家庭形態探微」, 『濟南師範大學社會科學學報』, 1995-5

趙　光(1999), 「'女'字初文闡釋之我見」, 『洛陽師專學報』第18卷, 1999-1

中國社會科學院考古研究所山西工作隊·臨汾地區文化局(1983), 「1978-1980年山西襄汾陶
　　寺墓地發掘簡報」, 『考古』, 1983-1

中國社會科學院考古研究所安陽隊(1989), 「1987年安陽小屯東北地的發掘」, 『考古』,
　　1989-10

蔡哲茂(1993), 「卜辭生字再探」, 『中央研究院歷史語言研究所集刊』, 第64本 第4分

胡厚宣(1944b), 「殷代之天神崇拜」, 『甲骨學商史論叢初集』(上) 281-338, 臺北:臺灣大通書局

─────(1944c), 「殷代婚姻家庭宗法生育制度考」, 『甲骨學商史論叢初集』(上)113-182, 臺北:
　　臺灣大通書局

─────(1980), 「甲骨文'家譜刻辭'眞僞問題再商榷」, 『古文字研究』第4輯, 北京:中華書局

2. 國內資料

1) 著·譯書

董作賓 著·李亨九 譯(1993), 『甲骨學六十年』, 서울:민음사

朴一峰 譯(1997), 『周易』, 서울:育文祀

徐揚杰 著·윤재석 譯(2000), 『중국가족제도사』서울:민음사

李學勤 著·河永三 譯(1991), 『古文字學 첫걸음』, 서울:東文選

袁　珂 著·전인초·김선자 譯(1992·1998) 『중국신화전설』(I), (II), 서울:민음사

阿辻哲次 著·金彦鍾·朴在陽 譯(1999), 『漢字의 歷史』, 서울:학민사

許進雄 著·洪熹 譯(1991), 『中國古代社會』, 서울:東文選

崔玲愛(1995), 『漢字學講義』, 서울:통나무

2) 論文類

康惠根(1999), 「甲骨文 同形字와 分化現狀에 관한 考察」, 『中國言語研究』第8輯

朴興洙(2000), 「漢字所反映的中國文化」, 『中國語文學』第36輯

──·南鐘鎬(2001), 「漢字文化學 試論」, 『中國言語研究』第12輯

梁東淑(1998), 「甲骨文에 나타난 商代의 建築」, 『中語中文學』第22輯

──(1999), 「甲骨文에 나타난 商代의 疾病」, 『中語中文學』第24輯

柳東春(2001), 「釋示--示는 祭卓인가? 神主인가?」, 『中國學報』第43輯

尹彰浚(2002), 『甲骨卜辭에 나타난 商代 統治階級文化 研究』, 延世大 大學院, 博士學位論文

──(2006), 「造字過程에 반영된 中國人의 取相方法 考察」, 『國際學論叢』第12輯

──(2010) 「甲骨卜辭 분석을 통한 商代의 田獵 研究」, 中國學研究, 54輯

──(2011) 「試論甲骨文研究方法」, Reserch International Chinese Education, Vol. 2

──(2013) 「甲骨卜辭 分析을 통한 商代의 田獵方法研究」, 人文科學, 98輯

──(2014) 「甲骨卜辭 分析을 통한 商代의 崇拜對象 考察」, 中國言語研究, 52號

──(2015) 「商代 父系社會의 特徵과 家族制度 考察」, 人文科學, 103輯

──(2016) 「甲骨卜辭를 통해 본 中國古代社會研究-崇拜對象으로서의 先公, 先王을

  中心으로」, 人文科學, 108輯

── (2019) 「從甲骨文研究看商代文化」, 殷都學刊, 2019-2輯

── (2020) A study on Chinese Shaoe Taking Methods Reflected on the Character

  Making Pricess, Internatioanl Journal of Culture and History, Vol 7

李圭甲(1984), 「甲骨文字上에 나타난 殷代器物淺探」, 『中語中文學』第6輯

──(1991b), 『漢字의 起源과 造字 方法의 變遷 研究』, 延世大 大學院, 博士學位論文

──(1992b), 「再論漢字字體之變遷」, 『언어』第13號, 忠南大學校 語學研究所

──(1992c), 「漢字의 淘汰 研究」, 『中國學論叢』創刊號, 忠南中國學會

──(1997a), 「甲骨文字形訛變考」, 延世大學校, 『人文科學』第78輯,

―――(1997b),「同一字族研究」,『中國語文學論集』第9號

河永三(1996a),「甲骨文所反映的重人主義」,『中國文字學會論文集』, 中國·天津

―――(1996b),「甲骨文에 반영된 人間中心主義」,『中國學硏究』1996. 10

―――(1997),「甲骨文에 나타난 天人關係」,『中國語文學』第30輯

―――(2000),「甲骨文字에 나타난 古代 中國人의 時間觀」,『中國言語硏究』第10輯

부록

主要 甲骨 著錄集 및 略稱表
1) 拓本 著錄集

書名	編者	發行年度	收錄數	略稱
鐵雲藏龜 6冊	劉鶚	1903년	1,058편	『鐵』
殷虛書契(前編) 8卷	羅振玉	1912년	2,229편	『前』
鐵雲藏龜之餘 1卷	羅振玉	1915년	40편	『鐵餘』
殷虛書契後編 2卷	羅振玉	1916년	1,140편	『後上·下』
戩壽堂所藏殷墟文字 1卷	王國維	1917년	655편	『戩』
龜甲獸骨文字 2卷	林泰輔	1921년	1,023편	『林』
簠室殷契徵文 12卷	王襄	1925년	1,125편	『簠室』
鐵雲藏龜拾遺 1卷	葉玉森	1925년	240편	『拾遺』
殷契佚存 1卷	商承祚	1933년	1,000편	『佚』
殷契卜辭 1卷	容庚·瞿潤緡	1933년	874편	『契』
卜辭通纂 1冊	郭沫若	1933년	929편	『通纂』
殷虛書契續編 6卷	羅振玉	1933년	2,016편	『續』
鄴中片羽初集	黃濬	1935년	245편	『鄴初』
郼齋所藏甲骨拓本	金祖同	1935년	26편	『郼』
栢根氏舊藏甲骨文字	明義士	1935년	74편	『柏』
甲骨文錄 1卷	孫海波	1937년	930편	『錄』
殷契粹編 2冊	郭沫若	1937년	1,595편	『粹』
鄴中片習 2集	黃濬	1937년	93편	『鄴二』
天壤閣甲骨文存 1卷	唐蘭	1939년	108편	『天』
鐵雲藏龜零拾 1卷	李旦丘	1939년	93편	『零』
殷契遺珠 2冊	金祖同	1939년	1,459편	『珠』

誠齋殷墟文字 1卷	孫海波	1940년	500편	『誠』
殷契摭佚 1卷	李旦丘	1941년	118편	『摭』
鄴中片羽 3집	黃濬	1942년	215편	『鄴三』
殷墟文字甲編 1冊	董作賓	1948년	3,942편	『甲』
殷墟文字乙編 3冊	董作賓	1953년	9,105편	『乙』
殷契拾掇 2卷	郭若愚	1953년	1,045편	『掇』
戰後京津新獲甲骨集 4卷	胡厚宣	1954년	5,642편	『京津』
甲骨續存 3冊	胡厚宣	1955년	3,753편	『續存』
殷墟文字外編 1冊	董作賓	1955년	434편	『外』
甲骨文零拾 1卷	陳方懷	1959년	160편	『拾』
京都大學人文科學研究所藏甲骨文字	貝塚茂樹	1959년	3,246편	『京都』
北美所見甲骨選粹考釋 1冊	李棪	1970년	42편	『北美』
殷虛卜辭後編 2冊	明義士	1972년	2,805편	『明後』
明義士收藏甲骨 1冊	許進雄	1972년	3,176편	『明』
美國所藏甲骨錄 1冊	周鴻翔	1976년	681편	『美錄』
懷特氏等所藏甲骨文集 1冊	許進雄	1979년	1,915편	『懷特』
小屯南地甲骨 2冊	中國社會科學院考古研究所	1980년	4,536편	『屯南』

甲骨文과 中國 古代社會

2) 사진

書名	編者	發行年度	略稱
殷虛書契菁華 1卷	羅振玉	1914년	『菁』
殷墟古器物圖錄 1卷	羅振玉	1916년	『圖錄』
傳古別錄	羅福頤	1928년	『傳』
周漢遺寶 1冊	原田淑人	1932년	『周漢』
殷墟甲骨相片 1冊	白瑞華	1935년	『白』
河南安陽遺寶 1冊	梅原末治	1940년	『河南』
雙劍誃古器物圖錄	于省吾	1940년	『雙劍誃』

3) 摹本

書名	編者	發行年度	略稱
殷虛卜辭 1冊	明義士	1917년	『殷』
新獲卜辭寫本 1卷	董作賓	1928년	『寫本』
庫方二氏所藏甲骨卜辭 1冊	方法斂	1935년	『庫』
甲骨卜辭七集 1冊	方法斂	1938년	『七集』
金璋所藏甲骨卜辭 1冊	方法斂	1939년	『金璋』
戰後平津新獲甲骨集	胡厚宣	1946년	『平津』
戰後寧滬新獲甲骨集 3卷	胡厚宣	1951년	『寧滬』
戰後南北所見甲骨錄 3卷	胡厚宣	1951년	『南北』
巴黎所見甲骨錄 1冊	饒宗頤	1956년	『巴黎』
日本所見甲骨錄	饒宗頤	1956년	『日本』
書道博物館藏甲骨文字	青木木菟哉	1964년	『書道』
日本散見甲骨文字蒐彙	松丸道雄	1967년	『散』

4) 新編·綴合·合集

書名	編者	發行年度	略稱
鐵雲藏龜新編 1冊	嚴一萍	1975년	『新編』
甲骨綴存 1冊	曾毅公	1939년	『綴存』
甲骨綴合編 2冊	曾毅公	1950년	『綴』
殷墟文字綴合 1冊	郭若愚·曾毅公·李學勤	1955년	『殷綴』 또는 『合』*
殷墟文字丙編 上中下 3集 6冊	張秉權	1972년	『丙編』
甲骨綴合新編 10冊	嚴一萍	1975년	『新綴』
甲骨綴合新編補 1冊	嚴一萍	1976년	『綴補』
甲骨文合集 13冊	郭沫若	1982년	『合集』
甲骨文合集補編 1冊	彭邦炯	1999년	『補編』

---

* 『甲骨文合集』이 출간되기 전에는 보통 『合』으로 略稱했으나, 이후 『合集』과의 혼동을 막기 위하여 『殷綴』이라고도 표기하였다. 본고에서는 『合』으로 쓴다.

甲骨文과 中國 古代社會

甲骨文과 中國 古代社會

古漢字에 숨겨진 古代 中國人의 삶

초판 1쇄 발행일 2022년 4월 15일

지은이 윤창준
펴낸이 박영희
편집 문혜수
디자인 최소영, 어진이
마케팅 김유미
인쇄·제본 제삼인쇄
펴낸곳 도서출판 어문학사
　　　　서울특별시 도봉구 해등로 357 나너울카운티 1층
　　　　대표전화: 02-998-0094/편집부1: 02-998-2267, 편집부2: 02-998-2269
　　　　홈페이지: www.amhbook.com
　　　　트위터: @with_amhbook
　　　　페이스북: www.facebook.com/amhbook
　　　　블로그: 네이버 http://blog.naver.com/amhbook
　　　　　　　다음 http://blog.daum.net/amhbook
　　　　e-mail: am@amhbook.com
　　　　등록: 2004년 7월 26일 제2009-2호

ISBN 979-11-6905-001-2(93910)
정가 18,000원

※잘못 만들어진 책은 교환해 드립니다.